Aus guter alter Zeit

Das Beste aus Großmutters Rezeptbuch

Reader's Digest
Deutschland · Schweiz · Österreich

Autoren
Dr. Irmela Arnsperger (Kapitel 3 und 4, Sonderseiten), Dr. Stefanie Burkhardt-Sischka (Kapitel 5 und 6), Thomas Kopal (Kapitel 1), Angelika Lenz (Kapitel 2) und Heike Berli (Recherche Kapitel 6)

Fotografen
Fotostudio Udo Loster,
Ulrich Kopp, Ginger Neumann

Bearbeitung der Sonderausgabe
red.sign, Stuttgart

Reader's Digest
Redaktion: Annegret Diener-Steinherr (Projektleitung), Dr. Angela Meder, Hildegard Mergelsberg, Erwin Tivig, Joachim Wahnschaffe, Joachim Zeller
Grafik: Gabriele Stammer-Nowack
Bildredaktion: Christina Horut, Ute Noll

Redaktionsdirektorin: Suzanne Koranyi-Esser
Redaktionsleiterin: Dr. Renate Mangold
Art Director: Susanne Hauser

Produktion
arvato print management: Thomas Kurz
Druck und Binden
Mohn media Mohndruck GmbH, Gütersloh

Printed in Germany
ISBN 978-3-89915-568-6

Sonderausgabe von
Großmutters Hausmittel neu entdeckt
10. Auflage 2012

Besuchen Sie uns im Internet:
www.readersdigest.de
www.readersdigest.ch
www.readersdigest.at

Vorwort

Nicht lange klagen – Großmutter fragen. Diese Weisheit galt früher in vielen Familien, denn Oma wusste Rat, wenn es um die Wehwehchen ihrer Lieben ging oder wenn Abhilfe für die kleinen Probleme in Küche, Haushalt oder Garten geschafft werden musste. Rezepte für rasch wirkende Hausmittel kannte sie in Hülle und Fülle. Ihr praktisches Wissen beschränkte sich jedoch nicht auf die Gesundheit, für alle Bereiche des Alltags hatte sie schlaue Tipps und Kniffe parat. Dadurch gelang ihr vieles wie von Zauberhand – ein leckeres Backrezept etwa, die Zubereitung eines Hustentees oder die Herstellung eines Duftsäckchens für den Wäscheschrank. Zum Glück ist all das nützliche Wissen heute nicht verloren, denn dieser prächtige neue Ratgeber lässt auch die Jüngeren von Großmutters reichem Erfahrungsschatz profitieren. Dazu wurden die besten Rezepte, Tipps und Tricks aus der guten alten Zeit ausgewählt und nach neuesten Erkenntnissen zusammengestellt. Die Anleitungen zum Selbermachen sind für jedermann mühelos nachzuvollziehen, und oft wird dadurch der Kauf von teuren Fertigprodukten unnötig. Noch wichtiger ist aber ein weiterer Vorteil: Wer Hausmittel selbst herstellt, weiß jederzeit, „was drin ist", denn er kann weitgehend auf natürliche Zutaten zurückgreifen. Freuen Sie sich also auf Hunderte von Anregungen für allerlei Nützliches, Schönes und Wohlschmeckendes.

KAPITEL 4

Küche

KAPITEL 5

Garten

KAPITEL 6

Grundsubstanzen

Minz

1

GESUNDHEIT

Vorbeugen und heilen…

… ist nicht schwer, wenn man weiß, dass gegen fast jedes Leiden ein Kraut gewachsen ist. Neben den wichtigsten Heilkräutern finden Sie in diesem Kapitel Großmutters bewährteste Gesundheitstipps sowie Rezepte für die wirksamsten Hausmittel aus der guten alten Zeit. Hausmittel haben den Vorteil, dass sie

- *für jedermann leicht und preiswert herzustellen sind*
- *Medikamente durchaus entbehrlich machen können*
- *weitgehend aus natürlichen Inhaltsstoffen bestehen*
- *und so gut wie ohne Nebenwirkungen bleiben.*

Entdecken Sie also die Schätze aus Großmutters Hausapotheke, und setzen Sie auf die Kraft der sanften Medizin!

Ein klarer Kopf dank Kräuterkraft

Augen, Nase, Ohren, Mund und Hals – wer wüsste nicht, wie anfällig unser Kopf und seine empfindlichen Organe sind? Umwelteinflüsse, Stress oder ein geschwächtes Immunsystem führen dazu, dass die Augen brennen, der Kopf schmerzt oder der Hals kratzt. Meist sind die Beschwerden harmloser Natur und bedürfen, wenn sie sich nicht verschlimmern oder ein ernsthaftes Leiden als Ursache vermuten lassen, keiner ärztlichen Behandlung. Vielmehr kann man eine verstopfte Nase, Ohrenschmerzen oder entzündetes Zahnfleisch wirksam mit den zahlreichen Heilkräutern behandeln, die die Natur bereithält und deren Verwendung in Form von Tees, Inhalationen, Wickeln und Bädern von Generation zu Generation überliefert wurde. Im Unterschied zu unseren Großmüttern braucht man heute die verschiedenen Zutaten nicht mehr mühevoll zu sammeln, sondern kauft sie in der Apotheke. Die Zubereitung der Rezepte ist unkompliziert, und Nebenwirkungen sind bei korrekter Anwendung nicht zu befürchten.

Bei Kopfschmerzen entfaltet der Silberweiden-Gänsefingerkraut-Tee eine wohltuende Wirkung.

In der Regel harmlos: Kopfschmerzen

Kopfweh gehört zu den häufigsten Beschwerden, hat aber selten ernste Ursachen. Der gewöhnliche Kopfschmerz vergeht nach einigen Stunden wieder und deutet meist auf Überarbeitung oder Übermüdung hin; selbst Wetterwechsel kommt als Auslöser infrage. Ähnlich bedingt ist die Migräne, die mit heftigen, pochenden Schmerzen und eventuell Übelkeit und Erbrechen einhergeht. Sehr häufig ist der so genannte Spannungskopfschmerz, bei dem der Betroffene einen dumpfen Druck im Kopf empfindet. Dieser Schmerz tritt oft infolge einer Überanstrengung der Augen oder einer Fehlhaltung auf, rührt aber auch von seelischen Spannungszuständen wie Angst her.

Was Sie tun können

Wenn sich eine ernsthafte Ursache ausschließen lässt, kann man Kopfschmerzen gut mit natürlichen Maßnahmen wie frischer Luft, kalten Kompressen oder einem Teilbad bekämpfen. Auch die hier vorgestellten Tees sind hilfreich.

Silberweiden-Gänsefingerkraut-Tee

Vor allem bei Spannungskopfschmerzen entfaltet dieser Tee seine wohltuende Wirkung. Die Silberweide enthält den Wirkstoff Salizin, der seit dem 17. Jh. als fiebersenkendes und schmerzstillendes Mittel bekannt ist.

1/2 l Wasser
30 g Silberweidenblätter
30 g Gänsefingerkraut
15 g Ringelblumenblüten

Das Wasser zum Kochen bringen. Die Kräuter mischen und 2 EL der Mischung mit dem kochenden Wasser überbrühen. 15 Minuten ziehen lassen, anschließend abseihen. Den Tee bei akuten Beschwerden recht schnell trinken. Sind die Kopfschmerzen chronisch, die doppelte Menge über den Tag verteilt zu sich nehmen. Bei längerer Anwendung nach 3 Wochen eine zehntägige Pause einlegen.

Achtung: Der Tee kann den Magen reizen und sollte daher bei entsprechenden Beschwerden nicht getrunken werden.

Inhalationen mit Kohlwasserdampf sind ein wirksames Hausmittel gegen Kopfschmerzen.

Inhalation mit Kohlwasserdampf

Dieses altbekannte Hausmittel gegen Kopfschmerzen war lange Zeit in Vergessenheit geraten. Es ist einfach zuzubereiten, und die einzige Zutat ist in jedem Supermarkt problemlos erhältlich.

1–2 l Wasser
1/4 Kohlkopf

Das Wasser zum Kochen bringen, den Kohl klein schneiden. Den Kohl in das kochende Wasser geben und 15 Minuten kochen lassen, dann den Topf von der Kochstelle nehmen und mit einem großen Handtuch über dem Kopf die heißen Dämpfe inhalieren. Danach das Gesicht mit einer Fettcreme eincremen.

Silberweide
Hauptwirkstoff dieser Pflanze ist das Salizin, dessen synthetischer Abkömmling Acetylsalicylsäure heute in vielen gängigen Kopfschmerz- und Fieberpräparaten enthalten ist.

Johanniskraut
Mit diesem Kraut lässt sich eine ganze Reihe von Störungen bekämpfen, die Kopfschmerzen auslösen, z. B. Stress und leichte Formen von Depression.

Stiefmütterchen-Mädesüß-Teemischung

Diese Teemischung wirkt bei Spannungskopfschmerzen spürbar entkrampfend und schmerzlindernd.

½ l Wasser
30 g Mädesüß
30 g Johanniskraut
30 g Labkraut

Das Wasser zum Kochen bringen und die Kräuter mischen. 2 EL davon überbrühen und 15 Minuten ziehen lassen. Dann den Tee abseihen und recht rasch trinken. Bei chronischen Beschwerden die doppelte Menge über den Tag verteilt zu sich nehmen. Bei längerem Gebrauch jeweils eine 10-tägige Pause einlegen.

Achtung: Diese Teemischung kann den Magen reizen und ist zudem für Schwangere nicht geeignet.

Frauenmantel-Minze-Tee

Wer eine Migräne heraufziehen spürt, kann mit diesem Tee den Beschwerden möglicherweise vorbeugen.

1 l kochendes Wasser
40 g Frauenmantel
20 g Minzeblätter

Das Wasser zum Kochen bringen und die Kräuter 20 Minuten lang mitkochen, dann die Mischung noch 10 Minuten ziehen lassen. Den Tee abseihen und zunächst eine Tasse trinken. Bei Bedarf kann auch mehr getrunken werden.

Der gute Rat

Kopfschmerzen müssen nicht sein. So helfen Sie sich selbst:

- **Als wirksame Mittel gegen Kopfschmerzen haben sich ätherische Öle erwiesen. Ob Melissen- oder Pfefferminzöl: Ein paar Tropfen, auf Schläfen, Stirn und Nacken verrieben, wirken oft Wunder.**
- **Ein kaltes Armbad vertreibt ebenfalls die bösen Geister. Dazu die Unterarme ein paar Minuten lang in kaltes Wasser tauchen und sie dann kräftig abtrocknen.**
- **Auch ein Fußbad mit Senfmehl wirkt gegen Kopfweh. Dazu eine Schüssel mit körperwarmem Wasser füllen und darin 2 EL Senfmehl auflösen. Die Füße in dieser Mischung 5 Minuten baden und dann sorgfältig mit lauwarmem Wasser abspülen.**
- **Hilfreich bei Schmerzen im Hinterkopf ist eine Zwiebelpackung. Zu diesem Zweck eine rohe Zwiebel in Scheiben schneiden. Die Scheiben in den Nacken legen und mit einem Tuch bedecken, anschließend die Auflage fest mit einem Wollschal umwickeln.**

Die Zwiebel ist nicht nur in der Küche unentbehrlich, sie ist auch ein beliebtes Hausmittel.

Gut zu behandeln: Augenprobleme

Unsere Augen sind recht empfindliche Organe und meist schutzlos einer großen Zahl von schädigenden Umwelteinflüssen ausgesetzt. Staub am Arbeitsplatz, klimatisierte Luft und Bildschirmarbeit können müde Augen und Augenbrennen verursachen. Bei allergisch veranlagten Menschen kann die Reizung durch Blütenpollen sogar eine Bindehautentzündung verursachen, und durch eine bakterielle Infektion können sich die Wimperntalgdrüsen am Lidrand zu einem Gerstenkorn entwickeln.

Was Sie tun können
Urlaub für gestresste Augen bietet eine gezielte Augenentspannung, beispielsweise bei einem ausgiebigen Spaziergang an frischer Luft. Als natürliche Hausmittel kommen bei Augenbeschwerden Spülungen sowie Auflagen und Packungen zum Einsatz.

Erfrischende Augenauflage

Diese Auflage erfrischt müde und empfindliche Augen. Es empfiehlt sich, sofern möglich, zur Augenpflege statt Leitungswasser Quellwasser oder destilliertes Wasser zu verwenden.

0,3 l Wasser
10 g Kornblumen
10 g echter Steinklee
20 g Spitzwegerich

Das Wasser zum Kochen bringen. Danach die Kräuter hineingeben und 10 Minuten ziehen lassen, dann abseihen und die Flüssigkeit abkühlen lassen. Anschließend zwei Wattebäusche mit der Lösung tränken und die Bäusche auf die geschlossenen Augen legen. Wahlweise kann man auch ein Tuch verwenden. Der Sud sollte am besten in sterilen, verschlossenen Flaschen aufbewahrt werden.

Petersilien-Augenspülung

Diese Spülung ist insbesondere bei überanstrengten Augen empfehlenswert. Sie wirkt beruhigend, lindert Beschwerden und reinigt die Bindehaut. Mit dem Sud sind auch Auflagen möglich.

$^3/_4$ l Wasser
1 Hand voll Petersilie

Eine Spülung mit Petersilienaufguss reinigt und beruhigt überanstrengte Augen. Der Sud ist einfach herzustellen.

Das Wasser zum Kochen bringen. Die Petersilie unter fließendem Wasser gut abwaschen und mit dem siedenden Wasser überbrühen. Den Sud einige Stunden ziehen lassen, danach sorgfältig filtern. Zum Spülen eine Augenbadewanne benutzen, die in jeder Apotheke erhältlich ist. Die Wanne füllen und bei vorgebeugtem Kopf fest an das betroffene Auge drücken und den Kopf nach hinten neigen. Anschließend das Auge öffnen und durch Hin- und Herbewegen des Kopfes intensiv spülen. Die Spülung kann bei Bedarf mehrmals täglich wiederholt werden.

Augentrostauflage

Der Augentrost ist eine Heilpflanze, die bei Bindehautentzündungen, Gerstenkörnern und Augenverletzungen lindernd wirkt.

1–2 TL Augentrost
¼ l kaltes Wasser

Das Kraut schneiden, mit dem Wasser übergießen und alles zum Kochen bringen. 1–2 Minuten lang ziehen lassen und filtern. Mit dem Sud einen Wattebausch tränken und auf das geschlossene Auge legen. Auch für Augenbäder geeignet.

Kartoffelbreipackung

Entzündungen am Lidrand sind unangenehm und schmerzhaft. Ein altbewährtes Hausmittel sind Kartoffelbreipackungen.

etwas Milch
1 heiße Pellkartoffel
1 Eigelb

Die Milch erwärmen. Die Pellkartoffel zerdrücken und mit dem Eigelb und der Milch zu einem Brei verstreichen. Abkühlen lassen, auf eine Kompresse geben und 20 Minuten lang auf das geschlossene Auge legen. 2- bis 3-mal wiederholen.

Kühle Quarkpackung

Auch Quarkpackungen wirken bei Entzündungen am Lidrand schmerzlindernd und helfen, die Schwellung zu mindern.

3 EL Quark
Saft einer Zitrone
1 EL Milch

Die Zutaten verrühren und auf ein warmes Tuch geben. Die Kompresse 20 Minuten lang auf das geschlossene Auge legen; 2-mal wiederholen.

Ingwer
Die aus Asien stammende Knolle ist Gewürz und Arzneimittel zugleich. Sie sorgt für eine gute Durchblutung und fördert so die Heilung.

Anfällig für Beschwerden: die Nase

Unsere Nase, durch die wir ein- und ausatmen, und die dahinter liegenden Nasennebenhöhlen sind mit empfindlichen Schleimhäuten ausgekleidet, deren Aufgabe es ist, die Luft zu filtern, zu befeuchten und zu erwärmen. Die Nase ist also ein Klimatisierungsapparat. Da die Gefäße der Nasenschleimhaut sehr fein sind, können sie leicht platzen, und es kommt zu Nasenbluten. Eine Entzündung der Nebenhöhlen-Schleimhäute kann sehr schmerzhaft sein. Im Frühjahr und Sommer leiden viele Menschen unter Heuschnupfen.

Was Sie tun können

Weil in der sensiblen Nasenregion Beschwerden häufig sind, nimmt es nicht Wunder, dass es eine ganze Reihe an bewährten und einfachen Hausmitteln aus Großmutters Zeit gibt. Ob Nasenbluten, Nebenhöhlenentzündung oder Heuschnupfen: Die Natur hält eine Vielzahl an heilkräftigen Kräutern bereit, die ohne Nebenwirkungen helfen.

Tamponade aus Eichenrinde

Wer unter Nasenbluten leidet, kann die lästige Blutung schnell und zuverlässig mithilfe einer Abkochung aus Eichenrinde stoppen.

1 TL Eichenrindenpulver
1 Tasse Wasser

Das Eichenrindenpulver in das Wasser geben. Das Ganze 2–3 Minuten kochen, dann abkühlen lassen. Einen Wattebausch mit dem Sud tränken und vorsichtig in das betroffene Nasenloch einführen.

Die wundervoll blaue Kornblume blüht von Juni bis September; ihre Blüten sind ein beliebtes Hausmittel bei Augenleiden. Für eine Auflage 1 l Wasser zum Kochen bringen und damit 40 g Kornblumenblüten überbrühen. Den Sud 10 Minuten ziehen lassen, dann sorgfältig filtern und abkühlen lassen. Mit der Flüssigkeit Wattebäusche oder ein Tuch tränken und Bäusche oder Tuch über die geschlossenen Augen legen.

Der gute Rat

Nasenbluten kann man ganz schnell stoppen.

- Vor allem bei häufigerem Nasenbluten hilft die Zwiebelkur. Hierzu 1–2 rohe Zwiebeln reiben. Den Brei durch ein Sieb pürieren und den so gewonnenen Saft mit etwas Essig verdünnen. Die Lösung in Form einer Nasenspülung hin und wieder vorbeugend anwenden.
- Um eine akute Nasenblutung zu stoppen, legt man eine Eiskompresse auf die Nasenwurzel oder eine kalte Kompresse in den Nacken.

Was Sie bei Nebenhöhlenentzündungen tun können.

- Damit die Schleimhäute immer feucht und gut durchblutet sind, führen Sie jeweils morgens mit einer schwachen Salzlösung eine Nasenspülung durch. Die Lösung sollte etwa so wie Tränen schmecken.
- Bewährt haben sich auch Kamillendampfbäder, die schleimlösend und entzündungshemmend wirken: 2 EL Kamillenblüten in 1/2 l heißes Wasser geben und die Dämpfe 10 Minuten lang unter einem Handtuch inhalieren.
- Zusätzlich zu den Kamillendampfbädern empfiehlt sich ein abendliches Wechselfußbad. Hierzu beide Füße abwechselnd 5 Minuten in 38 °C warmes und 10 Sekunden in 18 °C kaltes Wasser tauchen.
- Sie können den Verlauf einer Erkältung abmildern, wenn Sie bei den ersten Anzeichen der Erkrankung Echinacin und Vitamin C einnehmen. Beides erhalten Sie in der Apotheke.

Selbst gegen Heuschnupfen hilft die Naturapotheke.

- Ein altes Hausmittel sind Bienenwaben, von denen 6-mal täglich jeweils ein kleines Stück 20 Minuten lang gekaut wird. Diese Kur sollte gut 3 Wochen lang durchgeführt werden.
- Apfelessig hilft ebenfalls bei Heuschnupfen. Morgens 1 TL in einem halben Glas Wasser zu sich nehmen.
- Langfristig zeigt auch eine Kur mit Schwarzkümmelöl Wirkung. Die enthaltenen ätherischen Öle harmonisieren das Immunsystem. 3-mal täglich je 2 Kapseln 3 Monate lang einnehmen.

Wiesenknopftee

Auch die blutstillende Wirkung des Wiesenknopfes ist seit alters bekannt. Hier wird die Wurzel der Pflanze verwendet.

1–2 TL Wiesenknopfwurzeln
1/4 l kaltes Wasser

Die Wurzeln mit dem Wasser übergießen. Zum Kochen bringen, 10 Minuten ziehen lassen und dann abseihen. Von dem Tee täglich etwa 2 Tassen trinken.

Ingwerkompresse

Ingwer ist auch ein vielseitiges Heilmittel, das die Durchblutung fördert und so Nasennebenhöhlen-Entzündungen heilt.

2–3 EL frisch geriebener Ingwer
etwas Wasser

Durch Zusammendrücken in einem Tuch den Saft aus dem Ingwer pressen und mit dem Wasser vermischen. Die Lösung kurz erhitzen. Auf ein anderes Tuch geben und dieses über Stirn und Nase legen. Abkühlen lassen und den Vorgang wiederholen, bis sich eine Hautrötung zeigt.

Heuschnupfentee

Bei Heuschnupfen hilft eine Teemischung aus heimischen Pflanzen.

1 l Wasser
1 EL Hirtentäschelkraut
1 EL Schafgarbe
1 EL Augentrost
1 TL Eichenrinde

Das Wasser zum Kochen bringen und die Kräuter damit überbrühen. 15 Minuten ziehen lassen, dann abseihen. Schluckweise über den Tag verteilt trinken. Mindestens 3 Wochen lang anwenden.

Der gute Rat

Ohrenschmerzen lassen sich mit verschiedenen Mitteln lindern.

- Als hilfreich haben sich Ohrkerzen erwiesen, die es in Reformhäusern gibt. Die Kerze wird vorsichtig in das kranke Ohr eingeführt und dann angezündet. Es entsteht ein leichter Unterdruck, der schmerzlindernd wirkt.
- Gegen die Schmerzen einer Mittelohrentzündung helfen auch abschwellende Nasentropfen aus der Apotheke.

Ohrenschmalz kann sich verfestigen, das Ohr verstopfen und zu Schwerhörigkeit führen.

- Fest sitzendes Ohrenschmalz lässt sich mit einer Mischung aus einigen Tropfen Olivenöl und etwas Zitronensaft und Wasser aufweichen. Dreimal täglich einige Tropfen handwarm mit einer Pipette in das Ohr träufeln.

Für Ohrgeräusche sind Störungen wie hoher Blutdruck oder Angstzustände verantwortlich.

- Die Geräusche werden möglicherweise schwächer, wenn man die Fließeigenschaften des Bluts verbessert. Eine entsprechende Wirkung entfalten Präparate mit den Blättern des japanischen Ginkgobaums.
- Wechselwarme Fußbäder nach Kneipp trainieren die Gefäße und wirken stresslindernd.

Immer unangenehm: Ohrenschmerzen

Nicht nur Kinder, auch Erwachsene leiden unter Ohrenschmerzen, im Allgemeinen infolge einer Entzündung. Zumeist ist schon wegen der Intensität des Schmerzes ein Arztbesuch notwendig, aber auch weil Infektionen in diesem empfindlichen Organ auf keinen Fall verschleppt werden dürfen. Eine Reihe altbewährter Hausmittel kann – z. B. nachts und an Wochenenden – Linderung verschaffen oder sogar heilende Wirkung entfalten.

Königsöl ist besonders bei chronischer Mittelohrentzündung ein altbewährtes Hausmittel.

Königsöl

Königsöl leistet bei chronischen Ohrenschmerzen und Mittelohrentzündungen sowie bei Ekzemen gute Dienste.

1 Hand voll frische Wollblumenblüten
100 g Olivenöl

Die Wollblumenblüten mit dem Olivenöl übergießen. Den Ansatz 3–4 Wochen ins Freie stellen und von der Sonne bescheinen lassen. Einmal am Tag gründlich schütteln. Danach abseihen. Täglich 3 Tropfen in das betroffene Ohr träufeln.

Zwiebelwickel

Die Küchenzwiebel besitzt ein breites Heilspektrum, das die Volksmedizin in Form überlieferter Hausmittel nutzt. Auch bei Ohrenschmerzen hat sie sich bewährt.

1 Zwiebel
1 Mulltuch

Die Zwiebel zerkleinern, auf ein Mulltuch geben und das Tuch schließen. Die Kompresse auf das schmerzende Ohr legen und mit einer Mütze fixieren.

Bei Halsentzündungen kann ein Aufguss von wildem Fenchel – mit Honig gesüßt – die Stimme wiederbringen.

Rosen und Wermut

Ohrgeräusche sind sehr lästig. Mit der folgenden Rezeptur können sie eventuell zum Verstummen gebracht werden.

1 Knoblauchzehe
20 g Rosenblätter
10 g Wermutblätter
30 g Kleie

Den Knoblauch abziehen und zerdrücken. Die Blätter in einem Mörser zerkleinern und mit der Kleie und dem Knoblauch zu einem Brei verkneten. Abends jeweils eine kleine Portion davon in ein Gazetuch wickeln und über Nacht aufs Ohr legen.

Im Winter häufig: Halsbeschwerden

Meist beginnt es mit einem unangenehmen Kratzen im Hals, dann fällt das Schlucken schwer, und schließlich bleibt die Stimme weg. Gegen Entzündungen in Hals und Rachen helfen indes gerade Hausmittel sehr gut. Die Natur hält eine ganze Reihe von Wirkstoffen bereit, die die Schluckbeschwerden lindern und die Entzündung erfolgreich zurückdrängen. Ob als Gurgellösung, als Halswickel oder als Tee – Großmutters Hausmittel helfen bestimmt.

Was Sie tun können

Vertrauen Sie auf die Heilkraft der Natur, und wenden Sie Hausmittel rechtzeitig an. Den Arzt sollten Sie aufsuchen, wenn sich zusätzlich Fieber oder eine Mandelentzündung einstellt, was besonders bei Kindern und Jugendlichen häufig ist.

Zwiebelmilch mit Thymian und Nelken

Die Wirkstoffe in diesem Rezept sind hervorragend aufeinander abgestimmt.

3 große Zwiebeln
1 Gewürznelke
1 TL brauner Zucker
1 Thymianzweig
Wasser
1/2 Tasse Milch

Die Zwiebeln mit den Schalen klein schneiden und in einem Topf mit der Nelke, dem Zucker, dem Thymian und etwas Wasser gut vermischen. Alles ungefähr 2 Stunden köcheln lassen, dabei von Zeit zu Zeit etwas Wasser nachgießen. Die Mischung durch ein Sieb pressen und die Milch erhitzen. Den Zwiebelsaft mit der Milch zu gleichen Teilen ver-

Der gute Rat

So werden Sie auf natürlichem Weg mit Halsschmerzen fertig.

- Hilfreich ist Gurgeln mit ätherischen Ölen. Dazu 3 Tropfen Eukalyptusöl, 2 Tropfen Sandelholzöl und 1 Tropfen Teebaumöl in ein Glas mit Wasser geben. 3-mal täglich anwenden.
- Inhalationen wirken ebenfalls reizlindernd und entzündungshemmend. Hierzu Kamille, Oregano und Thymian vermengen und 2 EL der Mischung mit 1 l heißem Wasser übergießen. Den Dampf 10 Minuten inhalieren.
- Besonders bei Kindern und Jugendlichen ist mit Halsentzündungen nicht zu spaßen. Dauern die Beschwerden länger als 4 Tage an, sollten Sie einen Arzt aufsuchen.

Pflanzliche Wirkstoffe helfen bei Problemen im Mundraum.

- Gegen Entzündungen setzt man die ätherischen Öle und Bitterstoffe des Salbeis ein. Einige Tropfen 2,5%iges Salbeiöl aus der Apotheke in etwas warmem Wasser lösen und damit nach dem Zähneputzen den Mund mindestens 2 Minuten lang spülen.
- Vorbeugend gegen Karies wirkt eine Ackerschachtelhalmkur. Die Zähne 2-mal täglich mit einer Mischung aus 1 g Pflanzenpulver und 1/2 TL Honig putzen.

mischen und 3-mal täglich trinken. Wer den vollen Vitamin-C-Gehalt der Zwiebeln ausnutzen möchte, setzt die Mischung kalt an. Dazu die Zwiebeln mit dem Zucker vermengen und 12 Stunden ziehen lassen. Nun Wasser zugeben und auspressen. Weiter wie oben verfahren.

Ein altbekanntes und erprobtes Hausmittel bei Halsschmerzen und Husten ist Zwiebelmilch, wobei die Milch beruhigend und die Wirkstoffe der Zwiebel antibakteriell wirken. Zusätzlich ist das Getränk ein guter Vitamin-C-Lieferant.

Aufguss von wildem Fenchel

Wem bei einer Halsentzündung die Stimme versagt, kann es mit diesem Tee versuchen.

1 Tasse Milch
5 g Fenchelfrüchte
Honig zum Süßen

Die Milch aufkochen. Die Früchte zerdrücken, in die Milch geben und 10 Minuten darin ziehen lassen. Das Getränk nach Geschmack süßen und möglichst heiß 3-mal täglich trinken.

Bibernelle-Kamillen-Tee

Die Volks- wie auch die Schulmedizin wenden diese Heilpflanzen bei Entzündungen der oberen Atemwege an.

20 g Bibernellewurzeln
20 g Kamillenblüten
10 g Blutwurzeln
1/4 l kaltes Wasser
Honig zum Süßen

Die Kräuter mischen, 1 TL mit dem Wasser aufkochen, eine Minute kochen lassen und abseihen. Vom Sud 3-mal täglich eine Tasse mit Honig gesüßt trinken. Ungesüßt ist der Tee zum Gurgeln verwendbar. Für Magen-Darm-Kranke weniger geeignet.

Gesunder Mund und schöne Zähne

Wer sich gesunde Zähne und kräftiges Zahnfleisch wünscht, sollte die Zähne 2- bis 3-mal täglich putzen, die Zahnzwischenräume mit Zahnseide reinigen und regelmäßig zum Zahnarzt gehen. Mundhygiene ist wichtig, denn Karies, Zahnfleischentzündungen und Mundgeruch werden von Bakterien verursacht. Gegen deren Ausbreitung und gegen Zahnschmerzen helfen viele Hausmittel.

Einfach und sehr wirksam bei Zahnschmerzen und Schwellungen ist eine Wirsingauflage. Das Rezept ist uralt.

Wirsingauflage

Wirsing enthält Enzyme, die eine stark abschwellende Wirkung haben. Daher wird der Kohl seit alters als Hausrezept gegen Zahnschmerzen angewendet. Die Wirkung soll bereits nach einer halben Stunde einsetzen.

frische Wirsingblätter
1 Leinenlappen

Aus den Wirsingblättern die Mittelrippe herausschneiden. Die Blätter mit einer Teigrolle weich rollen, auf einen Leinenlappen legen und mit dem Lappen an die entsprechende Wange drücken.

Rosmarin-Thymian-Zahnspülung

Zahnschmerzen können unerträglich sein. Vorübergehende Linderung verschafft eine Spülung mit diesen Kräutern.

20 g Dost
20 g Rosmarin
20 g Thymian
1 l Alkohol 90%

Die Kräuter in einem verschließbaren Gefäß mit dem Alkohol übergießen und 15 Tage ziehen lassen. Danach filtern

Leinsamenumschlag

Auch ein Umschlag aus Leinsamen hat sich bei Zahnschmerzen bewährt.

1 l Wasser
200 g Leinsamen

Das Wasser aufkochen. Den Leinsamen in einen kleinen Leinensack oder einen Waschlappen füllen und 15 Minuten in das kochende Wasser geben. Abkühlen lassen und mit einem Handtuch, das die Wärme erhält, auf die Wange drücken, hinter der der schmerzende Zahn liegt.

Melissentinktur

Lippenherpes wird durch bestimmte Viren verursacht. Nach der Erstinfektion kommt es immer wieder zu Rückfällen. Gegen die Ausbreitung der Viren hilft die Melisse.

10 g Melissenblätter
100 ml Alkohol 70%

Die Melissenblätter und den Alkohol in ein gut schließendes Gefäß geben. Die Tinktur über Nacht ziehen lassen und mit einem Wattestäbchen mehrmals täglich auf die befallenen Stellen tupfen.

Mundhygiene sollten Sie unbedingt ernst nehmen. Das beginnt bereits mit der Zahnbürste, die mindestens alle 2 Monate gewechselt werden muss. Durch regelmäßiges Zähneputzen und die Pflege der Zahnzwischenräume mit Zahnseide können Sie nicht nur Karies, sondern auch Zahnfleischschwund und damit den Verlust Ihrer Zähne verhindern. Stress und Erschöpfung machen sich ebenfalls im Mund- und Lippenbereich bemerkbar, Herpes und Geschwüre sind möglicherweise die Folge. Eine ausgeglichene Lebensweise und eine Ernährung mit vielen Vitaminen und Mineralstoffen tragen dazu bei, Mund und Zähne gesund zu erhalten.

Sellerie-Raps-Absud

Sellerie hilft bei chronischen Leiden der Atmungsorgane. Hier werden die gereinigten Wurzeln der Pflanzen verwendet.

30 g Rapswurzeln
50 g Selleriewurzeln
1 großes Kohlblatt
1 l Wasser
Honig nach Bedarf

Das Wasser zum Kochen bringen, alle Zutaten bis auf den Honig hineingeben und 1/2 Stunde kochen. Danach abseihen, abkühlen lassen und mit Honig süßen. Über den Tag verteilt trinken.

Spitzwegerich-Lungenkraut-Tee

Lungenkraut hat eine reizlindernde Wirkung und kann auch Entzündungen der Schleimhäute eindämmen.

30 g Lungenkraut
20 g Spitzwegerichblätter
1 TL Honig

Die Kräuter mischen. Wasser zum Kochen bringen (1/2 l für 4 TL der Mischung) und über die Kräuter gießen. Nach 10 Minuten abseihen und den Honig einrühren. Über den Tag verteilt heiß trinken.

Kamille-Thymian-Inhalation

Inhalationen wie diese lindern den Schmerz und den Hustenreiz.

2 EL Kamillenblüten
2 EL Thymiankraut
3–4 l Wasser

Das Wasser aufkochen, die Kräuter zufügen und 10 Minuten ziehen lassen. In eine Schüssel gießen und inhalieren.

So einfach löst sich lästiger Husten auf

Auch wenn Husten unangenehm sein kann, trägt er zu unserer Gesundheit bei, denn er reinigt die Atemwege. Meist ist eine Erkältung die Ursache für Husten. Erst schmerzt der Hals, dann folgt der Reizhusten. Linderung verschaffen Mittel, die das Abhusten erleichtern und den Schleim lösen; zudem hilft es, heiße Bäder zu nehmen, natürliche Hustenmittel zu schlucken und viel zu trinken, am besten Kräutertee.

Veilchen-Efeu-Tinktur

Vor allem bei starkem Reizhusten hat sich diese Tinktur bewährt.

20 g Veilchenblüten
20 g Efeublätter
0,7 l Wodka, Korn o. Ä.

Die Kräuter zerkleinern, in eine gut verschließbare Flasche geben und mit dem Schnaps auffüllen. 4 Wochen ziehen lassen, dabei täglich schütteln. Abseihen und in sterile dunkle Glasflaschen umfüllen. 3-mal täglich 15 Tropfen auf Zucker oder Brot (Diabetiker!) einnehmen.

Fenchelsamen-Sirup

Isländisch Moos, eine Flechte, beruhigt die gereizten Schleimhäute.

3 TL Fenchelsamen
3 TL Isländisch Moos
1 1/2 l Wasser
250 g Kandiszucker

Die Kräuter mit dem Wasser übergießen, die Mischung erhitzen und kochen, bis etwa die Hälfte der Flüssigkeit verdampft ist. Abseihen und mit dem Zucker zu Sirup kochen. 1 EL alle 3 Stunden nehmen.

Tee zubereiten

Blüten und Blätter entfalten ihre Wirkung am besten, wenn sie lose in einem Gefäß schwimmen können. Für diese Art der Teezubereitung ist ein Sieb unerlässlich.

Gegen Husten, Schnupfen, Heiserkeit gibt es Mittel aus dem Kräutergarten der Natur. Ob Kamille, Königskerze, Alantwurzel, Minze, Majoran, Hagebutte oder Lavendel: Viele nützliche Heilpflanzen helfen gegen die entsprechenden Beschwerden. Nicht immer nutzt und anerkennt die Schulmedizin die Heilkräfte der einzelnen Pflanzen, aber dennoch vollzieht sich ein Wandel. Vielen pflanzlichen Auszügen wurde mittlerweile von einer unabhängigen Kommission bescheinigt, bei unterschiedlichen Erkrankungen nachweislich wirksam zu sein. Was also unsere Großmütter schon wussten, wird heute bestätigt.

Kräutertee zur Schwitzkur

Thymian ist antiseptisch und lindert Entzündungen, Lindenblüten sind krampflösend, schweißtreibend und beruhigend.

20 g Kamillenblüten
20 g Thymian
20 g Lindenblüten

Die Kräuter mischen. Wasser nach Bedarf zum Kochen bringen und über die Mischung gießen (1/4 l auf 1 TL Kräuter), 10 Minuten ziehen lassen und abseihen.

Ein Orangenaufguss kann Fieber senken. Dazu 2 unbehandelte Orangen mitsamt der Schale in Stücke schneiden. Diese in eine Schüssel füllen, mit 1 EL Zucker bestreuen und mit 1/2 l siedendem Wasser übergießen. Ziehen lassen und die Früchte ausdrücken. Kalt trinken.

Schwitztee mit Weidenrinde

Er ist schweißtreibend und unterstützt die Ausscheidung von Giftstoffen.

2 EL zerstoßene Weidenrinde
20 g Anis
20 g Rosmarin
20 g Holunderblüten
20 g Lindenblüten

Die Kräuter mischen. Wasser nach Bedarf zum Kochen bringen und darüber gießen (1/4 l Wasser auf 1 EL Kräuter). 15 Minuten ziehen lassen, abseihen, süßen.

Auch die Grippe kann man in den Griff bekommen

Die heftigen Beschwerden, die Dauer und der Verlauf der Krankheit unterscheiden die echte Grippe von den harmloseren grippalen Infekten. Wenn sich zu Husten und Schnupfen plötzlich hohes Fieber einstellt, wenn Sie sich sehr geschwächt fühlen und an Kopf- und Gliederschmerzen leiden, haben Sie sich wahrscheinlich mit dem Influenza-Virus angesteckt. Es wird durch Tröpfcheninfektion übertragen.

Nehmen Sie die Krankheit nicht auf die leichte Schulter!
Die Infektionsgefahr bei Grippe ist sehr hoch, und viele Menschen erkranken nur daran, weil sie eine vorausgehende Erkältung nicht ausreichend kuriert haben und ihre Abwehrkräfte noch geschwächt sind. Eine echte Grippe zieht den Körper sehr viel stärker in Mitleidenschaft als eine einfache Erkältung. Das merkt man beispielsweise daran, dass sich der Kranke auch nach Abklingen der Symptome noch sehr schwach fühlt und nur langsam wieder zu Kräften kommt. Doch selbst bei einer Grippe können Sie auf die Heilkraft der Natur vertrauen und dadurch rasch wieder gesund werden.

Wermut-Honig-Mischung

Wermut hat sehr bittere Inhaltsstoffe, die auch für die Heilkraft verantwortlich sind. Sie können Fieber senken, die Dauer einer Grippe verkürzen und das Wohlbefinden steigern. Auch Honig stärkt die Abwehrkräfte.

1 g Wermut-Pulver
1 TL Honig

Den Wermut und den Honig vermengen. Das Mittel 2-mal täglich einnehmen.
Achtung: für Schwangere nicht geeignet!

Die Kraft der Sonnenblume hilft gegen Fieber. Aus den Blütenblättern gewinnt man sogar eine Tinktur gegen Malaria.

Schafgarben-Minze-Tee

Dieses alte Hausmittel hat sich vor allem im Anfangsstadium einer Grippe bewährt. Darüber hinaus fördert es den Appetit.

10 g Schafgarbe
10 g Minze
10 g Zitronenmelisse
10 g Holunderblüten

Die Kräuter mischen. Wasser nach Bedarf zum Kochen bringen und darüber gießen (auf 1 EL Kräuter 1/4 l Wasser). 10 Minuten ziehen lassen, abseihen, süßen und noch heiß trinken.

Thymian-Zitronen-Aufguss

Thymian kann schmerzhaften Husten lindern und das Atmen erleichtern.

20 g Echter Thymian
30 g Zitronenbaumblätter
1 l Wasser

Das Wasser aufkochen und über die Kräuter gießen. Lauwarm werden lassen und abseihen. 3-mal täglich trinken.

Der gute Rat

Wenn Sie von der Erkältung „die Nase voll haben"…

- Dies lässt Sie aufatmen: 1–2 Tropfen Pfefferminzöl, eventuell zusätzlich Eukalyptus- und Zitronenöl, auf ein Taschentuch träufeln und die Dämpfe einatmen.
- Auf Milch, Milchprodukte und Zucker möglichst verzichten. Sie fördern die Schleimbildung und verstärken die Beschwerden. Rauchen ist auch schädlich.
- Ein Salzbad kann die Erkältungsgefahr abwenden. Beim ersten Kratzen im Hals 2 Hand voll Bittersalz in die Wanne mit heißem Wasser streuen und so lange baden, wie es für Sie angenehm ist.
- Vom Essig wussten unsere Großeltern schon viel Wundersames zu berichten. Probieren Sie doch einmal Essigstrümpfe. Dazu Wollstrümpfe in kaltes Essigwasser (6 EL Essig auf 1/2 l Wasser) legen. Die Strümpfe auswringen und anziehen, trockene Socken darüber streifen und damit ins Bett gehen. Sie können sie die ganze Nacht tragen.

Fieber fördern oder senken

- Bei Erkältung, Fieber und Grippe verliert der Körper viel Flüssigkeit und damit auch wertvolle Vitamine und Mineralien. Essen Sie viel frisches Obst und Gemüse und trinken Sie viel (Tee, Säfte und Mineralwasser). Wer sich zusätzlich viel Ruhe gönnt, ist schneller wieder auf dem Damm.
- Sonnenblumentinktur senkt das Fieber. Dazu 5 g getrocknete Blätter 10 Tage lang in 50 ml 60%igem Alkohol ziehen lassen. Abseihen und in einem dunklen Gefäß aufbewahren. 20 Tropfen auf ein Glas Wasser einnehmen.
- Seit Generationen bewährt sind Essigwaschungen. Dazu den ganzen Körper mit Essigwasser abwaschen.

Was die Natur bei Grippe wärmstens empfiehlt

- Die vielseitige Heilwirkung des Knoblauchs schätzten schon unsere Ahnen. Essen Sie deshalb bei Grippe so viel frischen Knoblauch wie möglich, z. B. indem Sie eine große zerdrückte Zehe in eine Tasse heiße Hühnerbrühe rühren.

Apfelessig selbst herstellen

Ein wahrer Tausendsassa unter den Hausmitteln ist dieser Essig, der sich außerdem leicht herstellen lässt. Nutzen Sie seine vielfältigen Kräfte!

Der Apfelessig war fast in Vergessenheit geraten, ehe er vor einigen Jahren wieder entdeckt wurde. Seither feiert das beliebte Mittel aus Großmutters Zeit nicht nur in Deutschland einen regelrechten Triumphzug durch die Haushalte. Seine Wurzeln gehen bis ins Altertum zurück: Schon Nofretete pflegte ihre Schönheit mit Essigbädern. Apfelessig ist gesund, zaubert bei äußerer Anwendung Glanz ins Haar, fördert die Durchblutung der Haut und wirkt positiv auf deren Säureschutzmantel. Wenn man ihn regelmäßig trinkt, reguliert er außerdem den Stoffwechsel.

Früher wurde Apfelessig mithilfe einer Obstpresse im Haus zubereitet und war fast ein Abfallprodukt, denn zur Herstellung nahm man Fallobst. Heute verwendet man zur Gewinnung des Apfelsafts frisches Obst und ersetzt die Obstpresse durch den elektrischen Entsafter. Den Saft lässt man gären, bis die so genannte Essigmutter entsteht, die als klebriger Schaum an der Oberfläche auftritt. Die Zugabe von Hefe ist nicht unbedingt nötig, sie fördert aber den Prozess.

Apfelessig – so wird er gemacht

Äpfel waschen, vierteln und faule Stellen entfernen. Apfelstücke in die Saftpresse oder den Entsafter geben.

Den Saft mit einem Teil der Schalen und Kerngehäuse in ein Glas, eine Ballonflasche oder ein Steingutgefäß füllen. Etwas Trockenreinzuchthefe (im Fachhandel erhältlich) zufügen. Gefäß fest verschließen.

Etwa 4 Wochen stehen lassen, dabei gelegentlich Essigmutter abschöpfen und danach schütteln. Wenn der Essig den gewünschten Geschmack aufweist, durch ein Leinentuch gießen und in ausgekochte Flaschen füllen.

Naturarznei für Herz und Kreislauf

Gerade in der heutigen rastlosen Zeit werden Herz und Kreislauf oft übermäßigen Belastungen ausgesetzt. Stress im Beruf und im Privatleben und das Gefühl, ständig überfordert zu sein und sich nie richtig entspannen zu können, bedrohen unsere Gesundheit. Kommen auch noch falsche und einseitige Ernährung, Rauchen, Alkohol und Bewegungsmangel dazu, werden früher oder später die Blutgefäße in Mitleidenschaft gezogen. Mancherlei Beschwerden können die Folge sein – etwa Herzerkrankungen, Bluthochdruck, Durchblutungsstörungen, Krampfadern und Hämorrhoiden. Lassen Sie es am besten erst gar nicht so weit kommen! Gerade bei Herz- und Kreislaufbeschwerden kann man wirksam vorbeugen. Das ist aber nicht das Einzige, was Sie tun können; auch wenn die Probleme schon eingesetzt haben, gibt es viele Möglichkeiten, wie Sie Ihre Leiden lindern können. Nehmen Sie sich zuallererst nicht alles so „zu Herzen"; damit schützen Sie sich selbst. Mit erstaunlich einfachen Mitteln können Sie Ihre Leistungsfähigkeit erhöhen und Ihrem Blutgefäßsystem etwas Gutes tun – damit Ihr Herz noch lange für Sie schlägt und Sie sich des Lebens freuen können!

Frisches Gemüse enthält nicht nur Vitamine, sondern auch heilkräftige Stoffe. So kann Gurkensaft hohen Blutdruck senken.

Ruhe und Kraft für ein gesundes Herz

Das Herz ist der Motor des Lebens. Wie eine Pumpe hält es das Blut ständig in Bewegung und sorgt auf diese Weise dafür, dass der ganze Körper mit frischem Sauerstoff aus der Lunge und mit Nährstoffen versorgt wird, aber auch dass Abfallstoffe abtransportiert werden. Wenn unser Herz ruhig und regelmäßig schlägt, wissen wir, dass es seine Aufgabe erfüllt.

Wie alle Muskeln kann das Herz trainiert werden, damit es gesund und belastbar bleibt, z. B. durch Ausdauersport. Ohne ein solches Training gerät es manchmal aus dem Takt – vor allem, wenn man unter großer Anspannung steht. Damit sich ernste Beschwerden erst gar nicht entwickeln, sollte man das Herz auf natürliche Weise stärken. Zwar ist es leider nicht möglich, einem alten Herzen wieder die ganze jugendliche Kraft zurückzugeben, aber man kann es unterstützen. Die folgenden Mittel, auf die schon unsere Großeltern schworen, stärken oder beruhigen das Herz – je nach Bedarf.

Mus aus Galgant

Schon die alten Chinesen und Hildegard von Bingen empfahlen den Wurzelstock des Galgants bei nervösen Herzbeschwerden.

3 g Galgantpulver
6 g Majoranpulver
6 g Selleriesamenpulver
2 g weißer Pfeffer
200 g Honig

Die Pulver mischen, den Pfeffer zufügen und alles in den Honig streuen. Im Wasserbad erwärmen und zu einem Mus verrühren. Für eine Kur 4–6 Wochen lang 3-mal täglich 1/2 TL einnehmen.

Herztee mit Melisse

Diese Mischung hilft stressgeplagten Menschen mit nervösen Herzbeschwerden.

30 g Melissenblätter
30 g Kümmelfrüchte
30 g Baldrianwurzel

Die Kräuter mischen. Wasser nach Bedarf zum Kochen bringen und über die Mischung gießen (1/4 l auf 2 TL Kräuter), 5–10 Minuten ziehen lassen. Abseihen und täglich eine Tasse trinken.

Galgantwurzel ist mit Ingwer verwandt und wird in Asien auch als Gewürz verwendet. Eine mehrwöchige Kur mit Galgantmus stärkt das Herz.

Beruhigende Herzteemischung

Wenn Ihr Herz ein wenig Ruhe nötig hat, hilft Ihnen dieser Tee ganz sicher.

40 g Zwergholunder
25 g Bibernelle
25 g Blutwurz
25 g Gartenraute
25 g Angelikawurzel

Die Kräuter mischen. Wasser nach Bedarf zum Kochen bringen und darüber gießen (1/4 l auf 2 TL der Mischung). Nach 10 Minuten abseihen. Täglich eine Tasse.

Baldrianwein

Mit diesem wohlschmeckenden Getränk überstehen Sie unruhige Zeiten besser. Es beruhigt und macht Sie ausgeglichen.

20 g Baldrianwurzel
Schale einer ungespritzten Orange
1 Rosmarinzweig
1 Gewürznelke
1 l Weißwein

Alle Zutaten mit dem Wein in einer Flasche mischen. Die Flasche verschließen und 4 Wochen stehen lassen, dann abseihen. Den Wein erhitzen und abfüllen. 3-mal täglich ein Likörglas trinken.

Arnika
Die aus den gelben Blüten gewonnenen Wirkstoffe sind entzündungshemmend, desinfizierend und senken zu hohen Blutdruck.

Stärkender Herztee

Diese Mischung verbessert die Leistungsfähigkeit des Herzens und den Blutfluss.

40 g Weißdornblüten
15 g Arnikablüten
15 g Melissenblätter

Die Kräuter mischen. Wasser zum Kochen bringen, über die Kräuter gießen ($^1/_4$ l auf 1 EL), nach 10 Minuten abseihen.

Mit natürlichen Mitteln den Blutdruck regulieren

Viele Menschen leiden unter zu hohem oder zu niedrigem Blutdruck, ohne es zu wissen. Während der niedrige Blutdruck die Gesundheit kaum bedroht, kann Bluthochdruck sehr gefährlich sein. Oft ist zu hoher Blutdruck die Folge von Übergewicht und falscher Ernährung. Wenn zum Bluthochdruck Diabetes und erhöhte Cholesterinwerte hinzukommen, steigt das Herzinfarkt- und Schlaganfallrisiko erheblich. Mit den folgenden Hausmitteln können Sie solche Gefahren bannen.

Der gute Rat

So unterstützen Sie Ihr Herz auf sanfte Art

- Bei Herzrhythmusstörungen sollten Sie sich auf jeden Fall vom Arzt untersuchen lassen.
- Regelmäßige Bewegung an der frischen Luft kräftigt das Herz und versorgt es mit Sauerstoff.
- Warme Bäder mit Zusätzen von Baldrian, Melisse oder Sole-Latschenkiefer beruhigen das Herz und entspannen.
- Verzichten Sie bei Herzproblemen auf Kaffee, Nikotin und Alkohol, weil das Herz damit belastet und aus dem Rhythmus gebracht werden kann.
- Gegen Herzklopfen hilft ein Glas Zuckerwasser mit etwas frischem Zitronensaft.

Auch bei Blutdruckproblemen kann die Natur helfen

- Vermeiden Sie bei Bluthochdruck Übergewicht, und essen Sie viel frisches Obst und Gemüse, wenig Fleisch und häufig Vollkornprodukte.
- Knoblauch ist ein wahres Allheilmittel! Essen Sie möglichst viel frischen Knoblauch. Er hält die Gefäße offen, senkt den Blutdruck und reguliert den Stoffwechsel.
- Ein Tipp aus der Aromatherapie: Massagen oder Bäder mit Kampfer, Thymian, Pfefferminze, Salbei oder Rosmarin kräftigen das Herz.

Rosmarinwein gegen niedrigen Blutdruck

Rosmarin schmeckt nicht nur als Gewürz, sondern hat auch heilende Kräfte.

20 g Rosmarinblätter
3/4 l Weißwein

Die Blätter mit dem Wein übergießen. 5 Tage ziehen lassen. Abseihen und in eine Flasche füllen. Mittags und abends zu den Mahlzeiten ein Likörglas trinken.

Blutdrucktee mit Mistel

Misteln haben Wirksubstanzen, die z. B. die Muskulatur der Blutgefäß entspannen und den Blutdruck senken.

60 g Mistelblätter
40 g Schachtelhalm
40 g Weißdornblüten

Die Kräuter mischen. Wasser nach Bedarf aufkochen und darüber gießen (1/4 l auf 1 TL der Mischung). 10 Minuten ziehen lassen, abseihen und mit Honig süßen. Morgens und abends je eine Tasse trinken.

Tee gegen Bluthochdruck

Die Wirksubstanzen dieses Tees senken den Blutdruck und wirken beruhigend auf das gesamte Nervensystem.

40 g Ehrenpreiskraut und -samen
40 g Mariendistelsamen
30 g Johanniskraut
30 g Melissenkraut
30 g Arnikablüten

Die Kräuter mischen. Wasser nach Bedarf zum Kochen bringen und darüber gießen (1/4 l Wasser auf 2 TL der Mischung). Nach 15 Minuten abseihen und mit Honig süßen. Über den Tag verteilt trinken.

Die Durchblutung fördern mit Kräuterkraft

Unser Körper ist von einem dichten Netz von Blutgefäßen durchzogen. Sie sorgen dafür, dass das Blut in jedes Organ gelangt und dass jede Körperzelle mit Nährstoffen und Sauerstoff versorgt wird.

Vieles kann die Durchblutung stören, was dazu führt, dass die Blutzufuhr zu Körperteilen oder Organen beeinträchtigt oder sogar unterbrochen ist. Wenn kein Blut mehr durch eine Ader strömen kann, spricht man von Gefäßverschluss. Er kann an Arterien und Venen auftreten. Arterien sind meist an Armen und Beinen, Fingern oder Zehen betroffen, aber auch an der Niere oder am Herzen kann es zu Gefäßverschluss kommen. Dies muss sofort ärztlich behandelt werden.

Gefäßverschlüsse in den Venen kommen vorwiegend an den Armen und Beinen sowie im Gesicht vor. Typisch dafür sind kalte Füße und Hände. Vor solchen Durchblutungsstörungen können Sie sich vorbeugend schützen; auch wenn Sie bereits davon betroffen sind, finden Sie wirksame Mittel in der Kräuterapotheke.

Durchblutungstee

Dieser Tee wirkt leicht entwässernd, was die Durchblutung verbessert. Bei älteren Menschen fördert er außerdem das Einschlafen.

15 g Pfefferminze
15 g Kamille
15 g Baldrianwurzel
15 g Gartenraute
15 g Gänsefingerkraut

Die Kräuter mischen. Wasser nach Bedarf zum Kochen bringen und darüber gießen (1/4 l auf 2 TL der Mischung), 5–10 Minuten ziehen lassen. Abseihen und mit Honig süßen. Täglich 1–2 Tassen trinken.

Mörser

Bei der Zubereitung von Kräutertees leistet ein Mörser stets gute Dienste. Er eignet sich zum Zerstoßen von harten Stücken oder Samen und als Mischgefäß für größere Vorratsmengen.

Alte Hausmittel gegen ein altes Leiden: Krampfadern

Schon unsere Großmütter haben unter Krampfadern gelitten. Diese Venenkrankheit macht nicht nur die Beine unansehnlich, sie kann auch recht schmerzhaft sein. Die Ursache ist neben Bewegungsmangel oft eine angeborene Venenschwäche. Das verbrauchte Blut fließt nicht vollständig zum Herzen, sondern bleibt teilweise in den Beinen, wo es sich staut. Dadurch erweitern sich die Gefäße und treten an der Haut deutlich hervor. Seit vielen Generationen kennt man wirksame Mittel gegen Krampfadern und Hämorrhoiden.

Wohltuend und wirksam gegen Krampfadern: ein Fußbad mit Rosskastanie. Danach die Füße trockenreiben und warm halten.

Kastanienfußbad

Der Wirkstoff der Rosskastanie stärkt die Gefäße und hemmt Entzündungen.

15 g Kastanienblätter und -früchte
10 g Thymianblätter
10 g Brennnesselblätter

Die Kräuter mischen. 1/2 l Wasser zum Kochen bringen, über 2 TL der Kräuter gießen und abseihen. 12 EL des Suds auf 4 l Wasser in eine Wanne geben.

Sitzbad mit Ölen

Eine Wohltat bei schmerzenden Hämorrhoiden ist ein Sitzbad mit lindernden Ölen.

je 2 Tropfen Zypressen- und Kamillenöl
(oder Wacholder- und Myrrhenöl)
1 Tropfen Pfefferminzöl
eine halb volle Schüssel Wasser

Die Öle in das Wasser tropfen und darin 5–10 Minuten ein Sitzbad nehmen. Danach eine Mischung aus 10 Tropfen der verwendeten Öle und 20 Tropfen Pflanzenöl auf die betroffenen Stellen auftragen.

Natürlich vorbeugen gegen Arterienverkalkung

Normalerweise sind unsere Gefäße elastisch und offen für das Blut. Mit zunehmendem Alter werden sie brüchig, und Ablagerungen behindern den Blutfluss; dies ist nicht zuletzt eine Folge ungesunder Lebensweise. Wie unsere Vorfahren können wir uns aber mit Hausmitteln vor der gefürchteten Verkalkung schützen. Neben dem folgenden Aufguss beugt auch ein Fußbad mit Fichtennadel- oder Rosmarinzusätzen Arterienverkalkung vor.

Johannisbeerblätter-Aufguss

Die Heilpflanzen für diesen Aufguss erhalten das Gefäßsystem funktionstüchtig.

2 TL schwarze Johannisbeerblätter
2 TL Buchweizenkraut
2 TL Mistel
1/4 l Wasser

Das Wasser zum Kochen bringen, über die Kräuter gießen und 5–10 Minuten ziehen lassen. Abseihen und mehrmals täglich eine Tasse trinken.

Früher gehörte in jeden Haushalt eine kleine Kräuterapotheke mit vielen heilsamen Kräuter- und Pflanzenzubereitungen. Vertrauen auch Sie wieder mehr auf die Heilkraft der Natur und legen Sie sich zu Hause einen kleinen Vorrat an. So können Sie kleine Befindlichkeitsstörungen selbst lindern, ganz ohne Nebenwirkungen. Bei Entzündungen und Magenbeschwerden hilft Kamille, Pfefferminzöl beugt Magenproblemen vor, und bei Erkältung sind Holunder, Hagebutten und Lindenblüten natürliche Helfer. Wer unter Stress leidet, greift zu Baldrian, Hopfen und Melisse, die zudem noch schlaffördernd wirken.

Wenn Ihnen alles auf den Magen schlägt

Unsere rastlose und hektische Zeit schlägt vielen auf den Magen – insbesondere denjenigen, die auch die Mahlzeiten noch in Eile bzw. unregelmäßig zu sich nehmen. Hinzu kommt häufig zu einseitiges, zu reichliches, zu fettes oder zu stark gebratenes bzw. gewürztes Essen. Jeder kennt die Folgen – Sodbrennen und Übelkeit, aber auch schmerzhafte Magenkrämpfe. Die Beschwerden können, wenn sich Lebensweise und Ernährung nicht ändern, sogar chronisch werden. Überdies können Stress, Ärger und ungelöste Konflikte im Privat- oder Berufsleben schnell ein Magengeschwür verursachen. Lassen Sie es gar nicht erst so weit kommen! In der Kräuterapotheke der Natur finden Sie viele Mittel, die Ihnen helfen, Magenbeschwerden zu beheben. Auch für diejenigen, die im Alter unter Appetitlosigkeit leiden, weil die Magensäfte versiegen, gibt es viele altbewährte Kräuter.

Aus dem Arzneischrank Hildegards von Bingen ist dieser schmackhafte Verdauungswein überliefert.

Tee gegen Appetitlosigkeit

Besonders ältere Menschen haben oft nicht mehr viel Hunger. Dieser Tee steigert den Appetit und fördert die Verdauung.

1/4 l Wasser
30 g Tausendgüldenkraut
30 g Fenchelfrüchte
30 g Wermut
20 g Pfefferminze
20 g Faulbaumrinde

Das Wasser zum Kochen bringen. Die Zutaten mischen. 2 TL davon mit kochendem Wasser überbrühen und 5 Minuten ziehen lassen, danach abseihen. 30 Minuten vor dem Essen eine Tasse trinken.

Verdauungswein

Bei Stress, falscher Ernährung oder im Alter kann die Verdauung schon einmal nicht mehr richtig funktionieren. Für Abhilfe sorgt hier dieser bereits im Mittelalter bekannte Verdauungswein.

125 g Honig
1 l Rot- oder Weißwein
50 ml Wermutsaft

Den Honig in den Wein einrühren und beides bei schwacher Hitze zum Kochen bringen. Den Wermutsaft zugeben und die Mischung nochmals kurz aufkochen lassen. Anschließend heiß in sterile Flaschen füllen und gut verschließen. Jeden Morgen ein Likörglas davon möglichst auf nüchternen Magen trinken.

Tee mit Kardobenediktenkraut

Die distelartige Heilpflanze enthält viele Bitterstoffe und ätherische Öle, die appetitsteigernd wirken.

(Fortsetzung auf S. 48)

Frisches Gemüse schmeckt nicht nur gut, ebenso wie Obst versorgt es den Körper auch mit den lebensnotwendigen Vitaminen, Mineralstoffen und Spurenelementen. Überdies sind sowohl Obst als auch Gemüse wichtige Ballaststofflieferanten, die die Verdauung anregen, den Darm in Bewegung halten und Giftstoffe ausscheiden helfen. Es gilt: Für eine geregelte Verdauung brauchen Sie keine Pillen! Essen Sie einfach jeden Tag mindestens zwei Portionen frisches Obst oder Gemüse – ein Apfel und eine Portion Salat reichen schon aus –, und nehmen Sie auch Vollkornprodukte wie Vollkornnudeln oder ungeschälten Reis in Ihren Speiseplan auf. Ebenfalls wichtig ist, dass Sie immer viel trinken.

1 l Wasser
20 g Kardobenediktenkraut
15 g Hopfenzapfen
15 g Lavendelblüten
15 g Rosmarinnadeln

Das Wasser zum Kochen bringen. Die übrigen Zutaten mischen und 3 EL davon mit dem kochenden Wasser überbrühen. 10 Minuten ziehen lassen, abseihen und über den Tag verteilt trinken. Zur Kur 3 Wochen lang durchführen.

Ein Kräutertee mit Enzian, Wermut und Zimt beruhigt nervöse Mägen.

Verdauungstee

Dieser Tee aus traditionellen Heilpflanzen hilft, die Speisen besser zu verwerten.

1/4 l Wasser
20 g Kamillenblüten
20 g Pfefferminze
10 g Schafgarbenkraut
10 g Tausendgüldenkraut
10 g Enzianwurzel

Das Wasser aufkochen. Die übrigen Zutaten mischen und 2 TL davon mit dem Wasser überbrühen. Zudecken, 10–15 Minuten ziehen lassen und abseihen. Ungesüßt nach dem Essen trinken.

Anismilch für Kinder

Dieses Hausmittel gaben früher Mütter ihrem bauchwehgeplagten Nachwuchs zu trinken.

1/2 TL Anis
1/2 TL Kümmel
1/4 l Milch

Die Gewürze in die Milch geben und alles in 5 Minuten unter Rühren aufkochen. Sorgfältig abseihen und das Kind in kleinen Schlucken trinken lassen.

Teemischung gegen Reizmagen

Diese aromatische Kombination verschiedener Kräuter beruhigt den nervösen Magen.

1/4 l Wasser
20 g Enzianwurzel
25 g Wermutkraut
10 g Zimtrinde
20 g Pomeranzenschalen
25 g Tausendgüldenkraut

Das Wasser zum Kochen bringen. Die Kräuter mischen und 2 TL davon überbrühen. 10 Minuten ziehen lassen, abseihen und ungesüßt schluckweise trinken.

Enzian
Die Wurzeln dieser geschützten Alpenpflanze enthalten viele Bitterstoffe, die bei Magenbeschwerden ihre wohltuende Wirkung schnell und sanft entfalten.

Tee gegen Magengeschwüre

Die Süßholzwurzel wirkt sowohl krampflösend als auch entzündungshemmend.

1/4 l Wasser
20 g Süßholzwurzel
20 g Kamillenblüten
5 g Melissenblätter
5 g Pfefferminze

Das Wasser aufkochen. Die Kräuter mischen und 1 TL überbrühen. 5 Minuten ziehen lassen, abseihen und nach den Mahlzeiten eine Tasse trinken.

Wenn es mit der Verdauung nicht mehr richtig klappt

Unser Darm kann sehr empfindlich reagieren. Mangelnde Bewegung und fehlende Ballaststoffe lassen ihn regelrecht „erschlaffen". Und wenn wir uns einen Virus eingefangen haben, gerät seine Arbeit völlig aus dem Takt. Mit Erbrechen und Durchfall ergreift der Körper dann Schutzmaßnahmen, damit die Schadstoffe auf dem schnellsten Weg wieder ausgeschieden werden.

Was Sie tun können

Wenn Ihr Darm gereizt ist, braucht er eine Schonzeit und sollte nicht zusätzlich belastet werden. Unterstützen Sie den Heilungsprozess, indem Sie sich das Wissen um die Kraft der zahlreichen darmwirksamen Heilpflanzen zunutze machen. Während einige die Verdauungstätigkeit anregen, Übelkeit beseitigen und von Koliken befreien, helfen andere, die zerstörte Darmflora wieder aufzubauen.

Eibischtee gegen Durchfall

Durchfall ist in den allermeisten Fällen eine Schutzmaßnahme unseres Organismus. Dieses Hausmittel beruhigt die gereizten Darmwände.

(Fortsetzung auf S. 50)

Heilerde, in Flüssigkeit eingenommen, ist ein uraltes, beliebtes Hausmittel, das u. a. den Magen beruhigt.

Der gute Rat

Die Natur hilft Ihrem Appetit auf die Sprünge

- Ein Tipp von der Großmutter: Alles was scharf ist, regt den Appetit an und fördert die Verdauung: Chili, Meerrettich, Radieschen, Rettich und Zwiebeln, aber auch saure Gurken oder Senf. Sie haben die Wahl!
- Ältere Menschen, die keinen richtigen Appetit mehr entwickeln, sollten eine halbe Stunde vor dem Essen ein paar kandierte Ingwerwurzeln kauen – das regt die Verdauungssäfte an.

Damit können strapazierte Mägen aufatmen

- 1 TL Heilerde in Mineralwasser oder Kräutertee auflösen und nach dem Essen trinken.
- Nicht nur bei Säuglingen, auch bei Erwachsenen hilft Fencheltee bei Verdauungsbeschwerden. Die Inhaltsstoffe beruhigen gereizte Magenwände.
- Ein sehr altes Hausmittel ist Schwedenbitter. Dieser Kräutertrunk aus der Apotheke hilft gegen vielerlei Verdauungsstörungen. 1–2 Likörgläser von dem Trunk am Tag zu sich nehmen.
- Gegen Schluckauf gibt es viele Tipps: Halten Sie 30 Sekunden die Luft an, trinken Sie Eis- oder Zitronenwasser oder kauen Sie eine Gewürznelke. Grundsätzlich sollten Sie langsam essen und dabei gründlich kauen.

Übelkeit und Brechreiz auf sanfte Weise lindern

- Omas Haferschleimsuppe wirkt auch heute noch gegen Übelkeit. Dazu 20 g Haferflocken in 1/4 l Wasser kochen und leicht salzen.
- 1 TL Melissengeist, in etwas Wasser oder auf Zucker eingenommen, hilft zuverlässig bei Übelkeit und lindert den Brechreiz.
- Bei Erbrechen sollte man zunächst einmal nichts unternehmen. Es ist eine Schutzreaktion, mit der sich der Körper von Schadstoffen befreit. Bei fehlender Besserung empfiehlt es sich aber, einen Arzt aufzusuchen.

1/4 l Wasser
20 g Eibischblätter
20 g Wiesenknöterich
20 g getrocknete Heidelbeeren

Das Wasser zum Kochen bringen. Die Kräuter mit den Beeren mischen und 2 TL davon überbrühen. 15 Minuten ziehen lassen. Abseihen und ungesüßt mehrmals täglich trinken.
Achtung: Bei länger anhaltenden Darmbeschwerden sollten Sie zum Arzt gehen.

Dieser Tee mit Lakritze vermag zahlreiche Verdauungsbeschwerden zu lindern.

Die schmackhafte Basensuppe mit Möhren und Kartoffeln ist die ideale Schonkost bei Durchfallerkrankungen.

Basensuppe

Schon unsere Großeltern verordneten bei Durchfall eine Basensuppe. Diese Suppe ersetzt verlorene Flüssigkeit und Mineralstoffe, ohne die gereizten Darmschleimhäute zu belasten.

1/4 l Wasser
2 Kartoffeln
1 Möhre
1 Prise Salz

Das Wasser zum Kochen bringen. Die Kartoffeln und die Möhre schälen, klein schneiden und in dem Wasser in etwa 20 Minuten weich kochen. Anschließend pürieren, salzen.

Kamillentee mit Lakritze

Während das in der Lakritze enthaltene Süßholz gegen Sodbrennen, Blähungen und Krämpfe hilft, wirkt die Kamille beruhigend und entzündungshemmend auf die Schleimhäute.

1/4 l Wasser
5 g Kamillenblüten
20 g Lakritze

Das Wasser zum Kochen bringen und die Kamille damit übergießen. 10 Minuten ziehen lassen, abseihen und die Lakritz darin auflösen. Eine Tasse täglich trinken.

Kümmeltee gegen Blähungen

Wie der Kümmel vertreiben auch die anderen Inhaltsstoffe dieses Tees Blähungen.

1/4 l Wasser
15 g zerstoßener Kümmel
15 g zerstoßener Fenchel
15 g zerstoßener Anis

Das Wasser zum Kochen bringen. Die Früchte mischen und 2 TL davon überbrühen. 10 Minuten ziehen lassen, abseihen und ungesüßt trinken.

Gänsefingerkrauttee

Die Volksmedizin schätzt diesen Tee bei akuten Durchfallerkrankungen.

1/4 l Wasser
20 g Gänsefingerkraut
20 g Melissenblätter
20 g Pfefferminzblätter

Das Wasser zum Kochen bringen. Die Kräuter miteinander vermischen und 2 TL davon überbrühen. 10 Minuten ziehen lassen und abseihen. 2–3 Tassen täglich trinken.

Ätherische Öle – im Tee oder zur Massage

Wer unter nervös bedingten Durchfällen leidet, sollte es mit ätherischen Ölen probieren. Sie beruhigen das vegetative Nervensystem.

3–4 Tropfen Kamillenöl
oder 3–4 Tropfen Sandelholzöl
oder 3–4 Tropfen Wacholderöl
oder 3–4 Tropfen Lavendelöl

Jeweils 3–4 Tropfen von einem der Öle in eine Tasse Kräutertee geben und langsam trinken. Wahlweise das Öl mit 2 TL Speiseöl vermischen und damit den Unterbauch kreisförmig massieren.

Aufguss von Passionsblumen

Bei krampfartigen Koliken beruhigt diese traditionelle Teemischung.

1 l Wasser
20 g Passionsblumenblüten und -blätter
20 g Römische Kamillenblüten

Das Wasser zum Kochen bringen und die Kräuter damit überbrühen. 10 Minuten ziehen lassen, abseihen und den Tee sehr warm und ungesüßt trinken.

Sennesblättertee

Sennesblätter gehören zu den wirksamsten pflanzlichen Abführmitteln. Sie sollten aber nicht regelmäßig angewandt werden.

1/4 l kaltes Wasser
20 g Sennesblätter

1 TL Sennesblätter mit dem Wasser übergießen und 24 Stunden ziehen lassen. In dieser Zeit den Ansatz mehrmals umrühren, danach abseihen. Eine Tasse Tee vor dem Schlafengehen trinken.

Ein leichter Apfelquark zum Frühstück schmeckt frisch und ist gesund. Außerdem sorgt er für eine gute Verdauung.

Apfelquark gegen Verstopfung

Ein Mittel, das die Verdauung ganz natürlich in Schwung bringt, ist Apfelquark, zum Frühstück oder auch abends gegessen.

125 g Magerquark
1 Apfel
1 TL Leinsamen
1 TL Honig

Den Quark in eine Schüssel geben. Den Apfel reiben und zu dem Quark geben. Den Leinsamen und den Honig zufügen.

Beschwerden an Leber und Galle sanft heilen

Die Leber ist für die Verdauung ebenso wichtig wie für Stoffwechsel, Blutkreislauf und Hormonhaushalt. Sie produziert u. a. die Gallenflüssigkeit, die in der Gallenblase gespeichert wird und die das mit der Nahrung aufgenommene Fett erst verdaulich macht. Nur wenn die Leber richtig funktioniert, kann sie auch ausreichend Galle produzieren. Zu reichliches und zu fettes Essen sowie übermäßiger Alkohol- und Nikotinkonsum können die Arbeit der Leber stark beeinträchtigen.

Mariendisteltee mit Andorn und Löwenzahn schützt und kräftigt durch seine Inhaltsstoffe Leber und Galle.

Dies führt zu Beschwerden, die von einem Völlegefühl bis hin zu starken Schmerzen reichen können, beispielsweise wenn aufgrund einer veränderten Zusammensetzung der Gallenflüssigkeit in der Gallenblase Steine entstehen und sich die Flüssigkeit dort staut. Krampfartige Koliken sind in diesem Fall die Folge. Wenden Sie regelmäßig die bewährten Rezepte aus Großmutters Kräuterschatz an – damit Ihre Leber und Ihre Gallenblase immer gut funktionieren.

Lebertee mit Gänseblümchen

Schon im Mittelalter schätzte man die Wirkung des Gänseblümchens als schützendes und stärkendes Leber- und Gallemittel.

1/4 l Wasser
20 g Gänseblümchenblüten und -blätter
20 g Brennnesselblätter

Das Wasser zum Kochen bringen. Die Kräuter mischen und 2 TL davon überbrühen. 10 Minuten ziehen lassen und abseihen. Täglich 2–3 Tassen trinken.

Auszug von Leberblümchenblättern

Von der Leberform der Blätter dieses Krauts schloss man früher auf seine Wirkung. Wurzel und Blüten dürfen nicht verwendet werden, und die Blätter müssen getrocknet sein.

20 g Leberblümchenblätter (getrocknet)
1/4 l kaltes Wasser

2–3 TL von den Blättern mit dem Wasser übergießen und 10 Stunden ziehen lassen. Danach abseihen und den Auszug leicht erwärmen. Schluckweise trinken.

Lebertee mit Mariendistel

Die Wirkstoffe dieser Mischung schützen die Leber. Der Gallefluss wird verbessert.

1/4 l Wasser
30 g Mariendistelfrüchte
15 g Andornkraut
15 g Löwenzahnwurzel mit Kraut
15 g Pfefferminzblätter

Das Wasser zum Kochen bringen. Die Kräuter mischen und 2 TL davon überbrühen. 10 Minuten ziehen lassen und abseihen. Mit Honig süßen und täglich 2–3 Tassen trinken.

Der gute Rat

Kräuter sind Balsam für die angeschlagene Leber

- Die Wegwarte ist ein altes Mittel, wenn der Gallefluss gestört und eine Stärkung der Leber erwünscht ist. Für einen Tee 1 TL Wurzel und Kraut mit 1/4 l kaltem Wasser übergießen. Erhitzen, 3 Minuten kochen lassen und abseihen. 2–3 Tassen täglich trinken.
- 3-mal täglich nach dem Essen 1 EL Artischockensaft mit wenig Wasser verrühren und einnehmen. Diese Anwendung entgiftet die Leber, regt die Gallensaftabsonderung an und senkt die Blutfettwerte. Den Artischockensaft gibt es in der Apotheke.

Damit Ihnen die Galle nicht überläuft

- Schon unsere Großeltern tranken frischen Rettichsaft, um die Gallentätigkeit anzuregen und Entzündungen der Gallenwege zum Abklingen zu bringen. Einen Rettich raspeln, mit braunem Kandis sowie Honig vermischen und eine Stunde Saft ziehen lassen. Als Kur 2 Wochen täglich ein Glas vor dem Essen trinken.

Löwenzahn entschlackt den Körper und verbessert das Wohlbefinden.

Gallentee mit Löwenzahn

Der Löwenzahn fördert die Gallensekretion.

1/4 l Wasser
20 g Löwenzahnwurzel mit Kraut
20 g Pfefferminzblätter
10 g Strohblumenblüten

Das Wasser zum Kochen bringen. Die Kräuter mischen und 2 TL davon überbrühen. 10 Minuten ziehen lassen, abseihen und 2–3 Tassen täglich trinken.

Haferstroh-Bad

Das Haferstroh-Bad ist ein altes Lebermittel.

80–100 g geschnittenes Haferstroh
3 l Wasser

Das Stroh in dem Wasser 15–20 Minuten lang kochen, danach abseihen. Den Auszug dem einlaufenden Badewasser zusetzen. 15 Minuten lang bei 38 °C baden.

Der Saft der Artischocke fördert Leber- und Gallentätigkeit und verbessert die Blutfettwerte.

Stärkender Wein mit Kräutern

Dem Wein werden gesundheitsfördernde Kräfte zugeschrieben – vorausgesetzt, man genießt ihn in Maßen.

Trinke nicht mehr nur Wasser, sondern nimm ein wenig Wein dazu, um des Magens willen und weil du oft krank bist", heißt es in einem Brief des Apostels Paulus an Timotheus. Schon im Altertum muss also die heilsame und stärkende Wirkung des Weins bekannt gewesen sein. Auch heute noch empfiehlt man jungen Frauen, die unter Blutarmut leiden, morgens ein Gläschen Rotwein zu trinken, mit einem Eigelb verrührt. In der Tat kann Rotwein die Blutbildung fördern, vor allem wenn er von vulkanischen Böden stammt und daher viel Eisen und Phosphat enthält. Rotwein wirkt zudem, wenn man ihn in kleinen Mengen trinkt, positiv auf Herz und Kreislauf und empfiehlt sich daher bei Durchblutungsstörungen. Schließlich ist ein Gläschen am Abend vor dem Schlafengehen gut für die Nachtruhe. Die wohltuende Wirkung des Weins kann man mit Kräutern steigern. Kräuterweine werden nicht nur als Aperitifs und Digestifs geschätzt, man sagt ihnen auch eine kräftigende Wirkung nach. Der hier vorgestellte Stärkungswein wird mit Rotwein oder Weißwein zubereitet. Biologisch erzeugter Wein hat weniger chemische Zusätze, die bei vielen Menschen zu Kopfschmerzen führen können.

Stärkungswein – so wird er gemacht

Eine Weinflasche entkorken, etwas Wein abgießen. Dann 1 Zweig Thymian, $^1/_2$ TL geriebene Muskatnuss, $^1/_4$ TL frischen Ingwer, 1 Zimtstange und 8 große Sultaninen hineingeben.

Die Flasche verkorken und 2 Wochen stehen lassen. Danach die Mischung durch ein Sieb gießen.

Den Wein durch einen Filter zurück in die Flasche füllen, die Flasche verkorken und ein Etikett mit dem Namen darauf kleben. Zur Stärkung ein halbes Glas puren oder ein Glas mit Wasser gemischten Wein trinken.

Arzneí für Frauen und für Männer

Ist es leichter, eine Frau oder ein Mann zu sein? Auf diese Frage hat wohl jede und jeder eine eigene Antwort. Tatsache ist, dass Frauen und Männer oft unter Beschwerden leiden, die an ihr Geschlecht gebunden sind. Diese Leiden, die regelmäßig – beim weiblichen Zyklus – oder in bestimmten Lebensabschnitten auftreten, können das Wohlbefinden deutlich beeinträchtigen. In der Jugend plagen Männer ebenso wie Frauen ganz andere Sorgen als im Alter, auch wenn in beiden Fällen Hormone daran schuld sein können. Sie steuern unsere Entwicklung vom Fötus im Mutterleib bis ins hohe Alter. Stellt unser Körper die Hormonproduktion ein, kommen wir in die Wechseljahre; das gilt nicht nur für Frauen, sondern auch für Männer, bei denen dieser Prozess allerdings langsamer abläuft. Mit diesem Wechsel gehen körperliche Veränderungen einher. Natürliche Hausmittel und eine positive Einstellung können uns helfen, den richtigen Weg zur Zufriedenheit in der neuen Lebensphase zu finden. Es liegt an uns, ob wir jeden Abschnitt unseres Lebens glücklich und ausgeglichen durchlaufen. Das war schon unseren Vorfahren bewusst, und sie haben uns ihre Erfahrungen weitergegeben, mit denen auch wir dies erreichen können.

In dieser Kräutersuppe entfalten leckere Gewürze ihre Heilkräfte gegen Frauenleiden.

Kräuter regulieren Frauenbeschwerden

Gewöhnlich verläuft die monatliche Regel unproblematisch, aber für einige Frauen ist sie mit Beschwerden verbunden. Häufig kommt die Blutung sehr unregelmäßig oder nur sehr schwach; es kann auch vorkommen, dass sie ganz ausbleibt. In anderen Fällen sind die Blutungen sehr stark und von schmerzhaften Krämpfen im Unterleib begleitet. Manche Frauen leiden unter dem prämenstruellen Syndrom. Ihre Brust schmerzt, da sie gegen Ende des Zyklus größer wird und spannt; sie haben Rückenschmerzen und sind psychisch labil, manchmal sogar depressiv.

Erleichterung auch ohne Chemie

Der Zyklus einer Frau ist sehr variabel, und meist liegen Unregelmäßigkeiten im normalen Rahmen. Leichte Beschwerden sind noch kein Grund zur Besorgnis. Der Monatszyklus mit allem, was dazugehört, ist ein ganz natürlicher Bestandteil des weiblichen Lebens. Viele Beschwerden lassen sich recht einfach lindern. Bei Unterleibsschmerzen helfen ansteigende Fußbäder und vor allem Wärme, z. B. eine Wärmflasche auf dem Bauch, Heublumenauflagen oder Massagen. Tees bilden eine Alternative zu Hormonpräparaten, außerdem können Kräuter auch die Psyche ins Gleichgewicht bringen.

Den Scheidenausfluss regulieren

Die Schleimhaut der Scheide produziert ständig ein leicht saures Sekret, das das Wachstum von Mikroben hemmt. Wenn diese Funktion gestört ist, helfen Teekuren und Scheidentabletten mit Milchsäurebakterien. Bei übermäßigem oder verändertem Ausfluss sollte ein Arzt konsultiert werden. Auch bei Schwangerschaft ist eine Eigentherapie nicht ratsam.

Keine Angst vor den berüchtigten Wechseljahren!

Beschwerden in dieser Lebensphase können verschiedene Ursachen haben, sind aber natürliche Vorgänge im Körper einer Frau. Mit der Heilkraft der Natur lassen sie sich abmildern bzw. fördern. Auf jeden Fall ist es entscheidend für das Wohlbefinden der betroffenen Frau, ob sie die Veränderungen in ihrem Körper akzeptiert.

Der Gänsefingerkraut- oder auch Frauentrunk wird mit heißer Milch und Butter zubereitet. Er hilft bei Regelbeschwerden.

Gänsefingerkraut-Trunk

Dieses wohlschmeckende Getränk hilft bei Krämpfen während der Menstruation.

100 g Gänsefingerkraut
60 g Ringelblumenblätter
60 g Frauenmantelblätter
1/4 l kalte Milch
1 TL Butter
2 TL Honig
1 Prise Zimt

1 EL der Kräutermischung in der kalten Milch ansetzen, erhitzen, 5 Minuten ziehen lassen und abseihen. Butter, Honig und Zimt zugeben. 3-mal täglich trinken.

Liebstöckel
Weniger bekannt als seine Würzkraft ist die Heilwirkung des Liebstöckels. Es hilft bei Blasenleiden, bei Menstruationsbeschwerden oder bei Kopfschmerzen.

Männliche Leiden: Impotenz und Prostataprobleme

Jüngere Männer haben selten mit Impotenz zu kämpfen; wenn sie in jungen Jahren auftritt, ist dies meist ein Hinweis auf einen psychischen Konflikt. Ab einem Alter von 40 Jahren kann allerdings eine ganze Reihe körperlicher Faktoren zu Impotenz führen, z. B. Zuckerkrankheit, Bluthochdruck oder Arterienverkalkung. Auch eine ungesunde Lebensweise, falsche Ernährung, Bewegungsmangel oder Rauchen können Erektionsstörungen verursachen. Das Problem ist so alt wie die Menschheit; zahlreiche Mythen und Märchen ranken sich um mangelnde männliche Sexualkräfte. Viele Speisen und Substanzen sollen gegen diese Probleme helfen – ob Spargel oder Sellerie, Austern oder Nashornpulver –, aber oft stärken sie die Manneskraft nur in der Phantasie. Eine gesunde Lebensweise bewirkt sicher mehr, ebenso wie die Hausmittel, die hier vorgestellt werden.

Wiesenbärenklau Wegen des aufstrebenden Wuchses gilt die Pflanze als Aphrodisiakum. Bekannter ist wohl ihre verdauungsfördernde Eigenschaft.

Wie Sie die Vergrößerung der Prostata verhindern können

Ein typisches Männerleiden ist die Vergrößerung der Vorsteherdrüse oder Prostata. Ungefähr ab dem 50. Lebensjahr kann sie von Kastanien- auf Apfelgröße anwachsen, wodurch das Wasserlassen schwierig wird. Vermutlich sind hormonelle Veränderungen die Ursache dafür. Bei starken Beschwerden sollte man sich vor einer Selbstbehandlung vom Arzt untersuchen lassen. Viele Hausmittel können bei leichten Problemen helfen, bei denen keine ärztlichen Maßnahmen erforderlich sind, aber auch ergänzend zu einer medizinischen Behandlung.

Der gute Rat

Ein befriedigendes Sexualleben mithilfe der Natur

- Gegen Impotenz hilft oft eine bessere Durchblutung des Unterbauches; mit Bärlauch kann man sie fördern. Eine Handvoll gehackter Bärlauchblätter wird mit $^{1}/_{2}$ l trockenem Weißwein aufgegossen und bis kurz vor den Siedepunkt erhitzt. Eine Woche ziehen lassen, dann gründlich abseihen. Kühl und dunkel lagern. Jeden Abend $^{1}/_{4}$ l trinken.
- Ätherische Öle stimulieren die sexuellen Gelüste. Dazu je 2 Tropfen Ingwer-, Schwarzer-Pfeffer- und Jojoba-Öl mischen und auf dem unteren Rücken, dem Steiß und den Oberschenkel-Innenseiten einmassieren – keinesfalls aber auf die Geschlechtsorgane.

Gegen Prostatabeschwerden selbst aktiv werden

- Als Vorbeugung sind Kürbiskerne zu empfehlen. Über einen längeren Zeitraum mehrmals täglich 10 Stück gut zerkaut essen.
- In vielen Fällen hat sich eine Umstellung der Ernährung sehr bewährt. Nehmen Sie weniger tierisches Fett zu sich, trinken Sie viel (aber nicht abends) und essen Sie reichlich Obst und Gemüse.

Kalmustinktur

Schon im alten Ägypten schrieb man dem Kalmus eine aphrodisierende Wirkung zu. Verwendung findet die Wurzel, die entweder als Tinktur oder als Tee zubereitet wird.

60 g Kalmuswurzel
2 l Apfelmost

Die Wurzel in dem Apfelmost ansetzen und in einer gut verschlossenen Flasche 6 Wochen lang ziehen lassen. Sorgfältig abseihen und täglich 2 Gläser trinken, bis die Flasche leer ist.

Wiesenbärenklau-Wein

Der Wurzel des Wiesenbärenklaus werden anregende, verdauungsfördernde und sexuell stimulierende Wirkungen nachgesagt.

50 g Wiesenbärenklauwurzel
1 l Rotwein

Die Wurzel klein schneiden und im Rotwein 24 Stunden lang ziehen lassen. Abseihen und täglich ein Glas trinken.

Weidenröschentee

Das Schmalblättrige Weidenröschen wirkt stark harntreibend und erleichtert bei Prostatabeschwerden das Wasserlassen. Harntreibend sind auch Brennnessel und Birke.

30 g Weidenröschen
20 g Brennnesselblätter
10 g Birkenblätter
10 g Ackerschachtelhalm

Die Kräuter mischen. Wasser nach Bedarf zum Kochen bringen und darüber gießen ($^1/_4$ l auf 2 TL Kräuter). 10 Minuten ziehen lassen und abseihen. Täglich 2 bis 3 Tassen trinken. Als Kur über 2–3 Wochen anwenden. Diesen Tee nicht süßen!

Männersuppe

Auch Stress und Erschöpfung sind der Potenz abträglich. Diese Suppe bringt müde Männer wieder so richtig auf Trab.

1 Sellerieknolle
etwas Sahne
1 Tasse Bouillon

Die Sellerieknolle in Alufolie einschlagen und im Ofen backen. Pro Teller eine Hälfte der Knolle mit der Sahne zu einem sämigen Brei verrühren. Diesen mit der Bouillon aufgießen, im Wasserbad erhitzen und gehackte Kresse, zerstoßene Kürbiskerne, Luzernesprossen, gehackte Liebstöckelblätter und frischen Estragon darüber streuen.

Mit ihren kräftigenden Kräutern bringt die Männersuppe erschöpfte Herren auf die Beine. Sie sollte mindestens 3 Wochen lang jeden Tag als Vorspeise genossen werden.

Goldrutentee

Bei einer Entzündung der Harnwege helfen die Wirkstoffe der Goldrute.

2 TL Goldrutenkraut
1 Tasse Wasser

Das Wasser erhitzen und über das Kraut gießen. 10 Minuten ziehen lassen. 2 Tassen täglich trinken.

Gesunde Haut – rein und schön

Der erste Eindruck prägt das Bild, das wir uns von einem Menschen machen, und dabei betrachten wir auch die Haut. Wer eine gepflegte Haut hat, kann leichter die Sympathien seiner Mitmenschen gewinnen. Seit vielen Tausend Jahren wenden vor allem Frauen viele Mittel an, die die Haut zart und geschmeidig machen. Heute gibt es mehrere Berufe, die sich mit der Haut befassen: Hautarzt, Kosmetiker, Visagist, Fußpfleger. Ständig werden neue teure Präparate entwickelt, die uns eine schönere und vor allem jüngere Haut versprechen. Sie enthalten allerdings oft verschiedenste Chemikalien, die empfindliche Haut reizen oder zu allergischen Reaktionen führen können. Preiswerter und häufig sogar besser sind Rezepte aus Großmutters Hausschatz, mit denen man sich bei kleineren und größeren Beschwerden selbst helfen kann. Natürliche Wirkstoffe pflegen die Haut sanft und ohne Nebenwirkungen. Hinzu kommt, dass diese Hausmittel auch das seelische Wohlbefinden erhöhen – vor allem wenn sie mit abwechslungsreicher eiweiß- und vitaminreicher Kost, viel Bewegung und erholsamem Schlaf kombiniert werden. Dann steht einer schönen Haut nichts mehr im Weg. Probieren Sie es einfach selbst aus!

Rosenwasser tut nicht nur durch den wundervollen Duft der Seele gut, es ist auch Balsam für die Haut.

Reine Haut mit sanften Anwendungen

Eines der häufigsten Hautprobleme ist die gewöhnliche Akne. Meist plagen sich Heranwachsende mit Mitessern, Pickeln, fettiger und glänzender Haut im Gesicht oder am Rücken. Vermutlich sind hormonelle Veränderungen die Ursachen für die lästigen Hautunreinheiten; Medikamente und zahlreiche Substanzen wie Öl, Kosmetika oder Vitaminpräparate können ebenfalls eine Akne auslösen.

Weit schmerzhafter kann ein Furunkel sein. Dabei entwickelt sich aus der Entzündung eines Haarfollikels, die von Bakterien verursacht wurde, ein eitergefüllter Abszess, der ziemlich unangenehm wird.

Hausrezepte gegen Pickel

Bei einer schweren Akne ist die Behandlung nicht nur aus kosmetischen, sondern auch aus medizinischen Gründen geboten. In jedem Fall gilt der Grundsatz: Mitesser und Pickel nicht mit den Fingern ausdrücken! Stattdessen reinigt man die Gesichtshaut mit milden Tinkturen. Hinzu kommen Dampfbäder, Inhalationen und Kompressen mit natürlichen Substanzen.

Aknetee

Stiefmütterchen reinigt die Haut bei Ekzemen und bei hartnäckiger Akne. Isländisch Moos wirkt reizlindernd, und Ackerschachtelhalm fördert die Wundheilung.

20 g Stiefmütterchenkraut
20 g Augentrost
10 g Isländisch Moos
10 g Ackerschachtelhalmkraut

Die Kräuter mischen. Wasser kochen und darüber gießen ($^1/_2$ l Wasser auf 2 TL der Mischung). 10 Minuten ziehen lassen. 3-mal täglich eine Tasse trinken.

Tipp: Dieser Tee sollte über einen längeren Zeitraum getrunken werden. Er eignet sich auch zum Waschen.

Papaya-Maske

Gegen Pickel, Mitesser und unreine Haut hilft die exotische Papaya.

1 Papaya
2–3 EL Sahne

Die Papaya schälen, die Kerne entfernen und die Frucht mit einer Gabel zu einem Brei zerdrücken. Die Sahne darunter mischen, das Mus auf Kompressen auftragen und 30 Minuten einwirken lassen.

Bei Akne sollte man das Gesicht regelmäßig mit sanften und verträglichen Mitteln reinigen. Diese Papaya-Maske kann man schnell herstellen.

Lavendelöl

Der beruhigende Lavendel schützt und pflegt die gereizte Haut.

5 Tropfen Lavendelöl
2 EL Mandelöl

Die ätherischen Öle vermischen und mit einer Kompresse sanft auf die Aknestellen tupfen. 2-mal täglich auftragen.

Lavendel-Arnika-Essig

Ein altes, bewährtes Heilmittel bei Akne ist diese Lösung zum Waschen und Pflegen.

20 g Lavendelblüten
10 g Arnikablüten
3/4 l Apfelessig

Die Kräuter mit dem Apfelessig mischen und 2 Wochen lang in einer gut verschlossenen Flasche in der Sonne ziehen lassen, dabei häufig schütteln, dann abfiltern. Dem Waschwasser zugeben oder die Aknestellen direkt mit einem damit getränkten Wattebausch betupfen.

Kräutersäckchen fördern die Reifung des Furunkels und tragen auf natürliche Weise zur Heilung bei.

Bockshornklee-Auflage

Sind die Geschwüre fest und sollen geöffnet werden, hilft Bockshornklee.

1 EL Bockshornklee-Samen
etwas Wasser

Die Samen reiben, das Wasser kochen, beides zu Brei verrühren und auf ein Mulltuch auftragen. Dieses heiß auf den Furunkel legen. Mehrmals anwenden.

Brotumschlag

Dieses Mittel sorgt dafür, dass sich der Eiter in einem Furunkel zusammenzieht.

1 Scheibe Brot
etwas Milch

Die Milch aufkochen, das Brot hineinbröckeln, die Masse auf ein Leinentuch breiten, etwas ausdrücken und noch heiß auf den Furunkel legen. Die gleiche Wirkung erzielt man übrigens mit einem Heilerde-Umschlag aus der Apotheke.

Kräuterkissen

Es hemmt Entzündungen, stillt den Schmerz und lässt die Schwellungen zurückgehen.

10 g Eibischblätter
10 g Malvenblätter
10 g Steinkleekraut
10 g Leinsamen
Wasser nach Bedarf

Ein Leinensäckchen zur Hälfte mit den Kräutern füllen und verschnüren. Das Wasser erhitzen und das Säckchen 10 Minuten hineinlegen, es dann in ein sauberes Tuch wickeln und so heiß wie möglich auf den Furunkel legen.

Brennnesselaufguss

Zur Hautreinigung von innen dient dieser Aufguss, der getrunken wird.

20 g Brennnesselblätter
20 g Löwenzahn
10 g Faulbaumrinde
10 g Anis

Die Kräuter mischen. Wasser kochen und darüber gießen (1/4 l auf 2 TL der Kräutermischung). 10 Minuten ziehen lassen, abseihen und 3-mal täglich als Kur trinken.

Ausschläge: wenn die Haut juckt, schmerzt und brennt

Die Zahl der Hilfesuchenden in den Praxen der Hautärzte steigt stetig – Erwachsene, die über entzündete, trockene und juckende Haut klagen, und Kinder, die sich wund gekratzt haben. Die Ursachen dafür sind häufig bestimmte Substanzen wie Nickel oder andere Allergene. Allerdings gleicht die Suche nach dem Auslöser des Hautleidens oft der nach der Nadel im Heuhaufen.

Ein anderes sehr unangenehmes Problem ist die Schuppenflechte, die meist Herde verschiedener Größe und Form bildet und noch nicht heilbar ist. Trotzdem kann man die Symptome behandeln.

Sanfte Therapien für die angegriffene Körperhülle

Die allermeisten Hautprobleme lassen sich mit natürlichen Mitteln behandeln. Äußerlich helfen Bäder, Cremes, Salben und Auflagen, zur innerlichen Therapie haben sich verschiedene Tees bewährt. Sie lindern die Beschwerden und pflegen die Haut. Hausmittel können auch die medizinische Behandlung hervorragend unterstützen.

Wundumschlag

Frauenmantel und Gänseblümchen enthalten verschiedene Wirkstoffe, die Entzündungen hemmen.

*20 g **Frauenmantelblätter***
*20 g **Gänseblümchen***
*20 g **Wundklee***

Die Kräuter mischen. Wasser kochen, darüber gießen (1 Tasse auf 2 TL) und stehen lassen. Wenn der Aufguss lauwarm ist, einen Leinenlappen damit tränken und auf die betroffene Hautstelle legen.

Der gute Rat

Unreine Haut und Akne – bald kein Problem mehr

- Antibakterielle Hautreinigungsmittel kann man recht einfach selbst herstellen. Dazu 1 TL Ringelblumentinktur in ein Glas Wasser rühren und mit einem Wattebausch auf die Aknestellen auftragen.
- Entzündungshemmend wirken Arnikasalbe und Heilerde. Sollen die Pusteln schneller reifen, kann man abends ein luftundurchlässiges Pflaster darauf kleben.
- Thymianöl hilft bei Furunkeln. 3 Tropfen Öl mit einer Tasse Wasser mischen und auf den Furunkel tupfen.

Hautausschläge mit pflanzlichen Mitteln behandeln

- Mit einem Umschlag aus Leinsamen klingen die Ausschläge schneller ab. Die gemahlenen Samen mit Wasser zu einem Brei verrühren und diesen nach kurzer Quellzeit auftragen.
- Starkes Jucken kann ein Kleiebad lindern. Einfach Kleie ins Badewasser geben.
- Gegen Ausschläge hilft das duftende Rosenwasser. Dazu 1/2 l Rosenwasser mit 1/4 l Zitronensaft mischen und die Flüssigkeit mehrmals täglich auf die betroffenen Stellen tupfen.

Rezepte aus der Natur gegen lästige Ekzeme

- Borretsch wirkt stark entzündungshemmend. In Umschlägen wirken die Gerbstoffe besonders gut. Hierzu 4 EL Borretschkraut mit 1/4 l kochendem Wasser überbrühen, 10 Minuten ziehen lassen und abseihen. Ein Leinentuch in dem Sud tränken, auswringen und auf die betroffenen Stellen legen. Täglich mehrfach anwenden.
- Gegen verkrustete Hautschuppen ist ein Kamillenaufguss ideal. Dazu Kamillentee bereiten und diesen abkühlen lassen. Dann ein Tuch in den Tee tauchen und 5 Minuten auf die betroffenen Hautstellen legen. Anschließend Salbenverbände anlegen.

So wird Schuppenflechte nicht zum Problem

- Meersalz hat sich bei der Behandlung der Schuppenflechte sehr bewährt. Für ein Vollbad werden dem Wasser 1–2 kg Salz aus dem Toten Meer zugegeben.
- Den Juckreiz lindern Bäder aus Haferstroh und Kleie. Die Mittel können nicht nur dem Badewasser zugesetzt, sondern auch als Umschläge auf die juckenden Stellen aufgebracht werden.

Odermennig enthält Gerbstoffe und wird hauptsächlich zur Linderung von Magen-Darm-Beschwerden eingesetzt. Überliefert ist jedoch auch seine wohltuende Wirkung auf schmerzende Füße.

Salbei-Ringelblume-Fußbad

Diese Kräuter wirken antibakteriell und besänftigen die gereizte Haut wunder Füße.

30 g Salbei
30 g Ringelblume
30 g Odermennig
2 TL Apfelessig
Wasser nach Bedarf

Das Wasser erhitzen, Kräuter und Apfelessig zusetzen. Nach dem Abkühlen die Füße darin baden. Danach trockenreiben und mit Ringelblumensalbe eincremen.

Beinwell-Rosmarin-Balsam

Dies ist ein gutes Hausmittel gegen Fußpilz.

20 g Beinwellwurzeln
10 g Rosmarin
$^{3}/_{4}$ l Olivenöl
Wasser für ein Wasserbad
40 g Bienenwachs

Kräuter und Öl mischen, im Wasserbad $^{1}/_{2}$ Stunde erhitzen. Abgekühlt durch ein Mulltuch seihen, ausdrücken und über Nacht stehen lassen. Das Wachs schmelzen und die Mischung langsam einrühren. Diese Salbe leicht einmassieren.

Zwiebel-Zitronen-Mischung

Gegen fest sitzende Hühneraugen ist diese Rezeptur besonders erfolgreich.

1 Zwiebelscheibe
etwas Zitronensaft
etwas Salz

Zitronensaft und Salz auf die Zwiebelscheibe geben und diese über Nacht mit einem Heftpflaster auf dem Hühnerauge fixieren. Dies etwa 8-mal durchführen und das Hühnerauge vorsichtig ablösen.

Freud und Leid der Sommerzeit

Endlich ist es wieder Sommer, doch leider kann so manches unangenehme Ereignis den Genuss stören. So sind beispielsweise Insektenstiche ebenso lästige Begleiter des Sommers wie ein Sonnenbrand. Und beim Aufenthalt im Freien gibt es häufiger kleine Verletzungen als im Winter. Glücklicherweise hält die Natur dagegen ein breites Arsenal an Heilmitteln bereit, mit denen den häufigsten Übeln meist schnell beizukommen ist.

Zwiebel- oder Zitronenkompresse

Zwiebel und Zitrone desinfizieren, kühlen, beruhigen und begrenzen die Schwellung.

1 Zitronenscheibe
1 Zwiebelscheibe

Die Zitronen- oder Zwiebelscheibe auf die Einstichstelle legen und mit einem Pflaster fixieren.

Johanniskrautöl

Bei einem Sonnenbrand ist insbesondere die gerötete und gereizte Haut möglichst gut zu kühlen.

150 g Johanniskraut
$^{1}/_{4}$ l Olivenöl
$^{1}/_{8}$ l Weißwein

Öl und Wein vermischen und darin das Johanniskraut 4 Tage einlegen. Gelegentlich umrühren. Danach alles im Wasserbad erhitzen, 3 Stunden köcheln lassen und durch ein Sieb drücken. Das Öl in kleine dunkle Fläschchen füllen und gut verschlossen kühl und im Dunklen aufbewahren. Bei Bedarf auf die betroffenen Hautstellen tupfen.

Der gute Rat

Schmerzhafte Insektenstiche einfach lindern

- Leichte Schwellungen können mit Wasser und Eis gut gekühlt werden und gehen so zurück.
- Damit sich die Einstichstelle nicht entzündet, wird sie mit Alkohol, Kölnisch Wasser oder Salmiakgeist betupft.
- Starke Schwellungen werden durch Lehm- oder Moorauflagen zurückgedrängt.

So kühlen Sie Sonnenbrand

- Vorbeugen ist besser als heilen! Angemessene Kleidung, Sonnenschutzpräparate, Kopfbedeckungen und kurze Verweildauer in der Sonne schützen vor der Strahlung.
- Bei großflächigen Verbrennungen sind Heilerdebäder gut. Dazu 8 EL roten Ton ins lauwarme Vollbad geben.

Kleine Fremdkörper aus der Haut entfernen

- Splitter lassen sich gut entfernen, wenn die Haut vorher aufgeweicht wurde – z. B. durch eine Zwiebelscheibe, die man 2 Stunden lang auflegt.

Quark-Buttermilch-Wickel

Wickel mit Quark und Buttermilch kühlen die Haut und lindern die Schmerzen bei einem Sonnenbrand.

50 g Quark
1 EL Buttermilch

Die Milchprodukte mischen, auf ein kleines Baumwolltuch streichen und auf die verbrannten Hautpartien auflegen, bis sich der Wickel erwärmt hat. 2- bis 3-mal täglich wiederholen. Der Quark kann auch durch Joghurt ersetzt werden.

Die Ringelblumen geben ihre Wirkstoffe, die u. a. Entzündungen hemmen und die Wundheilung fördern, an die Butter ab.

Ringelblumenbutter

Kleinere offene Wunden und Verletzungen heilen besser mithilfe von Ringelblumen.

70 g frische Ringelblumenblüten
100 g geschmolzene Butter

Blüten zerquetschen und mit Butter übergießen. Die Mischung im Wasserbad auf 70 °C erhitzen, 20 Minuten ziehen lassen, mehrmals umrühren. Durch ein Tuch abseihen und abkühlen lassen. Die Salbe dünn auftragen.

Ringelblumensalbe

Aus den Blüten der Ringelblume können Sie ohne Mühe eine Heilsalbe gewinnen, mit der sich Hauterkrankungen und Wunden erfolgreich behandeln lassen.

Seit dem 12. Jahrhundert wird die Ringelblume, die auch unter dem lateinischen Namen *Calendula* bekannt ist, in europäischen Gärten kultiviert. Die Heilpflanze stammt ursprünglich aus Ägypten. Schon allein wegen ihrer dekorativen Wirkung zwischen den Sommerblumen lohnt es sich, sie anzupflanzen. Sie gedeiht auch prächtig in Töpfen. Ein Blick auf die Ringelblume ersetzte früher oft die Wettervorhersage: Waren die Blüten der Pflanze gegen 7 Uhr geöffnet, verhießen sie gutes Wetter für den ganzen Tag, waren sie aber geschlossen, kündigte sich Regen an. Die Heilwirkung der Pflanze wurde schon von den alten Römern genutzt. Hildegard von Bingen, die berühmte Äbtissin und Naturheilkundlerin, empfahl sie später vor allem bei Verdauungsstörungen. Die Pflanze kann innerlich und äußerlich eingesetzt werden. Heute wird sie meist zur Wundheilung und bei Verrenkungen, aber auch bei Gallen- und Menstruationsschmerzen verwendet. Eine Salbe aus Ringelblumen, die man zu Heilzwecken oder für die Kosmetik benutzt, lässt sich leicht herstellen. Getrocknete Pflanzenteile sind allerdings nicht immer erhältlich. Daher lohnt es sich, die Blumen selbst anzupflanzen – Sie müssen nur darauf achten, lediglich die gelben Blüten zu ernten.

Die Salbe – so wird sie gemacht

50 g getrocknete *Calendula*-Blüten mit 500 ml Erdnuss- oder Olivenöl übergießen und etwa 2–3 Wochen in einem Glas fest verschlossen an einem warmen Ort stehen lassen.

Das Blütenöl in einen Topf geben und bis kurz vor dem Siedepunkt erhitzen. 40 g Kakaobutter und 40 g Bienenwachs zufügen.

Wenn alles geschmolzen ist, den Topf vom Herd nehmen und den Inhalt gut verrühren. Die Flüssigkeit abkühlen lassen, bis sie fest zu werden beginnt. Die Salbe in dunkle Gläser füllen.

Unbeschwert den Tag genießen

Unsere Seele und unser Geist sind meist in der Lage, auch schwierige Zeiten mühelos zu bewältigen. Der Alltag ist heute aber zunehmend hektischer, und so kommt es, dass Stress, Müdigkeit und Erschöpfung immer mehr um sich greifen. Unzählige Arzneimittel sollen helfen, diese Übel in den Griff zu bekommen – oft um den Preis von Unverträglichkeiten und Nebenwirkungen. Da ist es schon besser, wenn wir uns selbst gegen Depressionen und Stress zur Wehr setzen und zu den zahllosen sanften Mitteln aus der Natur greifen. Sie alle tragen dazu bei, unser seelisches Gleichgewicht wiederherzustellen, wirken Angstzuständen entgegen, lassen uns ruhig schlafen, schaffen frischen Lebensmut und neue Energie. Und dabei braucht man nur zuzugreifen, denn viele Mittel, die bereits zu Omas Zeiten bekannt waren, sind leicht erhältlich. Sich ohne Pillen zu behandeln und mitunter sogar auf den Gang zum Arzt zu verzichten, das geht mühelos mithilfe der hier vorgestellten bewährten Hausrezepte.

Schlafwein sorgt für einen gesunden Schlaf und damit für seelische Ausgeglichenheit.

Angstfrei durch den Alltag

Wir alle haben schon vor Prüfungen gezittert und kennen das durchaus normale Warnsignal der Angst. Wenn sie aber zum ständigen Begleiter wird, dann wirkt sie lähmend und schränkt die Lebensfreude sowie unser Handeln deutlich ein. Umso wichtiger ist es daher, ihr vorzubeugen – durch die bewährten Hausrezepte aus Großmutters Wissensschatz. Dazu zählen Kräuter als Tees oder als Badezusätze.

Beschwingt und leicht das Leben meistern

Wir alle wünschen uns, das Leben frei von Alltagsstress, Hektik und Gereiztheit genießen zu können. Das ist durchaus möglich, denn die Natur bietet eine Fülle altbekannter und wirksamer Mittel, die Körper und Geist positiv beeinflussen.

Beruhigende Teemischung

Diese Teemischung hat eine entspannende und angstlösende Wirkung auf die Seele.

10 g Melissenblätter
10 g Pfefferminzblätter
15 g Baldrianwurzel
20 g Orangenblüten
15 g Anis
20 g Passionsblumenkraut
1/4 l Wasser

Die Kräuter mischen und 2 TL mit kochendem Wasser überbrühen, 15 Minuten ziehen lassen, abseihen und mindestens einen Monat lang 3 Tassen täglich trinken, davon eine Tasse spätabends.

Weißdornaufguss mit Pflaume

Aufbauend und beruhigend wirkt der Weißdorn, der zugleich alle Herzfunktionen günstig beeinflusst. Dieser Prozess kann allerdings viel Zeit in Anspruch nehmen, die einkehrende Ruhe ist aber von langer Dauer.

50 g Weißdornblüten
1 Pflaume

Wasser zum Kochen bringen. Die Blüten und die Pflaume mit 1 l kochendem Wasser übergießen und 15 Minuten ziehen lassen. Einen Monat lang täglich 3 Tassen trinken, davon eine Tasse spätabends.

Ein Kräuterbad ist ein wirksames Beruhigungsmittel bei nervösen Erregungszuständen.

Entspannendes Kräuterbad

Gegen nervöse Zustände und innere Anspannung hilft ein beruhigendes und entspannendes Bad mit folgenden Kräuterzusätzen.

je 100 g Kamillen- und Lavendelblüten
100 g Holunderblüten
100 g Fichtensprossen
100 g Kalmuswurzel
2–3 l heißes Wasser

Die Kräuter mischen und 30 Minuten im Wasser kochen. Abseihen und das Wasser einem heißen Vollbad hinzugeben. Nicht länger als 15 Minuten baden. Danach warm einpacken, ruhen und an etwas Beruhigendes denken.

Weißdorn

Ein selbst zubereiteter Tee aus den Blüten wirkt nachweislich gegen Druck- und Beklemmungsgefühle in der Herzgegend.

Gute-Nerven-Tee

Wenn die Nerven flattern und der Geist unruhig ist, dann hilft dieser Tee.

50 g Melissenblätter
je10 g Schachtelhalm und Lavendel
1/4 l kochendes Wasser

Kräuter mischen und mit dem Wasser überbrühen. 10 Minuten ziehen lassen, abseihen und 2–3 Tassen trinken.

„Es ist bekannt von alters her, wer Sorgen hat, hat auch Likör." Schon Wilhelm Busch wusste offenbar, dass man einem vorübergehenden Stimmungstief mit Veilchenwein begegnen kann.

Baldrian-Orangenblüten-Aufguss

Die Baldrianwurzel kennt jeder, und dieser Tee führt rasch Entspannung herbei und löst so auch seelische Verkrampfungen.

50 g Baldrianwurzel
50 g Orangenblüten
1 l kochendes Wasser

Die Wurzel und die Blüten mischen, mit dem Wasser übergießen, 5 Minuten ziehen lassen und täglich 3 Tassen trinken.

Die Müdigkeit vertreiben

Die Belastungen des Alltags stellen hohe Anforderungen an viele Menschen, und so ist es kein Wunder, wenn der Schlaf nicht mehr erfrischend ist und man sich erschöpft fühlt. Die Folgen solch länger währender Zustände reichen von Konzentrationsstörungen und Nervosität bis zur Schwächung des Immunsystems. Dabei kann man schon mit einfachen natürlichen Mitteln seine Leistungsfähigkeit und Fitness wiederherstellen, um allen Belastungen gewachsen zu sein.

So vertreiben Sie dunkle Gedanken
Zeiten vorübergehender Niedergeschlagenheit und bedrückter Stimmung treten immer wieder einmal auf, sie werden aber meist von Perioden schöpferischer Tätigkeit abgelöst. Die Volksmedizin kennt eine Reihe von Hausmitteln, mit denen man aus dem Seelentief wieder herausfindet. Echte Depressionen, die gegenüber der Verstimmung länger dauern und viel intensiver sind, gehören unbedingt in fachärztliche Behandlung.

Veilchenwein

Dem Veilchenkraut wird in der Volksmedizin eine blutreinigende und stimmungsaufhellende Wirkung nachgesagt.

30 g Veilchenkraut
1 l Weißwein
5 g Galgantwurzel
15 g Süßholzwurzelpulver

Das Veilchenkraut in den Wein geben und 5 Minuten aufkochen lassen. Dann die Wurzeln zugeben und nochmals kurz aufkochen lassen. Vorsichtig durch ein Tuch abseihen und in sterile Flaschen füllen. 2- bis 3-mal täglich 1–2 Likörgläser als Kur über 4 Wochen trinken.

Johanniskraut-Schafgarben-Tee

Die harmonisierende und tonisierende Wirkung des Johanniskrauts ist seit alters bekannt. Das Kraut wirkt als Tee ausgleichend und vertreibt die Müdigkeit.

20 g Johanniskraut
20 g Schafgarbenkraut
1/4 l kochendes Wasser

Die Kräuter mischen und 2 EL davon mit dem Wasser übergießen. 3 Minuten ziehen lassen, dann abseihen und 2-mal täglich trinken. Der Tee sollte als Kur mindestens 6 Wochen lang getrunken werden. Sonne und Solarium meiden.

Baldrian-Melissen-Tee

Dieses traditionelle Rezept empfiehlt sich dank der Kombination aus beruhigender und stimmungsaufhellender Wirkung.

20 g Baldrianwurzel
20 g Melissenblätter
1/4 l kochendes Wasser

Kräuter mischen und 2 TL davon mit dem Wasser überbrühen. 15 Minuten ziehen lassen, möglichst heiß 3-mal täglich in kleinen Schlucken trinken.

Hopfen-Weißdorn-Tee

Hopfen wird gern Tees gegen leichte Niedergeschlagenheit beigegeben, weil er gegen Einschlafstörungen und Unruhe wirkt.

20 g Hopfenblüten
20 g Weißdorn
1/4 l kochendes Wasser

Die Kräuter mischen und 2 TL der Mischung mit dem Wasser übergießen. 15 Minuten ziehen lassen, abseihen und 1/2 Stunde vor dem Einschlafen trinken.

Der gute Rat

So hilft die Natur bei Angst und Nervosität

- **Gegen den Alltagsstress leistet ein Lindenblütenbad gute Dienste. Dazu einen Aufguss aus 3 l Wasser und 200 g Lindenblüten herstellen, 20 Minuten ziehen lassen, abseihen und ins Badewasser geben.**
- **Als richtige Stärkung für ein angeschlagenes Nervensystem erweist sich auch Karottensaft. Davon täglich 2 Gläser trinken.**
- **Zur Bekämpfung akuter Angstanfälle hat sich gesüßte Milch bewährt. Sie enthält Substanzen, die auf das Gehirn beruhigend und entspannend wirken. Der Zucker beschleunigt diesen Vorgang.**
- **Beruhigend wirkt auch ein Aufguss aus Lavendel, Minze und Rosmarin. Jeweils 150 g der Kräuter in 3 l Wasser aufkochen, 20 Minuten ziehen lassen, abseihen und zum Badewasser geben.**
- **Ob als Tee oder als Aufguss – Baldrian ist Balsam für gestresste Nerven. Die Baldrianwurzel kann auch bei allen Teezubereitungen und Aufgüssen einfach mit zugegeben werden.**

Spannkraft und gute Laune wiederherstellen

- **Nach anstrengenden Tagen verhilft ein stimulierendes Kräuterbad zu neuem Schwung. Dazu Rosmarin, Rosenblütenblätter und Lavendel zu gleichen Teilen mischen, in 2 l kochendem Wasser 15 Minuten ziehen lassen, abseihen und ins Badewasser geben.**
- **Gegen ein vorübergehendes Stimmungstief hilft Zimt. Dazu ein Brot mit Zimt bestreuen und langsam kauen.**
- **Nicht nur der Kreislauf, sondern auch die Seele wird durch Wasseranwendungen in Schwung gebracht. Ob Taulaufen, kalte Waschungen oder Wechselgüsse – alle diese Mittel helfen gegen Niedergeschlagenheit und Erschöpfung.**

Alte Heilmittel zum Wohl des Kindes

„Unser Kind ist ein schlechter Esser" – so oder ähnlich lauten die Klagen der Eltern, wenn ihr Sprössling keinen rechten Appetit entwickelt. Bevor man solch ein Urteil fällt, sollte man die Essgewohnheiten des Kindes unter die Lupe nehmen. Vielleicht sind es nur Süßigkeiten, die ihm den Appetit verderben. Aber nicht nur die Ernährung, auch das übrige Umfeld unserer Jüngsten unterliegt Veränderungen. Aufgrund der gestiegenen Ansprüche und Belastungen nehmen Schlafstörungen zu. Hier wie beim Appetitmangel kann man viel mit Naturheilmitteln erreichen und einen gesunden Hunger und eine ausgeglichene Nachtruhe fördern. Auch die Abwehrkräfte lassen sich mit Hausmitteln steigern. Das ist besonders bei Umstellungen wichtig, etwa beim Übergang von zu Hause in den Kindergarten oder in die Schule, wenn der Körper anfällig für Infekte ist. Schließlich findet sich auch noch etwas gegen Blasenschwäche und Bettnässen in Omas Hausrezepten.

Den Kinderlikör aus diesen Zutaten mögen die Kleinen sehr. Er regt den Appetit an und wirkt zudem positiv auf die Verdauung.

Hagebutten wirken durch ihren hohen Gehalt an Fruchtsäuren appetitanregend. Darüber hinaus enthalten die Früchte eine große Menge wichtiges Vitamin C.

Hagebutten-Schlehen-Marmelade

Diese Marmelade fördert den Appetit und die Verdauung des Kindes.

150 g entkernte Hagebutten
300 g Schlehen
250 ml Sanddornsaft
1 kg Gelierzucker

Die Früchte gut waschen und 8 Stunden in dem Sanddornsaft quellen lassen. Die Mischung im Wasserbad kochen, dann durch ein Sieb in einen Topf drücken. Darin mit dem Gelierzucker zu Marmelade verkochen und in sterile Gläser füllen. Täglich einen Löffel vor dem Frühstück geben oder dem Kind aufs Brot streichen.

Kinderlikör

Dieser Likör fördert ebenfalls den Appetit. Außerdem schmeckt er sehr gut.

je 1 TL Ingwer, Kardamom und Koriander
10 g Kümmel
10 Körnchen Sternanis
15 g getrocknete Löwenzahnblüten
etwas Melisse
100 g Honig
1 l Apfelsaft

Gewürze und Kräuter mit dem Honig süßen und mit dem Apfelsaft aufkochen. Abkühlen lassen, dann wieder aufkochen und abkühlen lassen. Nochmals aufkochen, anschließend sorgfältig abseihen, in sterile Flaschen füllen. Dem Kind täglich ein Likörglas davon zu trinken geben.

Spitzwegerich-Süßholz-Tee

Gerade wenn in Übergangszeiten die Abwehr stark beansprucht ist, stärkt dieser Tee.

¹/₄ l Wasser
je 20 g Spitzwegerichblätter,
Stiefmütterchen- und Malvenblüten
20 g Hirtentäschel
50 g Süßholzwurzel

Das Wasser aufkochen. Kräuter mischen und 2 TL davon überbrühen. 10 Minuten ziehen lassen und abseihen. Das Kind sollte 3-mal täglich eine Tasse trinken.

Walnuss-Löffelkraut-Tee

Sind die Kinder angegriffen und die Lymphknoten geschwollen, wirkt dieser Tee.

¹/₂ l Wasser
30 g Walnussblätter
30 g Wasserfenchel
30 g Gundelrebe
30 g Brunnenkresse
30 g Löffelkraut

Das Wasser zum Kochen bringen. Die Kräuter mischen und 3 EL davon mit dem Wasser überbrühen. 10 Minuten ziehen lassen, dann abseihen. Den Tee über den Tag verteilt langsam trinken lassen.

Schlafkissen für Kinder

Die Kinder atmen die wohltuenden und beruhigenden Düfte der Kräutermischung ein.

50 g Baldrianwurzel
50 g Kamille
50 g Salbei
50 g Rosmarin
20 g Farnkraut
20 g Zitronenmelisse
20 g Arnikablüten
20 g Mistelbeeren

Die Kräuter mischen und in ein kleines Leinenkissen einnähen. Unter das Kopfkissen legen und alle 2 Monate erneuern.

Kinder-Schlaftee

Wenn ein Kind Einschlafschwierigkeiten hat, hilft dieser altbekannte Schlummertrunk.

¹/₄ l Wasser
20 g Baldrianwurzel
10 g Melissenblätter
10 g Kamillenblüten
10 g Orangenblüten
10 g Hagebuttenfrüchte
Honig zum Süßen

Das Wasser zum Kochen bringen. Die Kräuter und Früchte mischen und 2 TL davon überbrühen. 10 Minuten ziehen lassen, abseihen, süßen und ¹/₂ Stunde vor dem Schlafengehen verabreichen.

Brennnesseltee

Gegen Blasenschwäche und Bettnässen hilft die Kieselsäure in der Brennnessel.

¹/₄ l Wasser
20 g Brennnessel

Wasser aufkochen und das Kraut überbrühen. 10 Minuten ziehen lassen, abseihen. Schluckweise tagsüber trinken lassen.

Spitzwegerich und Süßholzwurzel regen das kindliche Immunsystem kräftig an.

Sternanis
ist ein tropisches Gewürz aus Südchina und Hinterindien. Es enthält viel ätherisches Öl, das intensiv süß schmeckt und den Magen stärkt.

Der gute Rat

So haben Kinder Appetit und schlafen schnell ein

- Wenn die Kinder nicht essen wollen, sollten die Eltern zuerst darauf achten, dass die Kleinen vor den Mahlzeiten keine Süßigkeiten und süße Getränke zu sich nehmen, denn diese verderben den Appetit gründlich. So enthalten bestimmte Erfrischungsgetränke pro 1,5 l eine Zuckermenge, die 40 Würfeln entspricht.

- Schlafstörungen und, damit verbunden, Konzentrationsmangel und Unruhe scheinen bei unseren Kindern zuzunehmen. Sorgen Sie für ein konsequentes Einschlafritual, das die Kleinen rasch ein- und tief durchschlafen lässt. Eine Möglichkeit ist das abendliche Gespräch. Lösen Sie damit die Verspannungen aus den Aufregungen des Tages bei Ihrem Kind, und lassen Sie es beruhigt in den Schlaf gleiten.

Bettnässen auf natürliche Weise behandeln

- Ob das Kind zu tief schläft oder ob Angst vor der Dunkelheit es nicht zur Toilette gehen lässt – eine Reihe altbewährter Hausmittel kann hier Abhilfe bringen. Gegen das Einnässen im Tiefschlaf wirkt ein Küchentuch, das mit einem dicken Knoten auf dem Rücken zusammengebunden wird. Die meisten Kinder nässen ein, während sie auf dem Rücken liegen, und der Knoten lässt sie aufwachen, sobald sie sich in diese Lage drehen. Gegen die Dunkelangst hilft eine Taschenlampe am Bett oder eine Sparlampe, die ein schwaches Dämmerlicht im Kinderzimmer verbreitet.

Das kindliche Immunsystem kräftig anregen

- Eine Stärkung des Immunsystems bewirken die alten „Rachitis- und Skrofelntees“ unserer Großeltern. Sie enthalten z. B. Augentrost, Brunnenkresse, Feldstiefmütterchen, Gundelrebe, Hirtentäschel, Löffelkraut, Malve, Melisse, Queckenwurzel, Salbei, Schachtelhalm, Süßholz, Walnussblätter, Wasserfenchel und Wegerich. Lassen Sie sich in Ihrer Apotheke beraten.

- Hilfreich bei einer Abwehrschwäche ist auch folgender Tee: 1/2 l Wasser zum Kochen bringen. Je 50 g Gundelrebe und Weiße Taubnessel mit je 20 g Primel- und Schlehdornblüten mischen. Von dieser Kräutermischung 2 EL mit dem kochenden Wasser überbrühen, 10 Minuten ziehen lassen, abseihen. Das Kind den Tee über den Tag verteilt trinken lassen.

Wie man kleinen Schnupfennasen hilft

Kaum ist der eine Schnupfen vorbei, naht schon die nächste Erkältung – eine alte Erfahrung, um die kein Elternpaar herumkommt. Der Nachwuchs spielt eben auch bei nasskaltem Wetter gern draußen, und oft genug ist die Quittung eine laufende Nase. Zum Glück gibt es dagegen eine ganze Reihe erprobter Hausmittel, die sowohl vorbeugend als auch behandelnd zum Einsatz gelangen.

Fieber senken mit natürlichen Mitteln

Gesellt sich zum Schnupfen Fieber, sollte man als Mutter oder Vater nicht gleich zu fiebersenkenden Mitteln greifen. Das Fieber hilft dem kindlichen Körper, mit den Krankheitserregern fertig zu werden. Nur wenn die Temperatur über 39 °C ansteigt, ist ein Griff in Großmutters Hausmittelschatz angezeigt. Aber Vorsicht: Bleibt das Fieber über längere Zeit bestehen, muss unbedingt ein Arzt hinzugezogen werden, damit die Ursache geklärt wird.

Primel-Stiefmütterchen-Tee

Dieser altbekannte Tee entlastet den kindlichen Körper bei Fieber.

1 l Wasser
20 g Primelblüten
20 g Stiefmütterchenblüten
30 g Weidenblätter
30 g Brunnenkresse
30 g Sonnenhutwurzel

Das Wasser zum Kochen bringen. Die Kräuter miteinander vermischen und 3 EL davon mit dem Wasser überbrühen. 10 Minuten ziehen lassen, abseihen und dem Kind jede Stunde eine Tasse zu trinken geben.

Kamillen-Hagebutten-Tee

Sowohl zur Vorbeugung als auch bei nahender Erkältung ist diese Teemischung geeignet.

1 Tasse Wasser
10 g Kamillenblüten
10 g Hagebutten

Das Wasser zum Kochen bringen. Die Kräuter mischen und mit dem Wasser überbrühen. 15 Minuten ziehen lassen, abseihen und süßen. Dem Kind bis zu 3 Tassen täglich zu trinken geben.

Zwiebel-Zucker-Saft

Auch dies ist ein alterprobtes und schnell zubereitetes Hustenmittel.

2 Zwiebeln
250 g brauner Zucker

Den Backofen anstellen. Die Zwiebeln abziehen, in Scheiben schneiden, in ein Marmeladenglas schichten und mit dem braunen Zucker bestreuen. Das Glas verschließen und in den warmen Backofen stellen. Von dem Saft, der sich bildet, dem Kind täglich 2 TL geben.

Linden-Kamillen-Tee

Geht eine Erkältung mit Halsschmerzen einher, ist dieser Tee zu empfehlen. Die Wirkstoffe beruhigen die Entzündung.

1/4 l Wasser
20 g Lindenblüten
20 g Kamillenblüten
Honig zum Süßen

Das Wasser zum Kochen bringen. Die Kräuter mischen und 1 TL davon überbrühen. 5 Minuten ziehen lassen, dann abseihen und mit Honig süßen. Eine Tasse lauwarm schluckweise trinken.

Wie Kinder Keuchhusten gut überstehen

Keuchhusten ist eine bakterielle Erkrankung, die besonders für Säuglinge und Kleinkinder gefährlich sein kann. Kinderärzte raten deshalb zur Schutzimpfung. Zahlreiche naturheilkundliche Ärzte vertreten dagegen die Ansicht, Kinder sollten derartige Infektionen durchmachen. Dahinter steht die Vorstellung, dass die körperliche, seelische und geistige Entwicklung bei einem Kind im Einklang stehen. Besteht ein Ungleichgewicht in einem dieser Bereiche, entwickeln sich Spannungen, die sich auch in körperlichen Krankheiten äußern können. Indem das Kind diese Krankheiten durchmacht, kann es sich von dem Ungleichgewicht befreien und wieder gesunden. Generell gilt bei Keuchhusten: Die Krankheit ist ansteckend, und es sollte immer ein Arzt eingeschaltet werden. Die Naturheilkunde kann dann mit zahlreichen schleimlösenden und entkrampfenden Mitteln lindernd zur Seite stehen.

Ein Sirup aus der Echten Katzenminze (siehe S. 84) wirkt bei Keuchhusten entkrampfend und lindert den Hustenreiz.

Sirup von Echter Katzenminze

Altes Hausrezept, das krampflösend wirkt.

¼ l Wasser
25 g Sprossspitzen von Katzenminze
brauner Zucker

Das Wasser aufkochen und die Minze damit überbrühen. 5 Minuten ziehen lassen, abseihen und zuckern, bis die Lösung dickflüssig wird. Dem Kind über den Tag verteilt 3 TL Sirup geben.

Die Borretschblüten helfen dem Kind sowohl körperlich wie auch seelisch wieder auf die Beine.

Holunderblüten-Sonnentau-Tee

Dieser Tee stärkt nach den Hustenattacken.

¼ l Wasser
20 g Holunderblüten
20 g Veilchenblüten
20 g Spitzwegerich
20 g Sonnentau

Das Wasser zum Kochen bringen. Die Kräuter mischen und überbrühen. Kurz ziehen lassen, abseihen und das Kind 3-mal täglich eine Tasse trinken lassen.

Masern und Windpocken natürlich überstehen

Masern sind hochansteckend, aber in der Regel harmlos. Verläuft die Krankheit unkompliziert, können altbewährte Hausrezepte die Beschwerden des Kindes lindern. Tauchen allerdings Komplikationen wie z. B. Ohrenschmerzen auf, sollte auf jeden Fall ein Arzt hinzugezogen werden. Auch bei den ebenfalls ansteckenden Windpocken hilft Mutter Natur mit vielen natürlichen Mitteln.

Borretschaufguss mit Honig

Dieser Aufguss stärkt die körperlichen und seelischen Kräfte der kleinen Patienten.

1 l Wasser
30 g Borretschblüten
3 TL Honig

Das Wasser zum Kochen bringen und die Blüten mit dem kochenden Wasser überbrühen. 30 Minuten ziehen lassen, abseihen und süßen. Alle 2 Stunden eine Tasse von dem Aufguss zu trinken geben.

Schmerzen beim Zahnen sanft lindern

Das Zahnen ist für den Nachwuchs oft eine Quelle des Leids, und auch die Freude der Eltern über die ersten Zähne ist manchmal erheblich getrübt. Es schwillt nicht nur das Zahnfleisch und schmerzt, häufig gesellt sich noch Durchfall hinzu, und das Kind ist allgemein quengelig – besonders nachts. Da jedoch seit alters alle Kinder diese Phase durchmachen, gibt es in Großmutters Medizinschrank eine ganze Reihe erprobter Rezepte, die das Zahnen erleichtern und Kind und Eltern wieder ruhig schlafen lassen.

Der gute Rat

Helfen Sie Ihrem Kind bei Masern und Windpocken

- Der Hautausschlag bei Masern lässt sich begrenzen, wenn man den kleinen Patienten einmal am Tag mit lauwarmem Salzwasser am ganzen Körper abwäscht. Dazu 1 TL Salz in 1/4 l Wasser auflösen und hinterher das Kind gut abtrocknen.
- Der Ausschlag bei Windpocken juckt sehr stark. Dagegen hilft ein Aufguss aus Holunderblüten, der mit einem Schwamm auf die betroffenen Hautstellen aufgetupft wird.
- Bei Windpocken sollten die Kinder viel Flüssigkeit zu sich nehmen. Geeignet sind Säfte, die reich an Vitamin C sind. Besonders wirksam ist eine Mischung aus Karotten- und Brunnenkressesaft.

Problemlos durch das erste Zahnen

- Das entzündete Zahnfleisch kann man kühlen, indem man ein feuchtes Tuch daran hält. Ebenso leistet ein kalter Beißring gute Dienste bei Entzündungen. Legen Sie den Ring zum Abkühlen in den Kühlschrank, bis er ausreichend kalt ist.
- Lassen Sie das Kind auf etwas kauen, z. B. auf einer Brotrinde. Das erleichtert den Zähnen den Durchbruch.

Safran-Honig-Massage

Ist das Zahnfleisch des Kindes geschwollen und schmerzt, lindert dieser Balsam.

1 Prise Safran
1 TL Honig

Safran und Honig verrühren. Eine Fingerspitze eintauchen und das Zahnfleisch des Kindes damit sanft massieren. 3-mal täglich wiederholen.

Heidelbeertee bei Zahnungsdurchfall

Beim Zahnen haben viele Säuglinge Durchfall. Der Grund ist einfach: Das Kind reibt mit seinen Fingern am Zahnfleisch, wodurch sich die dort siedelnden Bakterien lösen und mit dem Speichel in den Darm gelangen.

1 EL getrocknete Heidelbeeren
1/4 l kaltes Wasser

Die Heidelbeeren mit dem kalten Wasser übergießen, aufkochen und 10 Minuten kochen lassen. Sorgfältig abseihen und 3- bis 5-mal täglich 2 TL des Tees der Flaschennahrung zufügen oder dem Kind auf einem Plastik-Eierlöffel geben.

Anis-Fenchel-Tee

Wenn Kinder Blähungen oder Durchfall haben, sind Anis und Kümmel erste Wahl.

1/4 l Wasser
20 g Anis
20 g Fenchelsamen

Das Wasser aufkochen. Anis und Fenchel mischen, zerdrücken und mit dem Wasser überbrühen. 10 Minuten ziehen lassen, dann abseihen und 3- bis 5-mal täglich 2 TL des Tees der Flaschennahrung zufügen.

BRONNLEY
Hand Soap
May

2

KÖRPERPFLEGE

Stets gepflegt aussehen…

… kann man in jedem Alter! Dazu genügt es, wenn Sie sich täglich ein wenig Zeit nehmen für die Körperpflege und dabei die richtigen Mittel verwenden. Neben vielen wertvollen Tipps finden Sie in diesem Kapitel die bewährtesten Rezepte zur Herstellung natürlicher Schönheits- und Körperpflegemittel. Auch hier sind die Zutaten meist

- *pflanzlichen Ursprungs*
- *überall leicht erhältlich*
- *und gut verträglich.*

Probieren Sie die vorgestellten Rezepte nach Herzenslust aus, und genießen Sie ihre wohltuende Wirkung! Denn nicht nur Haut und Haaren tun Sie mit natürlicher Körperpflege etwas Gutes, auch die Seele profitiert davon.

Natürliche Pflege für das Haar

Von Natur aus hat jeder schönes und gesundes Haar. Die Kunst besteht darin, diese natürliche Schönheit zu bewahren, was heutzutage gar nicht selbstverständlich ist. Schädliche Umweltfaktoren, aber auch aggressive Behandlungen wie Färben oder Wellen setzen dem Haar zu. Hinzu kommt, dass immer mehr Menschen empfindlich oder allergisch auf die in Fertigpflegeprodukten enthaltenen chemischen Substanzen reagieren. Da stellt man Shampoo und andere Mittel am besten selbst her wie einst die Großmutter, und zwar aus haut- und haarverträglichen Rohstoffen. Die Natur lehrt uns, wie wir vitales Haar schützen und strapaziertem wieder Kraft verleihen können, und hält für jeden Haartyp die richtigen Wirkstoffe bereit – für normales wie schuppiges, für trockenes wie fettiges, für dünnes wie glanzloses Haar. Nach einer schonenden, auf den individuellen Haartyp abgestimmten Reinigung können Sie Haar und Kopfhaut mit Spülungen, Packungen, Haarwasser und Festiger so richtig verwöhnen. Selbst sanfte Tönungen lassen sich mit unschädlichen Zutaten ins Haar zaubern. Ihr Spiegelbild wird Ihnen die kleine Mühe danken.

Haarpflege fängt mit einer schonenden Reinigung an, etwa mit einem Shampoo auf der Basis von Olivenölseife.

Auch normales Haar stellt Ansprüche

Normales Haar zeichnet sich dadurch aus, dass es kräftig und geschmeidig ist und glänzt. Es ist unempfindlich und lässt sich leicht frisieren. Es wäre allerdings ein Irrtum zu glauben, dass solches Haar keine besondere Pflege benötigt. Vielmehr gilt es, das natürliche Gleichgewicht zu bewahren. Die Spülung sollte daher ebenso wenig vergessen werden wie hin und wieder eine Haarkur.

Kräutershampoo mit Olivenölseife

Aus der französischen Olivenölseife Savon de Marseille lässt sich ein mildes Shampoo bereiten. Dieses Rezept gilt für blondes Haar; Dunkelhaarige nehmen statt Kamille Salbei.

8 EL getrocknete Kamillenblüten
1 EL getrocknete Pfefferminze
2 EL Rosmarin
600 ml destilliertes Wasser
60 g Olivenölseifenflocken
3 Tropfen Pfefferminz- oder Eukalyptusöl
2 EL Wodka

Die drei Kräuter und das Wasser in einen Topf geben, kurz aufkochen und 10 Minuten köcheln lassen. Die Kochstelle ausschalten und das Kräuterwasser zugedeckt 30 Minuten ziehen lassen. Durch ein Sieb in ein anderes Gefäß umgießen, dabei die Kräuter gut auspressen. Die Seifenflocken in einen Topf geben, den Kräutersud zufügen und alles auf kleiner Flamme unter Rühren erhitzen, bis sich die Seife aufgelöst hat. Abkühlen lassen. Das Öl mit dem Wodka verrühren und der Seifenmischung beifügen. In einen verschließbaren Behälter abfüllen und 3–4 Tage an einen warmen Ort stellen.

Shampoo mit Beinwell

Dieses Shampoo auf rein natürlicher Basis reinigt und pflegt das Haar zugleich.

100 ml destilliertes Wasser
20 g gehackte Beinwellwurzel
2 Eigelb
20 ml 50%iger Alkohol

Das Eigelb im Beinwellshampoo ist ein guter Emulgator und macht Ihr Haar herrlich weich und geschmeidig. Beinwellwurzel wirkt außerdem entzündungshemmend.

Das Wasser über die Wurzel gießen. 3 Stunden ziehen lassen, dann in einem Topf unter Rühren 3-mal aufkochen. Zugedeckt abkühlen lassen. Durch ein Sieb filtern, die Eigelbe und den Alkohol hineinrühren. Die Hälfte des Shampoos in das nasse Haar einmassieren. Ausspülen und mit dem Rest den Vorgang wiederholen. Gründlich ausspülen.

Shampoo mit Olivenölseife

Auch dieses Shampoo basiert auf Savon de Marseille. Es duftet angenehm nach Seife und hat eine cremige Konsistenz. Savon de Marseille enthält ausschließlich natürliche Rohstoffe; sie ist in Bioläden erhältlich.

(Fortsetzung auf S. 90)

Haarwäsche anno dazumal
Statt zur Brause griffen unsere Altvorderen bei der Haarwäsche zu Kanne und Schüssel und spülten das Haar mit erwärmtem Wasser vom Herd.

1 TL Olivenölseifenflocken
100 ml Wasser
Kräuterauszüge oder Duftöle nach Belieben

Das Wasser zum Kochen bringen, dann die Kochstelle abschalten. 1 TL Seifenflocken in dem heißen, nicht mehr kochenden Wasser auflösen. Abkühlen lassen und nach Belieben einige Tropfen eines Kräuterauszugs oder Duftöls zugeben. Es lassen sich auch mehrere Aromen kombinieren.

Schlichter geht's kaum: Für einen wirkungsvollen Festiger verwendete Großmutter lediglich Wasser, Honig und Essig; für ein zusätzliches aromatisches Duftöl fehlte damals oft das Geld.

Grundrezept Spülungen

Hier kann man je nach Haar Kräuter beigeben, z.B. Römische Kamille für Blonde oder pulverisierte Walnussschalen für Brünette.

100 ml Wasser
1 EL getrocknete Kräuter
6 EL Zitronensaft oder Obstessig

Das Wasser aufkochen, die Kräuter überbrühen und 10 Minuten ziehen lassen. Durch ein Sieb gießen, mit dem Saft oder dem Essig vermischen, etwas abkühlen lassen und nach der Wäsche im noch feuchten Haar verteilen; nicht ausspülen.

Milde Kräuterspülung

Diese Spülung fördert die Durchblutung der Kopfhaut, wirkt angenehm entspannend und beugt Entzündungen vor.

2 Tassen Wasser
1 TL getrocknete Brennnessel
1 TL getrocknete Königskerze
1 TL Zinnkraut

Das Wasser aufkochen und die Kräuter überbrühen; 10 Minuten ziehen lassen. Abseihen, etwas abkühlen lassen und in das Haar einmassieren. 3 Minuten einwirken lassen, danach wieder ausspülen.

Haarkur mit Mandel- und Jojobaöl

Normales Haar bekommt einen wunderschönen Glanz mit dieser nährenden Kur.

50 ml süßes Mandelöl
10 ml Jojobaöl
20–30 Tropfen Duftöl nach Belieben

Die Öle mischen, gut ins Haar einmassieren und 30–60 Minuten unter einem Handtuch einwirken lassen. Danach mit Shampoo waschen und gut ausspülen.

Haarfestiger

Auf teure Stylingprodukte kann verzichten, wer sich diesen Haarfestiger selbst zubereitet.

1/4 l Wasser
1 TL Honig
1 Spritzer Essig
Duftöl nach Belieben

Das Wasser erwärmen und Honig und Essig zufügen. Nach Belieben einige Tropfen Duftöl dazugeben. Nach der Wäsche im Haar verteilen und das Haar trocknen. Davor keine Spülung verwenden.

Pflegetipps für normales Haar

- Für gesundes Haar ist ausgiebiges Bürsten unerlässlich. Es massiert die Kopfhaut und fördert die Durchblutung.
- Weich und seidig wird das Haar, wenn man mit einem Frotteewaschlappen 1/8 l Vollmilch hineinreibt. 15 Minuten wirken lassen; ausspülen.
- Blondes Haar erhält seidigen Glanz, wenn man zum Shampoo 2 EL Zitronensaft gibt.
- Bier ist ein guter Festiger. In eine Zerstäuberflasche füllen und nach der Wäsche ins Haar sprühen. Keine Angst vor dem Geruch; er verfliegt, sobald die Haare trocken sind.

So rücken Sie dem Fett im Haar zu Leibe

- Fettiges Haar nicht zu lange bürsten, da sonst noch mehr Talg produziert wird. Beim Föhnen gegen den Strich bürsten, das gibt mehr Fülle.
- Zwar kannte die Großmutter Teebaumöl noch nicht, künftige Generationen werden aber diesen Tipp sicher weitergeben: Bei jeder Wäsche 5–10 Tropfen ins Shampoo geben, das reguliert die Talgproduktion.
- Auf gesunde Ernährung achten, also viel Obst, Gemüse und Vollkornprodukte essen und Süßigkeiten, industriell verarbeitete Lebensmittel und fette Speisen meiden.

Um die beruhigende Wirkung der Birke auf die Kopfhaut wussten schon unsere Großmütter. Sie sammelten Blätter und Rinde und machten daraus ein Haarwasser, das bei fettigem Haar wie auch bei Schuppen hilft.

So wird fettiges Haar duftig und locker

Wenn das Haar kurz nach der Wäsche schon wieder fettig und strähnig ist, produzieren die Talgdrüsen der Kopfhaut zu viel Fett. Die Haare müssen dann häufig, manchmal täglich, gewaschen werden. Verwendet man dazu ein aggressives Shampoo, fetten sie umso schneller wieder nach – ein wahrer Teufelskreis. Nehmen Sie deshalb ein ph-neutrales Shampoo, das ausgleichend auf die Talgproduktion wirkt.

Haarwasser mit Hamamelis und Birkenblättern

Birkenblätter und Hamamelis wirken kräftigend, adstringierend und entzündungshemmend. Melisse duftet gut und desinfiziert.

3 Tropfen Melissenöl
20 ml Birkenblättertinktur
80 ml Hamameliswasser

Das Melissenöl in einem Fläschchen in der Birkenblättertinktur auflösen. Das Hamameliswasser zufügen und alles kräftig durchschütteln. Nach jeder Wäsche gründlich in den Haarboden einmassieren.

Die Zutaten zum Eishampoo für trockenes Haar finden sich samt und sonders in der Küche.

Streicheleinheiten für trockene und strapazierte Haare

Bei trockenem Haar produziert die Kopfhaut zu wenig Fett. Die Haare neigen dann dazu, spröde und brüchig zu werden. Kommen noch Faktoren wie intensives Sonnenlicht und Meerwasser oder chemische Behandlungen wie Färben oder Wellen dazu, wird das Haar leicht geschädigt; oft zeigt sich in den Spitzen Spliss. Manchmal hilft dann nur noch die Schere.

Trockenes Haar lechzt nach einer Extraportion Pflege

Aber so weit muss es gar nicht erst kommen. Auch trockenes und strohiges Haar wird mit der richtigen Pflege, die es restrukturiert und schützt, wieder geschmeidig. Damit dies gelingt, braucht es regelmäßige Kurpackungen, die es glätten und so ernsten Strukturschäden vorbeugen. Je strapazierter und angegriffener das Haar, desto wichtiger sind sie. Die Kuren kann man nach altbewährten Rezepten selbst herstellen.

Kräuterspülung für feines, fettiges Haar

Feines Haar fettet sehr viel schneller als dickeres Haar und klebt dann ziemlich unansehnlich an der Kopfhaut. In diesem Fall sollte man versuchen, nicht ausschließlich der Fettproduktion entgegenzuwirken, sondern zusätzlich auch noch das Haar zu kräftigen.

1 TL Rosmarin
1 TL Kamille
1 TL Brennnessel
100 ml Wasser
1 EL Obstessig

Das Wasser zum Kochen bringen. Rosmarin, Kamille und Brennnessel in eine Schale geben und dann mit dem kochenden Wasser überbrühen. Den Obstessig hinzufügen und das Ganze ungefähr 10 Minuten lang ziehen lassen, anschließend durch ein Sieb gießen. Die Kräuterspülung sofort nach der Haarwäsche in das noch feuchte Haar einmassieren; nicht ausspülen. Anstatt Kamille und Brennnessel kann für diese Kräuterspülung auch dieselbe Menge Thymian und Zinnkraut verwendet werden.

Eishampoo

Trockenes Haar wird mit diesem Shampoo geschont. Dabei gilt: Pflegeprodukte, die Ei enthalten, sollten möglichst frisch verwendet werden, da sie so am besten wirken.

1 Eiweiß
2 Eigelb
1 TL Honig
1 EL Olivenöl
Saft von 1 Zitrone

Das Eiweiß und die Eigelbe gut miteinander verquirlen. Dann den Honig, das Olivenöl und den Zitronensaft zufügen und gut verrühren. In das nasse Haar und die

Kopfhaut einmassieren, kurz einwirken lassen und sorgfältig ausspülen, dabei nicht mit Wasser sparen.

Schützende Haarkur mit Eigelb und Olivenöl

Wer seinem Haar zwischendurch etwas Gutes tun will, sollte dieses Rezept ausprobieren, das schon unseren Großmüttern zu duftigem Haar verholfen hat.

2 EL Olivenöl
1 Eigelb

Das Öl langsam in das Eigelb einrühren. Die Paste frisch in das trockene Haar einmassieren, den Kopf mit einem Frotteetuch umwickeln und die Kur 30 Minuten wirken lassen. Anschließend sorgfältig ausspülen.

Ölkur mit Rosmarin, Thymian und Brennnessel

Sprödem Haar und dem Spliss sagt diese Kur den Kampf an. Die Chancen auf Erfolg stehen gut, wenn man sie einmal in der Woche aufträgt.

40 ml Rizinusöl
20 ml Olivenöl
10 g Thymian
10 g Rosmarin
10 g Brennnesselblätter

Die Öle mischen. Die Kräuter in ein bauchiges Gefäß füllen und das Öl darüber gießen. Gut verrühren, verschließen und 2 Tage ruhen lassen. Anschließend durch einen feinen Filter seihen und dabei die Kräuter auspressen. Im Haar und auf der Kopfhaut verteilen, eine Folie und dann ein Frotteetuch um den Kopf wickeln und möglichst bei Wärme 2 Stunden einwirken lassen. Mit Shampoo auswaschen.

Neuer Pep für glanzloses und stumpfes Haar

Wenn das Haar, besonders langes, glanzlos und traurig herabhängt, sind meist aggressive Behandlungen schuld, die das Haar aufrauen und dafür sorgen, dass das Licht nicht mehr reflektiert wird. Doch mit den richtigen Nähr- und Pflegestoffen lässt sich die Haarpracht wieder aufpäppeln. Die folgenden Shampoos und Spülungen aus Großmutters reichem Hausmittelschatz schützen das Haar ohne chemische Substanzen; längeres Haar lässt sich nach den Spülungen leichter kämmen.

Man nehme Zutaten wie Zitrone, Kräuter, Obstessig und ätherische Öle – fertig ist die Spülung.

Shampoo mit Seifenkraut und Zitrone

Glanzloses Haar lebt mit diesem Shampoo wieder auf. Die Zitrone gibt Glanz, und das Seifenkraut reinigt und kräftigt das Haar.

1 EL Seifenkraut
$^{1}/_{4}$ l Wasser
1 EL Zitronensaft
1 Eigelb
1 Tropfen Zitronenöl

(Fortsetzung auf S. 94)

Zinnkraut
Die stark kieselsäurehaltige Pflanze heißt auch Ackerschachtelhalm oder Katzenschwanz und zeichnet sich durch entzündungshemmende und festigende Eigenschaften aus.

Biologisch gegen Schuppen

Gegen die kleinen weißen Partikel, die sich im Haar und auf der Kleidung unansehnlich abzeichnen und bei denen es sich um abgestorbene Hautzellen handelt, muss man durchaus nicht immer schwere Geschütze wie z. B. Teerpräparate auffahren. In vielen Fällen lassen sich Schuppen gut mit Großmutters Hausrezepten in den Griff bekommen, denn die Ursachen liegen oft in einer zu fettigen oder zu trockenen Kopfhaut, aber auch in ungeeigneten Haarpflegemitteln. Schwere Fälle mit Entzündung und juckender Kopfhaut gehen manchmal auf das Konto eines seborrhoischen Ekzems, einer chronischen Hauterkrankung. Versuchen Sie es auch in diesem Fall einmal mit unseren hautverträglichen Rezepturen. Schlagen die Mittel nicht an, sollten Sie aber nicht zögern, zum Hautarzt zu gehen.

Shampoo mit Lupinensamen

Beginnen Sie die Schuppenbehandlung mit diesem altbewährten Shampoo. Die eiweißhaltigen Lupinensamen, aus denen man in Kriegszeiten übrigens einen Ersatzkaffee bereitete, mildern Entzündungen, und die Weide wirkt adstringierend.

50 g Lupinensamen
30 g Frauenhaarfarn
30 g Weidenrinde
1 l Wasser

Lupinensamen, Frauenhaarfarn und Weidenrinde in einen Topf geben, mit dem Wasser übergießen und 10 Minuten kochen lassen. Durch ein Küchensieb abseihen und die Flüssigkeit in eine verschließbare Flasche füllen. 2–3 Wochen lang täglich abends damit die Haare waschen und die Kopfhaut massieren.

Eine Kur mit diesen Ölen ist eine Wohltat für die Kopfhaut. Rosmarinöl wirkt antiseptisch und stimulierend auf Haar und Haarboden und fördert die Durchblutung, während das Zitronenöl belebt.

Kräuterhaarspülung

Sofern man nicht jedes so genannte Unkraut im Garten herauszupft, siedelt sich das heilende Zinnkraut vielerorts ganz von allein an. Die Spülung reduziert die Fettproduktion und lindert Entzündungen der Kopfhaut.

1 TL Zinnkraut
1 TL Rosmarin
1 TL Thymian
100 ml Wasser
1 EL Obstessig

Die Kräuter in eine Schale geben. Das Wasser aufkochen lassen und über die Kräuter gießen, anschließend den Obstessig zufügen. Die Lösung durch ein Küchensieb abseihen und nach der Wäsche auf das Haar und die Kopfhaut auftragen; nicht mehr auswaschen.

Ölkur gegen Schuppen

Statt des Weizenkeimöls als Basis können Sie genauso gut ein anderes Pflanzenöl nehmen.

1 EL Weizenkeimöl
3 Tropfen Zedernholzöl
2 Tropfen Rosmarinöl
2 Tropfen Zitronenöl

Die verschiedenen Öle miteinander vermischen. Etwas von der Mischung in die Kopfhaut einmassieren und 2 Stunden oder über Nacht einwirken lassen. Dann das Haar waschen und gründlich spülen.

Haarwasser mit Stieleiche und Schwarzpappel

Dieses Haarwasser, dessen Zutaten es in der Apotheke gibt, hält die Schuppen in Schach.

je 30 g Rindenpulver von der Stieleiche und der Schwarzpappel
1 l Wasser

Die Pulver und das Wasser zusammen in einem Topf 20 Minuten offen köcheln lassen. Abseihen, in eine verschließbare Flasche abfüllen und täglich in die Kopfhaut einmassieren.

Brennnesselhaarwasser

Die Brennnessel zeigt eine hervorragende Wirkung bei Schuppen. Die Zutaten sind in der Apotheke erhältlich.

40 g Brennnesseltinktur
1/2 TL Arnikatinktur
60 ml Hamameliswasser

Alle Zutaten in ein Fläschchen mit Pipettenverschluss füllen und einmal kräftig schütteln. Das Haar scheiteln und das Haarwasser tropfenweise auf die Kopfhaut auftragen und gut einmassieren.

Wenn das Haar sich lichtet

Fallen beim Bürsten viele Haare aus und wachsen neue nur spärlich nach, schrillt bei Damen wie Herren die Alarmglocke. Haarausfall kann erblich bedingt sein, wie die männliche Glatze, oder die Folge von Krankheit, hormonellen Störungen oder Stress. Oft ist auch ein Mangel an Vitaminen und Mineralstoffen, z. B. Eisen, schuld. Frauen bekommen in der Regel keine Glatze, doch können die Haare nach den Wechseljahren verstärkt ausfallen.

Auch Großmutter hat das Wundermittel nicht erfunden, das ausgefallene Haare garantiert wieder nachwachsen lässt. Wohl aber kannte sie wirksame Kräuter, die den Neuwuchs zumindest anregen wie z. B. die schön blühende Kapuzinerkresse.

Haarwasser mit Kapuzinerkresse

Der Schwefel in der Kapuzinerkresse verhindert Haarausfall. Vom Feldthymian Stiele und blühende Sprossspitzen verwenden.

50 g Kapuzinerkressesamen und -blätter
50 g gehackter Feldthymian
1 l 60%iger Alkohol

Die Kräuter mit dem Alkohol in ein Gefäß füllen und 10 Tage ziehen lassen; anschließend abseihen. In Flaschen füllen und 1- bis 2-mal täglich kräftig in den Haarboden einreiben.

Spülung mit Brunnenkresse

Mit dieser Spülung gab die Großmutter schütterem, brüchigem Haar wieder Kraft.

1 Hand voll Brunnenkresse
1 EL Obstessig
1/2 l Wasser

Die Brunnenkresse zerkleinern und in ein Gefäß geben. Den Obstessig in das Wasser rühren und darüber gießen. Über Nacht ziehen lassen, durch ein Küchensieb filtern. Langsam über das gewaschene Haar laufen lassen; nicht ausspülen.

Anregendes Haarwasser

Das Rosmarinöl regt die Haarbälge an und fördert die Durchblutung. Statt Wodka können Sie auch einen anderen hochprozentigen Alkohol nehmen.

3 Tropfen Rosmarinöl
3 Tropfen Ylang-Ylang-Öl
30 ml Wodka
1 EL Orangenblütenwasser

Die Öle im Alkohol lösen, mit dem Blütenwasser verdünnen und in eine Flasche abfüllen. Täglich ein paar Tropfen davon 2–3 Minuten in die Kopfhaut massieren.

Löwenfett und Eselshuf

Die alten Ägypter waren um Rezepte gegen Haarausfall nicht verlegen – zur Nachahmung nicht empfohlen!

Der beginnenden Kahlköpfigkeit rückten die Männer mit Löwenfett zu Leibe, das sie sich auf den Kopf schmierten. Für Königin Shesh war folgendes Mittel bestimmt: Sie sollte einen Eselshuf, einen Dattelkern und die Pfote eines Windhundweibchens auskochen und die Flüssigkeit reichlich auftragen. Während die Rezeptur erhalten blieb, ist leider nichts darüber bekannt, ob die Mischung auch Wirkung zeigte …

Der gute Rat

Altbewährt bei Schuppen

- **Eine Spülung aus 2 EL Zitronensaft und 1/2 l Wasser löst fest haftende Schuppen.**
- **Joghurt in Kopfhaut und Haar einmassieren, eine Stunde einwirken lassen, danach mit Shampoo waschen.**
- **Sonnenlicht fördert die Blutzirkulation der Kopfhaut und hilft so gegen Schuppen. Das Bad in der Sonne aber nicht übertreiben.**

Dem Haarausfall vorbeugen

- **60 ml Bier nach der Wäsche ins Haar geben, kurz einwirken lassen und mit Shampoo auswaschen. Nochmals 60 ml Bier einmassieren, aber nicht mehr ausspülen.**
- **Verwenden Sie in der Küche viel Apfelessig. Er enthält alle Vitamine, Mineralstoffe und Spurenelemente, die für gesundes Haarwachstum nötig sind.**

Einige Farbtipps

- **Eine Spülung mit Safranwurzeln oder -blüten und Ringelblume verleiht grauem Haar einen rötlich blonden Ton. Die Zutaten mit kochendem Wasser übergießen, 10 Minuten ziehen lassen; abseihen.**
- **Dunkelblondes oder braunes Haar bekommt einen rotbraunen Schimmer, wenn man es mit Schwarztee spült.**

Öfter mal was Neues: Tönungen mit Pflanzenfarbe

Schon frühere Frauengenerationen wussten, wie man die eigene Haarfarbe aufpeppt oder in das Haar einen neuen Ton zaubert. Die Natur liefert dazu eine große Farbpalette, von der im Folgenden Braun und Rot beschrieben werden. Reine Pflanzenfarben tönen und färben das Haar, ohne es anzugreifen, und pflegen es obendrein.

Brauntönung mit Walnuss

Diese Tönung mit Walnussschalen – die Menge variiert nach der Haarlänge – verleiht dunkelbraunem Haar einen tiefen, satten Ton und schönen Glanz.

2–3 Tassen zerkleinerte Walnussschalen
1 Spritzer Pflanzenöl
1 Spritzer Obstessig
etwas heißes Wasser
1 breiter Backpinsel

Die Nussschalen in der Kaffeemühle zu staubfeinem Pulver mahlen. Pulver, Öl, Essig und Wasser zu einem streichfähigen Brei verrühren. 15 Minuten ziehen lassen. Das Haar waschen und leicht vortrocknen. Den Brei mit heißem Wasser wieder streichfähig machen und mit dem Pinsel gleichmäßig auf dem Haar verteilen. Unter einer Plastikhaube im Warmen einziehen lassen. Regelmäßig die Farbintensität überprüfen, bis der gewünschte Ton erreicht ist. Danach gut waschen.

Rotfärbung mit Henna

In dunkelbraunes Haar zaubert rot färbendes Henna ein schönes Rot. Vorsicht bei hellbraunem Haar! Hier kann die Färbung rost- oder karottenrot ausfallen.

Die schönsten Farben für das Haar liefert immer noch die Natur: Gelbwurz, Kamille, Salbei und Zimt sind nur ein paar der zur Verfügung stehenden Mittel.

etwa 1 Tasse Hennapulver rot
1 Eigelb
1 EL Pflanzenöl
etwas heißes Wasser
1 breiter Backpinsel

Das Hennapulver mit dem Eigelb und dem Pflanzenöl in einem Gefäß vermischen und heißes Wasser zugeben, bis der Brei streichfähig ist. Das Ganze zudecken und über Nacht ziehen lassen. Am Morgen das Haar waschen und leicht vortrocknen. Den Brei mit ein wenig heißem Wasser wieder streichfähig machen und dann mit dem Pinsel gleichmäßig auf das Haar auftragen. Unter einer Plastikhaube im Warmen einwirken lassen, bis der gewünschte Ton erreicht ist. Das Haar nochmals gründlich waschen.

Strahlend schön: Gesicht und Hals

Unzählige Produkte zur Gesichtspflege werden heute in Drogerien, Parfümerien und Apotheken angeboten. Doch lange bevor sich eine ganze Industrie der Schönheitspflege angenommen hatte, verstanden es die Frauen, ihr Aussehen hervorzuheben und sich zu pflegen. Was die Schönheit von Gesicht, Hals und Dekolleté betrifft, so findet man auf Großmutters Schminktisch alles, was das Herz begehrt. Mit verblüffend einfachen Mitteln verstand es Großmutter, die jugendliche Frische ihrer Haut zu erhalten und diese gegen Umwelteinflüsse und vorzeitiges Altern zu schützen. Sie war in der Lage, ihren speziellen Hauttyp optimal zu versorgen, und sie kannte wirksame Rezepte gegen Fältchen, Unreinheiten und hektische Wangenröte ebenso wie Schutz für die empfindliche Augen- und Lippenpartie. Auf ihrem Schminktisch standen Creme- und sonstige Töpfchen, die alle mit guten Zutaten aus der Natur gefüllt waren. Wir haben einen Blick hineingeworfen und laden Sie ein, das eine oder andere Rezept auszuprobieren. Freuen Sie sich auf herrlich sanfte Streicheleinheiten für Ihre Haut.

Eine selbst gemachte Mandelmilch reinigt den empfindlichen Teint gründlich und sanft.

Bestimmen Sie Ihren Hauttyp

Um den individuellen Ansprüchen Ihrer Haut zu genügen, müssen Sie erst Ihren Hauttyp bestimmen. Drücken Sie etwa 3–4 Stunden nach der letzten Reinigung ein feines Seidenpapier aufs Gesicht. Bei normaler und trockener Haut sind keine oder fast keine Fettspuren zu erkennen, bei fettiger Haut ist das Papier überall gefleckt. Mischhaut hinterlässt nur an Stirn, Nase und Kinn Fettspuren. Wenn Sie zu diesem Hauttyp neigen, pflegen Sie vorrangig die empfindlicheren trockenen Partien an den Wangen und um die Augen mit Präparaten für trockene Haut. Möchten Sie auch den fettenden Partien etwas Gutes tun, behandeln Sie sie mit Schönheitsmitteln für fettige Haut.

Glücksfall: normale Haut

Normale Haut ist straff, glatt, kleinporig und rein. Sie enthält ausreichend Fett und Feuchtigkeit und ist gut durchblutet. Sie können sich glücklich schätzen, wenn Sie solch eine unkomplizierte Haut besitzen, aber machen Sie bitte nicht den Fehler, ihre Pflege zu vernachlässigen.

Mandelmilch

Diese natürliche Reinigungsmilch entfernt schonend Schmutz und Make-up und eignet sich für alle Hauttypen.

50 g süße Mandeln
200 ml Rosenwasser der Essigrose
1 g Meisterwurzpulver

Die Mandeln in ein wenig Rosenwasser zerstoßen und unter ständigem Rühren das restliche Rosenwasser zugießen. Gut mischen und das Meisterwurzpulver beifügen. Abfüllen und vor allem abends Gesicht, Hals und Dekolleté damit reinigen.

Reinigungscreme mit Kakaobutter

Diese Reinigungscreme befreit die Haut schonend vor allem von fettlöslichem Make-up. Man trägt sie dünn auf Gesicht, Hals und Dekolleté auf, lässt sie kurz einziehen und nimmt sie mit einem weichen Papiertuch ab. Danach mit viel Wasser abwaschen und mit Gesichtswasser nachreinigen.

5 g weißes Wachs
20 g Lanolin
5 g Kakaobutter
40 ml Olivenöl
40 ml Rosenwasser

In einem Topf Wasser zum Kochen bringen. Das Wachs in einer Schale im Wasserbad schmelzen, dann Lanolin und Kakaobutter zufügen. Ist alles flüssig, das Öl dazugeben und auf 65 °C erwärmen. In einem feuerfesten Porzellantöpfchen das Rosenwasser auf 65 °C erwärmen. Die Fettmischung vom Herd nehmen und mit dem elektrischen Handrührgerät auf kleinster Stufe das Rosenwasser einrühren, bis die Creme kalt ist. In ein Töpfchen abfüllen und kühl lagern.

Maismehlmassage

Behandeln Sie Ihre Haut einmal pro Woche mit dieser Mischung. Sie entfernt schonend abgestorbene Hautzellen.

1 Tasse Maismehl
1/2 Tasse Weizenmehl
1 Tasse Trockenmilchpulver

Alles gut vermischen und fest verschlossen aufbewahren. Nach der Gesichtsreinigung ein wenig von der Mischung mit warmem Wasser anrühren und damit das Gesicht einige Minuten sanft massieren. Mit viel warmem Wasser abspülen.

Rose
Bei der Dampfdestillation des Rosenöls fällt als Nebenprodukt das duftende Rosenwasser an, eine gute Basis für viele Kosmetikprodukte.

Kamille
Die Echte Kamille zählt zu den bekanntesten und vielseitigsten Heilpflanzen. Kamillentinktur wirkt entzündungshemmend.

Gesichtswasser mit Hamamelis, Rose und Kamille

Dieses angenehm duftende Gesichtswasser ist mit Zutaten aus der Apotheke rasch hergestellt und eignet sich für jeden Hauttyp.

50 ml Rosenwasser
1/2 TL Honig
50 ml Hamameliswasser
10 Tropfen Kamillentinktur

Das Rosenwasser ein wenig erwärmen und den Honig darin auflösen. Das Hamameliswasser und die Kamillentinktur dazugeben, alles in eine dunkle Flasche abfüllen und gut schütteln. Nach jeder Reinigung ein paar Spritzer auf einen feuchten Wattebausch geben und das Gesicht damit abreiben.

Rosenwasser und Kamillentinktur beruhigen und erfrischen die Haut und ergeben mit Hamameliswasser und Honig ein wohltuendes Gesichtswasser.

Sandelholz-Gesichtswasser

Rotes Sandelholz zieht die Haut nach der Reinigung wieder zusammen. Es ist wie der Weingeist in Apotheken erhältlich.

20 g Rotes Sandelholz
100 ml 50%iger Weingeist
1/4 l Rosenwasser

Das Sandelholz in einen Glasbehälter füllen, den Alkohol darüber gießen und gut verschlossen 2 Wochen lang ziehen lassen. Anschließend durch ein feines Sieb abseihen. Mit dem Rosenwasser in eine verschließbare dunkle Apothekerflasche füllen und gut schütteln. Zur Anwendung ein paar Tropfen auf einen feuchten Wattebausch geben und Gesicht, Hals und Dekolleté damit abreiben.

Holunderblütenlotion

Für ein beruhigendes Gesichtswasser pflückte man früher von Juni bis Juli die weißen Blüten des Holunders. Man kann aber auch getrocknete Blüten verwenden. Das Kölnisch Wasser sorgt dafür, dass die Lotion länger haltbar ist.

100 g frische Holunderblüten
300 ml Wasser
3 EL Kölnisch Wasser

Die Blüten in eine Schüssel legen und mit einem Stößel zerdrücken. Das Wasser zum Kochen bringen, darüber gießen und kurz durchrühren. Abkühlen lassen. Durch ein feines Sieb gießen, das Kölnisch Wasser untermischen und in eine dunkle Apothekerflasche füllen.

Ysop-Gesichtslotion

Die blauvioletten Blüten des Ysops erscheinen von Juni bis September. Ihre Wirkstoffe verleihen eine feine, zarte Haut.

1 l Wasser
50 g blühende Ysop-Sprossspitzen

Das Wasser zum Kochen bringen. Die Kräuter in eine Schale geben, mit dem heißen Wasser übergießen und 10 Minuten ziehen lassen. Durch ein feines Sieb gießen und in eine Flasche füllen.

Feuchtigkeitsgel

Ein einfaches Gel aus Großmutters Rezeptbuch schützt die Haut vor dem Austrocknen und ist schnell zubereitet.

150 ml Wasser
1 TL gekörnte Gelatine
1 TL Rosenöl
3 TL Glyzerin

Das Wasser aufkochen und die Gelatine im heißen, aber nicht mehr kochenden Wasser auflösen. Dann das Rosenöl und das Glyzerin unterrühren. Das abgekühlte Gel in ein verschließbares Porzellantöpfchen abfüllen und kühl lagern.

Mandelölcreme

Diese Universalcreme mit seit Jahrhunderten bewährten Inhaltsstoffen findet bei der ganzen Familie Anklang und wird als Tages- wie Nachtcreme verwendet. Das wasserfreie Lanolinanhydrid kauft man in der Apotheke.

3 g Bienenwachs
15 g Lanolinanhydrid
5 g Kakaobutter
30 ml süßes Mandelöl
40 ml Rosenwasser
3 Tropfen Lavendelöl

Wasser in einem Topf zum Kochen bringen, und das Bienenwachs im heißen Wasserbad schmelzen. Die Kakaobutter und das Lanolinanhydrid dazugeben. Sobald alle Zutaten flüssig sind, das Mandelöl unterrühren und alles auf 60 °C erwärmen. Währenddessen das Rosenwasser ebenfalls auf 60 °C erhitzen. Die Fettschmelze vom Herd nehmen, das Rosenwasser hinzufügen und die Creme mit dem elektrischen Handrührgerät auf kleinster Stufe kalt rühren.

Der gute Rat

Tages- und Nachtpflege

- Unsere Gesichtshaut braucht morgens wie abends nach der Reinigung eine auf den jeweiligen Hauttyp abgestimmte Creme. Da die Haut tagsüber ihre Ruhephase hat, soll die Tagescreme wie ein Schutzfilm wirken. Aufgabe der Nachtcreme ist es, die Haut während der nächtlichen Aktivitätsphase bei der Ausscheidung von Stoffwechselschlacken und der Aufnahme von Nährstoffen zu unterstützen. Die meisten unserer Cremes eignen sich sowohl für den Tag als auch für die Nacht.

Schnelle Pflegetipps für normale Haut

- Das Gesicht morgens und abends mit Schafgarbentee waschen, dann wird die Haut herrlich klar und weich.
- Für ein natürliches und erfrischendes Gesichtswasser schält man ein Stück Salatgurke, schneidet es klein und presst es durch ein Tuch aus. Den Saft nur frisch verwenden!

Schönheitspackungen aus dem Obstkorb

- Zerdrücken Sie 1 EL Erdbeeren zu Mus und vermischen Sie es mit 1 TL Naturjoghurt. Die Masse auf Gesicht und Hals auftragen, ein feuchtwarmes Tuch darüber legen und ein paar Minuten einwirken lassen. Mit kaltem Wasser abwaschen. Nicht für Allergiker geeignet!
- Eine 10-Minuten-Packung für schöne Haut: Zwei Äpfel fein reiben, etwas Zitronensaft dazugeben und auf das gewaschene Gesicht auftragen. Nach 10 Minuten lauwarm abwaschen.
- Wenn Sie eine Maske auftragen, sparen Sie dabei Augenpartie und Lippen aus.

Was Sie sonst noch für Ihre Schönheit tun können

- So wichtig wie die Pflege von außen sind eine ausgewogene, vollwertige Ernährung, regelmäßige Bewegung an der frischen Luft und ausreichend Schlaf.
- Schlafen Sie auf dem Rücken, das beugt Falten im Gesicht und am Dekolleté vor. Weiche Bettwäsche tut ein Übriges.

Die Erdbeer-Joghurt-Packung kühlt und beruhigt die Haut in Sekundenschnelle.

Wenn die Masse noch handwarm ist, das Öl einträufeln. Weiterrühren, bis die Creme erkaltet ist. In ein Porzellantöpfchen füllen und im Kühlschrank lagern. Die Creme nur hauchdünn auftragen und überschüssige Reste nach kurzer Einwirkzeit mit einem Papiertüchlein abtupfen.

Wenn beim Kochen oder Backen ein Eigelb übrig bleibt, kann man sich mit Mohrrüben und Kartoffelmehl eine pflegende Gesichtspackung herstellen und beispielsweise auflegen, während der Kuchen in der Röhre ist.

Cold Cream

Das Rezept für diese Creme wurde von den Griechen rund 300 Jahre vor Christi Geburt erfunden und ist seither immer wieder abgewandelt worden. Ursprünglich bestand sie nur aus Bienenwachs, Öl und Wasser, das reine Aloe-vera-Gel verleiht ihr heute eine angenehme Konsistenz. Sie eignet sich als Tages- wie als Nachtcreme.

1 EL Aloe-vera-Gel
150 ml Maisöl
1 EL weißes Bienenwachs
2 EL Lanolinanhydrid
2 EL Lavendelwasser
2–3 Tropfen ätherisches Kamillenöl

Das Aloe-vera-Gel und das Öl in eine Schüssel geben und mit dem Schneebesen oder Handmixer verrühren. Wasser erhitzen und Wachs und Lanolin in einer Schale im heißen Wasserbad schmelzen. Langsam die Öl-Aloe-vera-Mischung einrühren. Den Topf vom Herd nehmen und das Lavendelwasser sowie das Kamillenöl einrühren. Statt Kamillenöl können Sie auch ein anderes ätherisches Öl Ihrer Wahl verwenden. So lange rühren, bis die Mischung erkaltet ist und fest wird. Die Creme in ein Porzellantöpfchen abfüllen und im Kühlschrank lagern.

Blütenpollen-Mandelkleie-Packung

Blütenpollen sind reich an Vitaminen, Mineralien, Eiweiß und hormonähnlichen Stoffen und lösen sich gut in Flüssigkeiten.

30 g Mandelkleie
20 g Blütenpollen
20 g Honig
20 ml Hamameliswasser
20 ml süßes Mandelöl

Alles zu einem cremigen Brei vermengen. Auf das gereinigte Gesicht, Hals und Dekolleté auftragen, eine Stunde einziehen lassen. Mit warmem Wasser abwaschen.

Mohrrüben-Kartoffel-Packung

Die pflegende Packung ist schnell zubereitet und eine Wohltat für jeden Hauttyp.

2 Mohrrüben
1 EL Kartoffelmehl
1 Eigelb

Die Mohrrüben reiben, Kartoffelmehl und Eigelb dazugeben und gut vermischen. Den Brei sofort auf das gewaschene Gesicht, Hals und Dekolleté auftragen und 20 Minuten einziehen lassen. Zunächst mit sehr warmem, dann mit kaltem Wasser abwaschen.

Es versteht sich von allein, dass selbst gemachte Kosmetik nicht so lang haltbar ist wie gekaufte Produkte, denen Konservierungsmittel zugesetzt wurden. Alle frisch zubereiteten Kosmetika müssen daher im Kühlschrank gelagert und binnen 2–4 Wochen aufgebraucht werden.
Ein Tipp: Füllen Sie die Hälfte des Schönheitsmittels in ein zweites dekoratives Töpfchen bzw. eine Flasche ab und machen Sie Ihrer Freundin eine Freude.
Damit die Mittel nicht verunreinigt werden, ist peinliche Sauberkeit oberstes Gebot bei der Zubereitung. Sämtliche Gefäße und Geräte müssen vorher gründlich gereinigt, am besten ausgekocht werden. Cremedosen werden vor dem Abfüllen mit Alkohol ausgerieben. Zum Entnehmen der Creme verwenden Sie bitte stets einen sauberen Spatel.

Huflattichlotion

Huflattich wird wegen seiner entzündungshemmenden und tonisierenden Eigenschaften geschätzt, die er auch in einem Gesichtswasser entfaltet.

1 l Wasser
50 g Huflattichblüten

Das Wasser zum Kochen bringen, über die Blüten gießen und 10 Minuten bedeckt ziehen lassen. Durch ein feines Sieb abseihen, dabei die Blüten gut ausdrücken. In eine dunkle Apothekerflasche füllen und im Kühlschrank lagern.

Dass Bierhefe ein Segen für fettige Haut ist, war schon früheren Generationen bekannt. Geben Sie Sahne und Honig hinzu, und Sie haben eine wunderbare Maske.

Pfefferminz-Gesichtslotion

Die Pfefferminze fördert die Durchblutung und verengt und klärt die Poren fettiger Haut.

1/4 l Wasser
30 g Pfefferminzblüten und -blätter
50 ml Hamameliswasser

Das Wasser mit der Pfefferminze aufkochen und 15 Minuten weiterköcheln lassen. Abkühlen und durch einen feinen Filter abseihen. Mit dem Hamameliswasser in eine dunkle Flasche füllen, gut durchschütteln und kühl lagern.

Gesichtscreme mit Schafgarbe

Schafgarbe wirkt stark antiseptisch und lässt Pickel und Mitesser abheilen. Das Orangenblütenwasser reguliert den Talgfluss. Basiscreme DAC ist in der Apotheke erhältlich.

100 ml destilliertes Wasser
15 g Schafgarbenkraut
30 ml Orangenblütenwasser
100 g Basiscreme DAC

Das Wasser mit dem Kraut erhitzen und 3 Minuten kochen lassen. Zudecken und kalt werden lassen. Durch ein feines Sieb filtern, mit dem Orangenblütenwasser vermischen und langsam unter die Creme rühren, bis die gewünschte Konsistenz erreicht ist, dann abfüllen und kühl aufbewahren.

Orangenmaske für fettige Haut

Die Orangenmaske fördert die Durchblutung und normalisiert den Talgfluss. Dass Sie dafür nur frisch gepressten Orangensaft verwenden, versteht sich von selbst.

Saft von 1/2 Orange
etwa 8 EL Mehl

Die Orangenhälfte auspressen und so viel Mehl hineinrühren, bis eine streichfähige, zähflüssige Paste entsteht. Mit einem breiten Pinsel auf die gereinigte Haut auftragen und 20 Minuten einwirken lassen. Mit viel warmem Wasser abwaschen.

Sahne-Hefe-Maske

In jeder Küche finden sich die Ingredienzien für diese hautklärende Maske. Die Hefe entfettet die Haut, Sahne und Honig pflegen sie.

20 g Bierhefe
20 ml süße Sahne
10 g Honig

Die Hefe zerbröseln und mit der Sahne verrühren, bis ein cremiger Brei entsteht, dann den Honig untermischen. Auf das feuchte Gesicht, Hals und Dekolleté auftragen und 20 Minuten wirken lassen. Mit reichlich warmem Wasser abspülen.

Maske mit Leinsamen

Diese Maske überzeugt: Während Gänseblümchen die Talgproduktion normalisieren, wirkt der Schleim eingeweichter Leinsamen Entzündungen entgegen.

2 EL Leinsamen
etwas destilliertes Wasser
1/8 l Wasser
1–2 EL Gänseblümchenblüten
1 weiches Mulltuch

Die Leinsamen fein schroten, mit destilliertem Wasser vermengen und quellen lassen. 1/8 l Wasser aufkochen, über die Blüten gießen, ziehen lassen und nach 10 Minuten abseihen. Die Leinsamenmaske auf das Gesicht auftragen, das Mulltuch mit dem Tee tränken, darüber legen und 20 Minuten ziehen lassen.

Gesichtsdampfbad

Die feuchte Wärme des Dampfbads öffnet die Poren, erleichtert den Talgabfluss und trägt so zur Hautreinigung bei.

5 l Wasser
2–3 Hand voll getrocknete Pfefferminz- oder Salbeiblätter

Das Wasser aufkochen und die Kräuter überbrühen. Sich mit dem Gesicht über den dampfenden Topf beugen, dabei ein Handtuch wie ein Zelt über dem Kopf ausbreiten. Nach 10–15 Minuten den Schweiß mit einem Tuch abtupfen und das Gesicht mit kaltem Wasser abspritzen.

Neue Spannkraft für trockene Haut

Die Talgdrüsen der trockenen Haut produzieren zu wenig Fett, wodurch diese an Geschmeidigkeit einbüßt. Sie spannt, ist glanzlos und wirkt beansprucht, und es fehlt ihr an Elastizität. Obwohl die dünne und feinporige Haut zart aussieht, fühlt sie sich rau an und schuppt leicht. Außerdem ist sie empfindlich gegen Witterungseinflüsse, und ihre Abwehr ist geschwächt. All dies hat zur Folge, dass sie frühzeitig altert. Ältere Haut neigt zu Rötungen und geplatzten Äderchen.

Schutzbarriere aus Fett

Pflegepräparate für trockene Haut müssen die Versorgung mit Fett verbessern, um die Haut vor dem Austrocknen zu schützen und gegen schädliche Umwelteinflüsse zu wappnen. Eine gute Fettcreme ist das A und O für diesen Hauttyp.

Reinigungsmilch mit Mandel- und Avocadoöl

Avocado- wie Mandelöl haben eine ähnliche Konsistenz wie natürliches Hautfett und können sich daher leicht mit ihm verbinden. Beide Öle sind zwar teuer, doch Ihre trockene Haut wird es Ihnen danken, wenn sie schon bei der Reinigung damit verwöhnt wird.

100 ml Rosenwasser
1 EL Honig
20 g Trockenmilchpulver
20 ml süßes Mandelöl
20 ml Avocadoöl

Das Rosenwasser etwas erwärmen, den Honig und das Trockenmilchpulver darin auflösen und das Mandel- und Avocadoöl hinzufügen. Alles in eine dunkle Glasflasche abfüllen und gut durchschütteln.

(Fortsetzung auf S. 110)

Gänseblümchen
Auszüge aus den wohlbekannten zarten Blütenköpfchen sind oft Bestandteil von Pflegemitteln für fettige Haut.

Im Kühlschrank aufbewahren. Gesicht, Hals und Brustansatz morgens und abends mit der Reinigungsmilch massieren und diese anschließend mit einem feuchten Wattebausch entfernen.

Echter Eibisch
Laut einer Verordnung Karls des Großen wurde der Eibisch bereits im 8. Jh. als Heilpflanze kultiviert. Die wertvolle Wurzel wird im Herbst ausgegraben.

Gesichtswasser für empfindliche trockene Haut

Nach dem Waschen belebt eine Nachreinigung mit Rosenwasser und Ringelblume. Beides können Sie sich in der Apotheke auch gleich mischen und abfüllen lassen.

90 ml Rosenwasser
10 ml Ringelblumentinktur

Das Rosenwasser und die Ringelblumentinktur in eine dunkle Flasche abfüllen, gut durchschütteln und kühl lagern. Nach der Reinigung ein paar Spritzer auf einen Wattebausch geben und Gesicht, Hals und Dekolleté behutsam abtupfen.

Wenn Sie für Kosmetikpräparate verderbliche Naturprodukte verwenden, sollten Sie nur kleine Mengen zubereiten, die schnell aufzubrauchen sind.

Gurken-Zitronen-Lotion für beanspruchte Haut

Das Pektin der Gurke, die Vitamine der Karotte und Zitrone und das Mandelöl ergeben eine wohltuende Lotion.

1/2 Salatgurke
30 ml süßes Mandelöl
Saft von 1/2 Zitrone
60 ml Karottensaft

Die Gurke schälen und raspeln. Durch ein feines Sieb auspressen. Gurkensaft, Öl und Säfte in eine dunkle Flasche füllen. Kühl lagern und vor Gebrauch schütteln. Nach der Reinigung auf einen feuchten Wattebausch geben und die Haut abreiben.

Eibischcreme

Die Wurzel des Echten Eibisch liefert einen wertvollen Schleim, der Feuchtigkeit spendet und trockene Haut beruhigt.

30 g gehackte Eibischwurzel
80 ml destilliertes Wasser
20 g Honig
100 g Basiscreme DAC

Den Eibisch 2 Stunden im Wasser einweichen. Auf kleiner Flamme 5 Minuten leicht köcheln lassen. Wenn der Absud erkaltet ist, durch ein feines Sieb filtern, dabei die Wurzeln gut auspressen. Den Honig im Sud auflösen, alles unter die Basiscreme rühren und die Creme in ein Porzellandöschen abfüllen.

Kamillen-Geranien-Creme

Die ätherischen Öle von Kamille und Geranie verbessern die Struktur trockener Haut.

25 g Lanolin
25 g reine Vaseline
3 Tropfen Kamillenöl
3 Tropfen Geranienöl

Lanolin und Vaseline mischen, die Öle zugeben und verrühren, bis eine geschmeidige Creme entstanden ist. In einem Töpfchen kühl lagern.

Jojobacreme

Schon die Indianer verwendeten das aus der Nuss der Wüstenpflanze Simmondsia chinensis *gewonnene Jojobaöl zu Heilzwecken.*

3 g Bienenwachs
10 g Lanolinanhydrid
3 g Kakaobutter
30 ml Jojobaöl
40 ml Orangenblütenwasser
3 Tropfen Orangenblütenöl

Wasser aufkochen und Wachs, Lanolinanhydrid und Kakaobutter im Wasserbad schmelzen. Das Öl zufügen und alles auf 60 °C erwärmen. In einem Extratopf das Blütenwasser auf 60 °C erwärmen, dann vorsichtig unter die Fette rühren. Sobald die Creme handwarm ist, das Blütenöl zufügen und rühren, bis die Creme erkaltet ist. In ein verschließbares Töpfchen füllen und kühl lagern.

Erdnusspackung

Erdnussöl versorgt die Haut mit viel Vitamin E und ungesättigten Fettsäuren.

2 EL Erdnussöl
1 Eigelb
1/2 TL Honig
1 Spritzer Zitronensaft

Das Öl tropfenweise mit dem Handrührgerät ins Eigelb rühren. Den Zitronensaft und den Honig unterrühren. Mit einem Backpinsel auf der Haut verstreichen und 30 Minuten einwirken lassen. Mit einem feuchtwarmen Tuch abnehmen.

Kamillenkompresse

Wer den Geruch der Kamille nicht mag, kann stattdessen getrocknete Lavendel- oder Lindenblüten verwenden.

1/2 l Wasser
2 EL getrocknete Kamillenblüten
2 feine Mulltücher

Das Wasser zum Kochen bringen, die Kamille überbrühen und alles 15 Minuten ziehen lassen. Durch ein feines Sieb pressen. Erst ein Tuch mit dem warmen Aufguss tränken, ausdrücken und etwa 10 Minuten auf das gereinigte Gesicht legen, dann das zweite Tuch mit kaltem Wasser noch 5 Minuten auflegen.

Wenn Sie sich mit einer Schönheitsmaske verwöhnen, lassen Sie sich Zeit bei der Zubereitung, und sorgen Sie für eine angenehme Umgebung, in der Sie sich entspannen und die Seele baumeln lassen können.

Maske mit Quark und Petersilie

Aus Quark und Petersilie kann man auch eine erfrischende Gesichtsmaske zubereiten.

2 EL Honig
1 EL Quark
1 Bund Petersilie

Den flüssigen Honig mit dem Quark vermischen. Die Petersilie fein hacken und unter die Masse rühren. Auf das Gesicht auftragen und 25 Minuten einwirken lassen. Mit viel warmem Wasser abspülen.

Duftende Allzweckcreme

Im Mittelpunkt dieses Rezepts steht das Naturprodukt Bienenwachs, das wie Honig oder Gelée royale aus der jahrhundertealten „Apotheke des Imkers" stammt.

Die heilende, schützende und pflegende Wirkung von Bienenwachs ist schon sehr lange bekannt. Früher wurde es z. B. von Landfrauen benutzt, zur Handpflege und zugleich als Schutz vor der Beanspruchung durch die Feldarbeit. Außerdem wurde es wegen seiner Reinheit und seines Duftes geschätzt und war daher kostbar. Heute ist es im Reformhaus, in der Drogerie oder beim Imker erhältlich, und wer aus Bienenwachs Kerzen machen will, bekommt z. B. Wachsplatten auch in Bastelläden. Schließlich kann man es selbst gewinnen, sofern man einen Bienenstock besitzt und bereit ist, einen Teil des Honigs zu opfern – Bienen verbrauchen immerhin 5 kg Honig, um 500 g Wachs zu produzieren. Zur Wachsherstellung löst der Imker den Honig aus der Wabe, spült diese unter fließendem Wasser aus, legt sie in einen Topf und gibt zwei Tassen Wasser zu, damit das Wachs bei der folgenden Behandlung kein Feuer fängt. Der Topf wird langsam erhitzt, bis die Wabe schmilzt; dann lässt man das Wachs eine Stunde lang kochen. Das heiße Wachs wird anschließend durch ein Mulltuch in eine Schale mit kaltem Wasser gegossen, um Verunreinigungen herauszufiltern. Es besitzt jetzt eine gelbe bis braune Farbe. Zur Verwendung in Cremes wird Wachs gebleicht. Das in dem Rezept zugesetzte Rosenwasser ist ein ausgezeichnetes Hauttonikum. Es schont empfindliche Haut, da es keinen Alkohol enthält. Probieren Sie es aus, und erleben Sie, wie gut sich Ihre Haut nach kurzer Zeit anfühlt.

Allzweckcreme – so wird sie gemacht

In einen kleinen Topf etwa 50 g gebleichtes Bienenwachs geben und 120 g Mandelöl dazugießen. Bei kleiner Hitze unter Rühren im Wasserbad erwärmen, bis das Wachs geschmolzen ist. Topf herausnehmen.

50 ml Rosenwasser auf etwa 50 °C erwärmen. Die Lösung langsam und unter ständigem Rühren unter die Wachs-Öl-Flüssigkeit mischen.

Die Mischung weiterrühren, bis sie cremig geworden und erkaltet ist. In ein Gefäß füllen und verschließen.

Die besonderen Bedürfnisse reifer Haut

Älter werden ist ein natürlicher Entwicklungsvorgang, den es in Gelassenheit anzunehmen gilt. Wie im Körper hinterlassen die Jahre auch auf der Haut sichtbare Spuren. Es bilden sich Fältchen und Falten, und die Spannkraft des Gewebes lässt nach. Durch bestimmte Umstände kann dieser Prozess beschleunigt werden, etwa durch ausgiebige Sonnenbäder, eine nachlässige Schönheitspflege oder eine ungesunde Lebensweise mit zu wenig Schlaf und Bewegung und zu viel Alkohol und Nikotin.

Schönheit ist keine Frage des Alters. Mimikfältchen beispielsweise verleihen dem Gesicht mehr Ausdruck und eine ganz besondere Anziehungskraft. Mit der richtigen Pflege kann man sich in jedem Alter ein vitales, strahlendes Aussehen bewahren.

In jedem Fall stellt reife Haut höhere Ansprüche an die Pflege als junge. Die aufbauenden natürlichen Schönheitsmittel nach alten Rezepten vermögen Falten zwar ebenso wenig wegzuzaubern wie teure Kosmetika, auch wenn die Werbung dies häufig verspricht. Sehr wohl aber können Hautpflegemittel vorhandene Fältchen mildern, die Faltenneubildung verlangsamen und die Gesichtskonturen straffen. Segensreiche Dienste leisten reichhaltige Nachtcremes; sie unterstützen den natürlichen Regenerationsprozess der Haut und laden sie mit neuer Energie auf. Oft enthalten sie wertvolle Pflanzenöle, die reich an essenziellen Fettsäuren sind und der Haut Geschmeidigkeit schenken.

Reinigungsmilch mit Gurke

Die erfrischende, straffende Gurkenmilch befreit schlecht durchblutete reife Haut von den Verunreinigungen des Tages und bereitet sie auf die nachfolgende Pflege vor.

1/2 Salatgurke
40 ml Rosenwasser
30 ml Glyzerin

Die Gurke auf der Reibe fein hobeln und durch ein Leinentuch pressen. Den so entstandenen Saft mit den anderen Zutaten in eine dunkle Apothekerflasche abfüllen, gut durchschütteln, kühl lagern und binnen einer Woche aufbrauchen.

Hopfen-Gesichtslotion

Wie eine Verjüngungskur wirkt dieses Tonikum. Hopfen hat sich in Schönheitsmitteln für erschöpfte, schlaffe Haut bestens bewährt.

30 g Hopfendolden
200 ml destilliertes Wasser
40 ml Rosenwasser
30 ml 50%iger Alkohol

Den Hopfen mit dem destillierten Wasser bei mittlerer Hitze kochen. Nach 15 Minuten zudecken und erkalten lassen. Dann durch ein feines Sieb filtern, dabei den Pflanzenrückstand gut auspressen. Mit den anderen Zutaten in eine dunkle Flasche abfüllen, kräftig schütteln und kühl lagern. Nach der Reinigung auf einen feuchten Wattebausch geben und die Haut sanft damit abreiben.

Nährendes Gesichtsöl für die ältere Haut

Da Weizenkeimöl reich an Vitamin E ist, einem natürlichen Antioxidans, wirkt es der Hautalterung effektiv entgegen. Auch die ätherischen Öle fördern die Zellerneuerung.

50 ml süßes Mandelöl
1 TL Weizenkeimöl
15 Tropfen Lavendelöl
10 Tropfen Weihrauchöl
3 Tropfen Neroliöl

Sämtliche Öle gut miteinander vermischen und in ein dunkles Fläschchen abfüllen. Abends nach gründlicher Reinigung leicht in Gesicht, Hals und Dekolleté einmassieren.

Rosskastanien-Mandel-Creme

Die Rosskastanie hat in der Kosmetik eine lange Tradition; bereits in der Antike wusste man um ihre hautstraffenden Eigenschaften.

100 g geschälte Rosskastanien
50 ml Jojobaöl
50 ml Hamameliswasser
1 EL Zitronensaft
150 g Basiscreme DAC

Die Rosskastanien im Mixer pürieren oder auf der Reibe hobeln. Das Jojobaöl unterrühren, das Hamameliswasser und den frisch gepressten Zitronensaft zufügen. Das Ganze mit der Basiscreme vermischen und in ein Porzellantöpfchen abfüllen.

Eigelb-Creme-Packung

Aus Großmutters selbst gemachten Hautcremes für reife Haut lassen sich herrlich pflegende Packungen bereiten.

1 Eigelb
1 Spritzer Zitronensaft
etwas selbst bereitete Hautcreme

Das Eigelb gut mit dem Zitronensaft verrühren und so viel Hautcreme dazugeben, dass eine streichfähige Paste entsteht. Mit einem Pinsel fingerdick auf Gesicht, Hals und Dekolleté verstreichen. Nach einer Einwirkzeit von 30 Minuten mit einem feuchtwarmen Tuch abnehmen, nicht mit Wasser abwaschen.

Rosskastanie
Mehl oder Brei aus den Früchten wirkt bei Hautproblemen wie Couperose gefäßverengend und entzündungshemmend.

Straffende Himbeermaske

Schlaffe, müde Haut wird mit dieser Maske wieder schön straff und geschmeidig.

Himbeeren enthalten Vitamin A und C sowie Pektine. Sie erfrischen, zu einer Maske verarbeitet, müde Haut garantiert.

100 g frische Himbeeren
20 g Mandelkleie
20 g Honig
1 Eigelb

Die Früchte zu Mus zerdrücken und mit den restlichen Zutaten gut mischen. Die Paste auf Gesicht und Hals auftragen und mindestens 30 Minuten einziehen lassen. Mit lauwarmem Wasser abspülen.

Beinwell
Früher machten Gerber mit dem Schleim der gekochten Wurzel das Leder weich. Geschmeidigkeit weiß auch reife Haut zu schätzen.

Der gute Rat

Nicht verzagen – es gibt Hilfe bei Falten!

- Beinwell bewahrt das jugendliche Aussehen der Haut. 2 TL gehackte Wurzel in $^1/_4$ l kaltes Wasser legen, aufkochen und 15 Minuten sieden lassen. 1 EL des Absuds einer Gesichtsmaske zusetzen.
- Dies versorgt die Haut mit viel Feuchtigkeit: 3 geschälte rohe Kartoffeln reiben und auf das gereinigte Gesicht auflegen. Nach 20 Minuten abspülen.
- Halsringe müssen nicht sein. Vergessen Sie Ihren Hals daher bei der Gesichtspflege nicht. Da die Haut am Hals dicker als im Gesicht ist, verträgt sie reichhaltigere Präparate.
- Vitamin E wehrt in Verbindung mit Vitamin C freie Radikale ab und verhindert so vorzeitiges Altern. Achten Sie auf ausreichende Zufuhr über die Ernährung, z. B. durch Salate mit einem Dressing aus kaltgepresstem Pflanzenöl.

So sehen Sommersprossen alt aus

- Betupfen Sie unerwünschte Sommersprossen täglich mit dem frischen Saft von Petersilie, Löwenzahn, Echter Brunnenkresse oder Zitrone.
- Eine Hand voll grüne Sellerieblätter mit kochendem Wasser überbrühen. Abkühlen lassen, dann die Blätter aufs Gesicht legen. Einwirkzeit 10 Minuten.

Wenn Sommersprossen allzu keck werden

Bei Sommersprossen handelt es sich um eine Pigmentstörung. Während bei den meisten Menschen unter Sonneneinstrahlung in der Oberhaut hochwertiges dunkles Melanin produziert wird, wird in sehr heller, empfindlicher Haut minderwertiges Melanin gebildet, das sich in kleinen hellbraunen Flecken sammelt. Heute werden Sommersprossen längst nicht mehr als Schönheitsmakel gesehen, doch unsere Großmütter kannten so manches sanfte Mittel, das die Flecken wirksam abschwächt.

Löwenzahnwaschung

Wenn Sie sich zweimal täglich mit dem Absud waschen, bleichen die Sommersprossen mit der Zeit aus.

50 g Löwenzahnblüten
1 l Wasser

Die Blüten mit dem kalten Wasser in einen Topf geben, aufkochen und mit Deckel 30 Minuten kochen lassen. Abseihen und in eine dunkle Flasche abfüllen.

Keine Chance für Pickel!

Pickelchen, Pusteln und Mitesser entwickeln sich aus übermäßig mit Talg verstopften Poren und neigen dazu, sich zu entzünden. Meist gehen sie mit fettiger Haut bzw. einer Mischhaut einher, weshalb sich viele für fettige Haut gedachte Rezepte, insbesondere Reinigungspasten und Gesichtswässer, auch für diesen Hauttyp gut eignen. Sie sind ab S. 107 zu finden. Der Erfolg aller Bemühungen steht und fällt mit einer gründlichen Reinigung und peinlich genauer Hygiene.

Ringelblumencreme

Ringelblumen kann man im Beet oder Balkonkasten leicht selbst ziehen. Die blutreinigende Creme heilt entzündete Unreinheiten.

100 ml destilliertes Wasser
20 g Ringelblumenblüten
20 ml Mandelöl
100 g Basiscreme DAC

Das Wasser zum Kochen bringen und über die Ringelblumenblüten gießen. Zudecken und kalt werden lassen. Anschließend durch ein feines Sieb seihen, dabei die Blüten gut auspressen und mit dem Öl verrühren. Die Öl-Wasser-Mischung sorgfältig mit der Basiscreme vermengen und in ein Porzellantöpfchen abfüllen.

Sonnenblumenmaske

Sonnenblumenkerne sind reich an Vitamin E, Öl und Lezithin. Man erhält die Kerne u. a. im Reformhaus oder im Bioladen.

1 Hand voll Sonnenblumenkerne
etwas Wasser
1 TL Bienenhonig
1 TL reines Pflanzenöl

Die geschälten Sonnenblumenkerne in der elektrischen Kaffeemühle oder einer Körnermühle mahlen. Etwas Wasser heiß werden lassen, den Honig darin auflösen und mit dem Öl und dem Pulver zu einem streichfähigen Brei verrühren. Bei Bedarf noch etwas heißes Wasser hinzufügen. Gleichmäßig auf das zuvor gereinigte Gesicht und den Hals auftragen. 30 Minuten einwirken lassen und anschließend mit viel lauwarmem Wasser abwaschen.

Huflattich- und Thymiankompressen

Pickel und Pusteln verschwinden recht bald, wenn Sie einmal in der Woche an einem Tag die Huflattichkompresse und am darauf folgenden Tag die Thymiankompresse auflegen.

Bei unreiner Haut muss man schon etwas Geduld aufbringen. Doch wenn man beispielsweise eine Sonnenblumenmaske regelmäßig über einen längeren Zeitraum anwendet, wird sich das Hautbild allmählich sichtbar bessern.

2 EL Huflattichblätter und -blüten
2 EL Thymianblätter
je 1/2 l Wasser
1 feines Mulltuch

Für eine Kompresse je 1/2 l Wasser zum Kochen bringen und über die Pflanzen gießen. Das Ganze etwa 10 Minuten ziehen lassen, anschließend durch ein Sieb filtern und sehr gut ausdrücken. Das Mulltuch mit der Flüssigkeit tränken, wieder ausdrücken und auf das gereinigte Gesicht legen. Nach etwa 10 Minuten abnehmen. Das Mulltuch in kaltem Wasser tränken und weitere 3 Minuten auflegen.

Wie nervöse, sensible Haut wieder aufatmen kann

Keine andere Pflanze hat so gut lindernde Eigenschaften wie die dezent blühende Malve.

Empfindliche Haut neigt zu unberechenbaren Reaktionen auf Umwelteinflüsse, bestimmte Pflegeprodukte und Stress, und sie fühlt sich dann gespannt an. Bedingt durch eine nachlassende Spannung der Gefäßwände scheinen an Wangen und Nase häufig erweiterte Äderchen durch; obendrein zeigen sich Rötungen und rote Flecken. Gerötete, gereizte Haut braucht vor allem eine beruhigende, reizausgleichende Pflege, die sie wieder atmen lässt. Gesichtsdampfbäder sind tabu.

Augentrost
Schon Hildegard von Bingen empfahl entzündungshemmenden Augentrost bei Augenleiden wie Lidrandentzündungen.

Malven-Eischnee-Maske

Aus dem Tee der reizmildernden Malve lässt sich eine beruhigende Maske bereiten.

1 Tasse Wasser
1 EL Malvenblüten
Schnee von 1 Eiweiß

Die Malven mit kochendem Wasser übergießen. Zugedeckt 30 Minuten ziehen, dann erkalten lassen. Unter den Eischnee 3 EL Malventee unterrühren. Den flüssigen Brei mit einem Pinsel auftragen und nach etwa 20 Minuten mit Wasser abspülen.

Kamillenlotion

Wenn die Haut unter Stress zu hektischen Rötungen neigt, lässt sie sich durch dieses Gesichtswasser sanft beruhigen.

1/4 l Wasser
25 g Kamillenblüten
25 ml Zitronensaft
40 ml Rosenwasser

Das Wasser mit den Blüten erhitzen und anschließend 3 Minuten kochen lassen. Zudecken und kalt werden lassen. Durch ein feines Sieb seihen, dabei die Blüten gut ausdrücken. Den Absud mit dem Zitronensaft und dem Rosenwasser mischen und in eine dunkle Apothekerflasche füllen. Nach der Hautreinigung auf einen feuchten Wattebausch geben und Gesicht, Hals und Dekolleté sanft damit abreiben.

Walderdbeer-Umschlag

Den erweiterten Äderchen, die meist an Nase und Wangen auftreten, begegnet man sehr wirkungsvoll mit einem Breiumschlag, für den man statt der Walderdbeerblätter auch die Blätter von Wasserdost, Giftlattich oder Mädesüß verwenden kann.

1 Hand voll Walderdbeerblätter
etwas Wasser

Die frischen Blätter der Walderdbeere zerstoßen und mit etwas kochendem Wasser zu einem Brei verrühren. Auf die Haut auftragen und einige Minuten einwirken lassen. Danach gut mit lauwarmem Wasser abspülen.

Verführerische Augenblicke

Schauen Sie sich in die Augen, bitte! Wenn Sie Ihr Gegenüber mit einem klaren, strahlenden Blick gefangen nehmen möchten, aber keine 18 mehr sind, dann sollten Sie der zarten Haut Ihrer Augenpartie eine spezielle Pflege angedeihen lassen. Doch es genügt nicht, damit anzufangen, wenn sich schon die ersten Fältchen und Krähenfüße zeigen. Augenpflege beginnt man am besten schon mit Mitte 20, spätestens aber mit 40. Die Pflegemaßnahmen sollten morgens und abends Bestandteil Ihrer Toilette sein.

Augentrost-Waschung

Um die Augen zu entspannen und den Staub in der Augenflüssigkeit zu entfernen, können Sie Ihre Augen 1- bis 2-mal im Monat mit diesem frisch zubereiteten Absud waschen, bei akuten Entzündungen auch häufiger.

1/2 TL Augentrost
1/8 l Wasser

Die Kräuter mit dem Wasser zum Kochen bringen und 10 Minuten kochen lassen. Abseihen und warten, bis der Absud lauwarm ist. In ein Schälchen geben und die Augen vorsichtig von außen nach innen mit dem Absud auswaschen. Mit einem weichen Kosmetiktuch nachtupfen.

Straffendes Efeugel

Das milde Gel festigt die Haut um die Augen und wirkt abschwellend.

1/8 l destilliertes Wasser
25 g Rosenknospen
2 EL Efeublätter
1 EL Kornblumen
40 ml Rosenwasser
1 EL Leinsamen

Das Wasser aufkochen. Die Rosenknospen, Efeublätter und Kornblumen damit überbrühen und 2 Stunden ziehen lassen. Abseihen, dabei die Pflanzenteile gut ausdrücken. Währenddessen das Rosenwasser im heißen Wasserbad erhitzen, über die Leinsamen geben und ebenfalls 2 Stunden einweichen lassen. Durch das Sieb gießen, dabei den Rückstand der Leinsamen auspressen. Mit dem Pflanzentee mischen, in eine dunkle Flasche füllen und kühl lagern. 2-mal täglich nach der Gesichtswäsche aufs Unterlid tupfen, einziehen lassen und anschließend eine Augenfaltencreme auftragen.

Bestandteil der Pflege der empfindlichen Augenpartie sollte ein glättendes Gel aus Rosenknospen, Kornblumen, Efeublättern und Leinsamen sein.

Augenfaltencreme

Relativ schlicht, aber auf die Dauer ebenso wirksam wie teure Kosmetik ist dieses altbewährte Mittel gegen Fältchen und Krähenfüße.

etwas süßes Mandelöl
etwas Lanolin

Ein paar Tropfen Mandelöl in eine kleine Menge Lanolin geben und alles gut verrühren. Regelmäßig vor dem Schlafengehen die Partie unter den Augen damit eincremen.

Weiße Zähne und samtweiche Lippen

Oft sind es die ersten Sekunden, die darüber entscheiden, ob wir unser Gegenüber sympathisch und attraktiv finden oder nicht. Neben den Augen bestimmt vor allem die Mundpartie den Gesichtsausdruck. Ein strahlendes Lächeln mit zarten, geschmeidigen Lippen und makellosen, gesunden Zähnen wirkt, gepaart mit frischem Atem, unwiderstehlich anziehend. Wer Zähne und Mund regelmäßig pflegt, tut aber nicht nur etwas für sein Aussehen, sondern auch für die Gesundheit. Viele Allgemeinerkrankungen nehmen im Mund- und Rachenraum ihren Anfang, etwa Erkältungskrankheiten oder Verdauungsstörungen. Kranke Zähne können Beschwerden im ganzen Körper hervorrufen. Außerdem nützen der ebenmäßigste Teint, das perfekteste Make-up und die schickste Erscheinung wenig, wenn bei jedem Wort, das gesprochen wird, schlecht gepflegte Zähne zum Vorschein kommen und dem Mund eine üble Duftwolke entströmt. Widmen Sie daher der Pflege von Mund und Zähnen dieselbe Aufmerksamkeit wie der übrigen Schönheitspflege – zum Besten Ihres Körpers und zur Freude Ihrer Mitmenschen. Sie können sich dazu natürlicher Mittel bedienen, denn die Natur liefert die besten Stoffe für die Mund- und Zahnhygiene.

Ein selbst gemachtes Zahnpulver aus Orangenschalen, Pfefferminzblättern und Salz kann das Zahnfleisch genauso kräftigen wie moderne Zahnpasta.

Garantiert kein Zufall: kräftige, gesunde Zähne

In der Regel hat uns die Natur mit einem gesunden Gebiss und festem Zahnfleisch gesegnet. Es liegt an uns, ob wir diese Gabe erhalten oder nicht. Vor allem zwei Faktoren setzen den Zähnen zu: Karies, durch Bakterien ausgelöste Zahnfäule, Parodontose und Zahnfleischschwund. Beides kann nicht nur sehr schmerzhaft sein, sondern führt über kurz oder lang zum Verlust eines oder mehrerer Zähne. Doch so weit muss es nicht kommen.

Lebenslange Begleiter

Mit der richtigen Pflege und gesunder Ernährung lassen sich die Zähne bis ins hohe Alter erhalten. Gehen Sie 2-mal im Jahr zum Zahnarzt. Verwenden Sie Zahnbürsten mit Kunststoffborsten, und erneuern Sie die Zahnbürste alle 3 Monate. Putzen Sie Ihre Zähne nach jeder Mahlzeit 2–3 Minuten lang, und massieren Sie dabei auch das Zahnfleisch. Großmutters Pflegemittel stehen modernen Zahnpasten nicht nach, sie enthalten aber nur natürliche Zutaten.

Zahnpulver mit Orange und Pfefferminze

Das wirkungsvolle Zahnpulver kräftigt das Zahnfleisch und erzielt damit bei bereits bestehender Parodontose gute Erfolge.

40 g unbehandelte Orangenschale
30 g getrocknete Pfefferminzblätter
10 g Meersalz

Die Schale einer gewaschenen unbehandelten Orange abreiben und über Nacht trocknen lassen. Am nächsten Tag die Pfefferminzblätter zwischen den Fingern verreiben, mit den Orangenschalen und dem Salz mischen und in einen verschließbaren Porzellantopf oder ein Schraubglas füllen. Beim Zähneputzen etwas Pulver auf die angefeuchtete Zahnbürste geben.

Zahnpulver mit Schlämmkreide

Die feine Schlämmkreide ist ein guter Putzkörper, der zuverlässig Zahnstein und Plaque löst. Die echte Veilchenwurzel ist unter dem Namen Radix Violae ordoratae *erhältlich.*

60 g Schlämmkreide
20 g Veilchenwurzelpulver
5 ml Pfefferminzöl

Die Kreide mit dem Pulver vermischen und das Pfefferminzöl dazugeben. Durchsieben und in ein verschließbares Glas füllen. Zum Zähneputzen etwas Pulver auf die nasse Zahnbürste geben.

Zahnpasta mit Zitrone, Salbei und Iriswurzel

In dieser Zahnpasta ist Großmutters gesammeltes Heilwissen vereint. Die Zitrone kräftigt das Zahnfleisch und entfernt braune Beläge. Salbei und Zimtöl wirken antiseptisch, und auf dem Wurzelstock der Iris, der schmerzlindernde Eigenschaften besitzt, ließ man einst zahnende Babys kauen.

1 Zitrone
1 TL Salbeiblätter
1 TL Iriswurzelpulver
$1/2$ TL Zimtöl
1 EL destilliertes Wasser

Das Fruchtfleisch der Zitrone zerstampfen und mit den zerkleinerten Salbeiblättern, dem Iriswurzelpulver und dem Zimtöl in einer Schale mischen. Dann das Wasser unterrühren, sodass eine zähe Masse entsteht. In ein verschließbares Glas füllen.

Veilchen
In der Antike galt die *Viola* als heilige Blume. Sie war dem Gott Pan geweiht und ob ihrer Heilkraft geschätzt.

Anziehend: sanfte Lippen und frischer Atem

Die Haut der Lippen ist extrem zart und kann selbst kein Fett produzieren. Sie reagiert sehr sensibel auf Wind, Kälte, trockene Heizungsluft und starke Sonne und sollte daher mehrmals täglich eingecremt werden. Mithilfe eines natürlichen Balsams versorgt man die Lippen mit Fett und Feuchtigkeit, schützt sie vor Wind und Wetter und macht sie voll und geschmeidig. Rissige Lippen sind oft ein Zeichen von Krankheiten wie Fieber oder Bronchitis, aber auch unzureichender Flüssigkeitszufuhr. Trinken Sie daher täglich 2 l Mineralwasser oder Kräutertee.

So erfrischend wie der Blütenduft wirkt eine Mundspülung aus Rosenwasser und Anis.

Mundgeruch: wie unangenehm

Mundgeruch, der sich gern infolge von Verdauungsstörungen, Zahnfleischerkrankungen oder mangelnder Mundhygiene einstellt, ist eine peinliche Angelegenheit. Doch keine Sorge, auch gegen diese unangenehmen Gerüche findet sich im Kräuterbeet Abhilfe! Aus manchen Pflanzen lassen sich heilkräftige Mundwässer zubereiten. Freilich nützen sie nichts, wenn die Zähne nicht oft genug geputzt werden – das versteht sich von selbst.

Arnikamundwasser

Die wundheilende Arnikatinktur sollte in keiner Hausapotheke fehlen. Mit Wasser verdünnt wird daraus auch ein entzündungshemmendes Mundwasser.

75 ml Arnikatinktur
1/4 l destilliertes Wasser

Die Arnikatinktur mit dem Wasser mischen und in eine verschließbare Flasche abfüllen. Vor Gebrauch gut schütteln. Nach dem Zähneputzen 1–2 TL in ein Glas Wasser geben und gurgeln.

Johannisbeermundwasser

Dieses zusammenziehende Mundwasser wurde auch Kindern als Gurgelmittel bei Halsschmerzen gegeben.

1 Hand voll Johannisbeerblätter
1/2 l Wasser
2 TL Zitronensaft

Die Blätter der Schwarzen Johannisbeere mit dem Wasser aufkochen und so lange ohne Deckel kochen lassen, bis die Hälfte des Wassers verdampft ist. Den Zitronensaft zufügen und alles durch ein feines Sieb abseihen. 1–2 TL auf ein Glas Wasser geben und gründlich damit spülen.

Süßholz-Wein-Spülung

Durch Mundspülungen mit Süßholzwein vermeidet und bekämpft man Mundgeruch, der auf Magenstörungen beruht.

100 g getrocknete Süßholzwurzeln
1 l Weißwein

Die Wurzeln in Stücke schneiden, in dem Weißwein einlegen und 10 Tage ziehen lassen. Abseihen und in eine Flasche füllen. 1 TL auf ein Glas Wasser geben.

Anismundwasser

Mit dem erfrischenden Anismundwasser sollte man gurgeln, wenn man Knoblauch oder Zwiebeln gegessen hat.

100 ml Wasser
2 EL Anissamen
40 ml 45%iger Alkohol
50 ml Rosenwasser

Das Wasser zum Kochen bringen und über die Anissamen gießen. Zudecken und kalt werden lassen. Durch einen Kaffeefilter seihen und dabei die Samen gut ausdrücken. Mit dem Alkohol und dem Rosenwasser vermischen, in eine dunkle Flasche füllen und gut schütteln. Nach dem Zähneputzen einen Schuss davon in ein Glas Wasser geben und Mund und Rachen gründlich spülen.

Lippenbalsam mit Honig

Der natürliche Balsam schützt die empfindlichen Lippen vor dem Austrocknen und macht sie weich und geschmeidig.

10 g Bienenwachs
30 ml Jojobaöl
1 TL Honig

Im heißen Wasserbad Wachs und Öl erhitzen, bis eine klare Schmelze entstanden ist. Aus dem Wasserbad nehmen. Den Honig ebenfalls im Wasserbad auf 30 °C erwärmen, zur Wachs-Öl-Mischung geben und so lange rühren, bis der Balsam kalt ist. In ein Cremetöpfchen füllen.

Der gute Rat

Damit die Zähne so blendend weiß wie in der Werbung werden ...

- Weiße Zähne und festes Zahnfleisch erhält man, wenn man sie mit der Innenseite einer unbehandelten Zitronenschale einreibt.
- Von Nikotin gelb verfärbte Zähne werden wieder weiß, wenn man sie einmal in der Woche mit Salz putzt.

Zahnpflege von innen

- Zucker, Süßigkeiten und süße Getränke wie Cola schaden den Zähnen in vielerlei Hinsicht: Sie liefern keine Vitamine, entziehen dem Körper aber wichtiges Kalzium und sind zudem der Hauptverursacher von Karies. Essen Sie stattdessen viel frisches vitaminreiches Obst und rohes Gemüse, und nehmen Sie viel Milchprodukte zu sich.
- Wenn keine Gelegenheit zur Zahnpflege ist: zuckerfreie Zahnpflegekaugummis kauen oder einen ungeschälten Apfel essen.

Gewusst wie: der richtige Umgang mit Zahnseide

- Machen Sie die tägliche Verwendung von Zahnseide zur Routine, um auch Speisereste zwischen den Zähnen zu entfernen. Den Faden behutsam hin und her bewegen, während man ihn von unten nach oben über die beiden Zahnkanten gleiten lässt. Danach spülen.

Lippen weich wie Samt

- Jeden Morgen die Lippen mit einer weichen Zahnbürste behutsam massieren.
- Raue, spröde Lippen werden durch Kakaobutter oder Honig wieder zart.
- Aufgesprungene Lippen reibt man mit einer frischen Gurkenscheibe, Sahne oder ungesalzener Butter ein.

Für frischen Atem

- Knoblauchgeruch vertreibt man, indem man frische Petersilie oder Anis kaut.
- Für reinen Atem sorgt eine Mundspülung mit 30 Tropfen Myrrhentinktur auf ein Glas warmes Wasser.

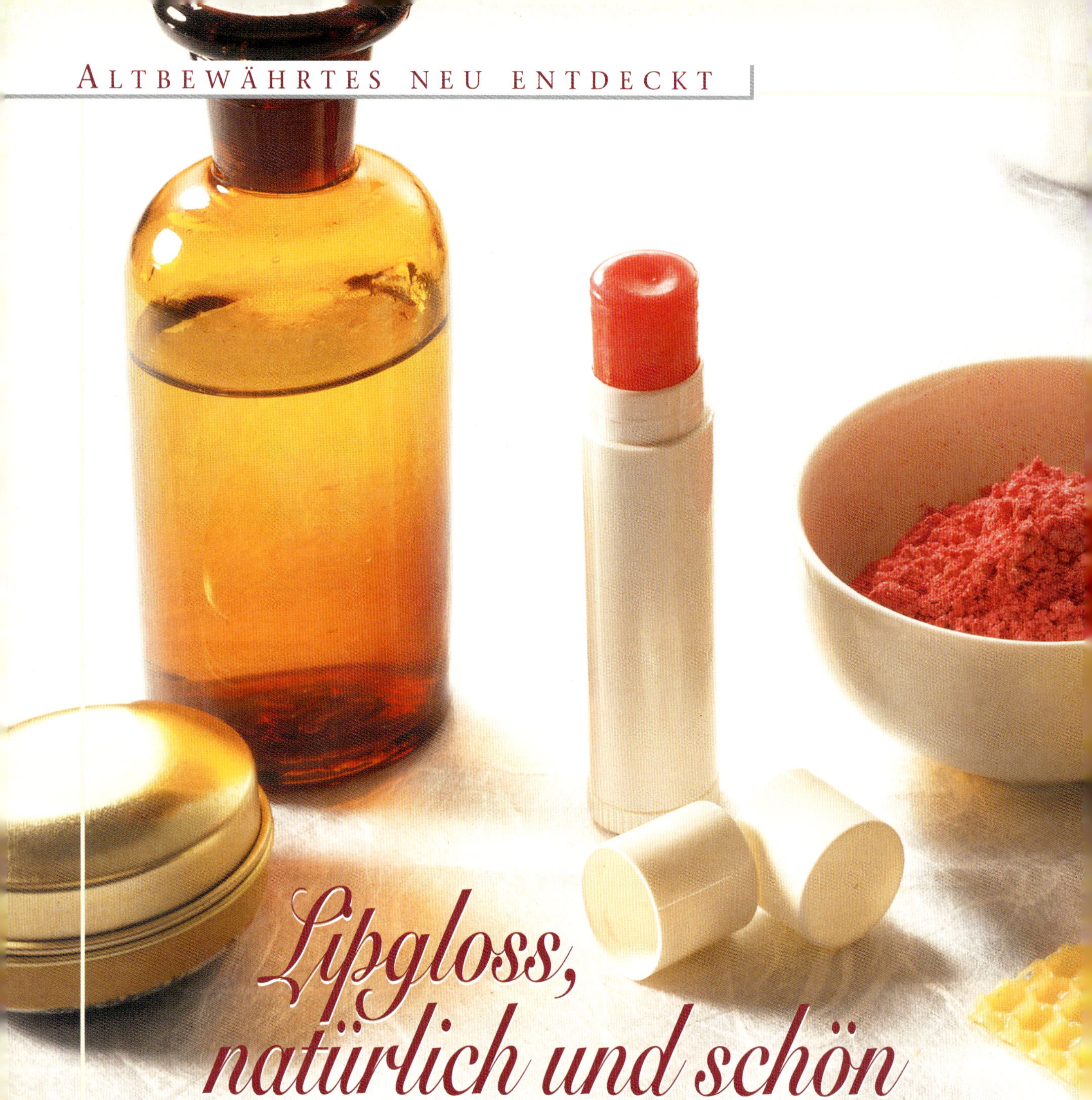

Lipgloss, natürlich und schön

Wenn Sie sich besonders verwöhnen wollen, gönnen Sie Ihren Lippen eine pflegende Behandlung mit einem festen Lipgloss in Ihrer Lieblingsfarbe.

Lipgloss, im Handel meist in kleinen Döschen erhältlich, lässt sich leicht selbst herstellen. Es wird mit dem Pinsel, einem Applikator oder auch mit dem Finger aufgetragen. Viele Frauen schätzen Lipgloss, weil es pflegende Substanzen enthält, die die LIppen weich und geschmeidig machen. Sie können Lipgloss als farbige oder farblose Creme zubereiten. Farbloses Lipgloss wird besonders von älteren Frauen bevorzugt, die unter trockenen Lippen leiden, jedoch ungern einen farbigen Lippenstift auftragen. Wer dagegen einen lebhaften Akzent setzen will, kann dem selbst gemachten Lipgloss entweder Perlglanzpigment oder ein gewöhnliches Farbpigment zufügen.

Lipgloss – so wird's gemacht

35 g Rizinusöl, 1 g Bienenwachs und 1 g helles Carnauba-Wachs (möglichst im Wasserbad) schmelzen.

Abkühlen lassen, dann 5 g der Mischung abwiegen und erwärmen. 1 Messerspitze Perlglanzpigment hinzufügen. Nach Belieben 1 Tropfen Lebensmittelaroma dazugeben.

Die Masse in kleine flache Behälter füllen, z. B. so genannte Lidschattendöschen, abkühlen lassen und gut verschließen. So können Sie das Lipgloss ohne Bedenken in der Handtasche mitnehmen.

Feuchtigkeits-Nachtcreme

Diese Handcreme tut trockenen Händen sehr gut und wird vor dem Schlafengehen einmassiert.

60 g Honig
120 g Lanolin
60 ml Mandelöl

Den Honig im heißen Wasserbad verflüssigen und mit Lanolin mischen. Nach dem Abkühlen das Mandelöl unterrühren und in ein Porzellangefäß füllen.

Handgelee mit Eibisch

Gerötete, spröde Hände werden geschmeidig, wenn man sie nach dem Waschen mit etwas Eibischgelee einreibt. Die geleeartige Konsistenz kommt durch den aus Meeresalgen gewonnenen Agar-Agar zustande.

20 g gehackte Eibischwurzel
30 g Eibischblätter
200 ml destilliertes Wasser
140 ml Hamameliswasser
20 g Agar-Agar

Die zerkleinerte Wurzel und die Blätter in einen Topf füllen und das Wasser darübergießen. Nach 4 Stunden bei geringer Hitze 10 Minuten köcheln lassen, dabei ständig umrühren. Falls nötig, noch Wasser zugießen. Durchseihen und dabei den Rückstand ausdrücken. Ein heißes Wasserbad bereiten, darin das Hamameliswasser erhitzen und vorsichtig den Agar-Agar einrühren. Alles gut vermischen und in ein Porzellangefäß füllen.

Rund und gesund

In China begegnet man überall Menschen, die Qigongkugeln in der Hand drehen. Auch bei uns werden sie immer beliebter.

Auf den ersten Blick scheint es, dass die Metallkugeln, die man paarweise in der Hand dreht, nur dazu da wären, die Hände zu massieren und deren Muskeln zu trainieren. Tatsächlich aber bewirken sie ungleich mehr. Indem sie die so genannten Meridianpunkte und Reflexzonen der Hände gezielt stimulieren, verbessern sie die Durchblutung und Lymphzirkulation im ganzen Körper, beruhigen die Nerven und bringen den Energiefluss wieder in Gang. Lässt man die Kugeln regelmäßig einmal am Tag in beiden Händen warm laufen, wirkt sich dies auf die Gesundheit positiv aus.

Avocado-Milch-Maske

Vor allem in der kalten Jahreszeit ist es wichtig, spröde, trockene Hände einmal in der Woche mit dieser nährenden Maske zu verwöhnen.

1 Avocado
Milch

Die Avocado fein pürieren und mit so viel Milch vermengen, dass eine dicke Paste entsteht. Auf beide Hände auftragen und 15 Minuten einwirken lassen. Dann die Hände abwaschen, abtrocknen und mit Handcreme pflegen.

Maismehlmaske für geschwollene Hände

Für geschwollene Hände ist Großmutters Maismehlmaske eine wahre Wohltat.

1/2 Tasse Maismehl
1/2 Tasse Kleie
Wasser

Das Maismehl und die Kleie mit Wasser mischen, bis ein dicker Brei entsteht. Die Masse auf die Hände auftragen und etwa 15 Minuten einwirken lassen. Die Hände dann abwechselnd unter warmes und kaltes, zuletzt unter kaltes Wasser halten.

Die sorgfältige Pflege von Händen und Füßen sollte ebenso selbstverständlich sein wie die Schönheitspflege von Gesicht und Körper. Oberstes Gebot bei den Händen: Sparen Sie nicht an Creme! Reiben Sie die Hände mehrmals täglich, besonders aber vor dem Schlafengehen, mit einer natürlichen Creme oder einem Öl ein. Nachts nimmt die Haut die wertvollen Nährstoffe besonders bereitwillig auf. Machen Sie sich außerdem zur Gewohnheit, überschüssige Gesichtscreme stets auf dem Handrücken zu verstreichen. Verbinden Sie das Eincremen der Hände und Füße mit einer kleinen Massage – Sie werden erstaunt sein, wie erfrischt, geschmeidig und belebt sich die Haut hinterher anfühlt. Wenn Sie sich dann noch regelmäßig eine Reflexzonenmassage gönnen, indem Sie Zehen und Sohlen kräftig massieren, tun Sie nicht nur den Füßen etwas Gutes, sondern auch dem ganzen Körper.

Kräuterbad für müde, schmerzende Füße

Müde, schmerzende Füße werden nach einem anstrengenden Arbeitstag durch dieses Fußbad garantiert wieder munter.

50 g Thymian
125 g Walnussblätter
50 g Lorbeerblätter
50 g Efeublätter
3 l Wasser
2 EL Kochsalz
1 EL Natron

Den Thymian und die Blätter mit dem Wasser zum Kochen bringen und 45 Minuten kochen lassen. Dann die Flüssigkeit bis auf Zimmertemperatur abkühlen lassen. Schließlich das Salz und das Natron dazugeben. 10–15 Minuten die Füße darin baden.

Schon unsere Großmütter wussten, was müde, brennende Füße brauchen: ein Fußbad mit Thymian, Walnuss-, Lorbeer- und Efeublättern.

Waschung für brennende Füße

Für schmerzende, brennende Füße ist eine Waschung nach diesem Rezept eine wahre Wohltat. Schon im Altertum glaubte man, dass Beifuß, am Fuß getragen, vor Müdigkeit schützen könne.

30 g Beifuß
30 g Weidenblätter
30 g Feldkamille
1 l Wasser

Die Kräuter ins kalte Wasser geben und zusammen aufkochen; 15 Minuten bei geschlossenem Deckel kochen lassen. Auf eine für die Füße angenehme Temperatur abkühlen lassen und dann die Füße mit dem Sud waschen.

Tinktur für feuchte Füße

Das an Kieselsäure reiche Zinnkraut hat sich bei schweißigen, feuchten Füßen sehr gut bewährt.

100 g Zinnkraut
100 ml 90%iger Alkohol

Kraut und Alkohol in einem Gefäß 3 Wochen ziehen lassen, dann abseihen und in eine Flasche abfüllen. Täglich vor dem Anziehen der Strümpfe oder Socken die Sohlen und Zehen damit einreiben.

Huflattich-Fußgeist für müde, geschwollene Füße

Der wohltuende haltbare Fußgeist belebt und erfrischt müde Füße. Wer viel sitzen oder stehen muss, wird ihn gerade in der warmen Jahreszeit zu schätzen wissen.

30 ml Huflattichtinktur
10 ml Melissentinktur
10 ml Calendulatinktur
1/2 TL Melissenöl
30 ml Hamameliswasser

Die drei Tinkturen in eine Flasche füllen, dann das Melissenöl darin auflösen. Das Hamameliswasser zugießen und einmal kräftig durchschütteln. Die Füße morgens und bei Bedarf damit abreiben.

Billig, aber wirksam: Das hilft den Füßen auf die Sprünge.

- Darauf schwört Großmutter noch heute: Ein Wechselfußbad stärkt den Kreislauf, härtet ab und kräftigt die Arterien. Eine Fußbadewanne mit 38 °C warmem und eine mit 15 °C kühlem Wasser füllen. Das Wasser muss jeweils bis zur Wadenmitte reichen. Die Füße 5 Minuten ins warme, dann 10 Sekunden ins kalte Wasser tauchen und das Ganze wiederholen.
- Bei müden Füßen frische Farnkrautblätter in die Schuhe legen und dem Fußbad einige Tropfen Lavendelöl zufügen.
- Auch das tut den Füßen gut: barfuß laufen, Tau treten und auf den Zehenspitzen wippen.

Fußmassage und Pediküre

- Verwöhnen Sie Ihre Füße ab und zu mit einer Massage. 2 Minuten mit Massagebürste oder -roller von den Zehen zu den Fersen massieren, zunächst auf der Sohle, anschließend auf dem Spann. Kalte Füße täglich massieren.
- Vor der Pediküre ein Fußbad nehmen, dann die Hornhaut mit Bimsstein wegrubbeln und die Nagelhaut mit einem Holzstäbchen zurückschieben. Die Nägel stets gerade schneiden, damit sie nicht einwachsen. Abschließend mit einer Tinktur erfrischen.

Fußbadesalz

Ein abendliches Fußbad mit diesem Badesalz fördert die Durchblutung und wirkt krampflösend und desinfizierend.

Wenn man den ganzen Tag auf den Beinen war, wirkt ein Fußbad mit selbst gemachtem Badesalz wahre Wunder.

1 TL Salbeiöl
1 TL Rosmarinöl
20 g 70%iger Alkohol
1/2 kg Meersalz

Öle im Alkohol auflösen, Salz zugeben, mischen und in ein verschließbares Gefäß füllen. 2 EL Badesalze in 2–3 l Wasser auflösen und die Füße 10 Minuten baden.

Puder für Schweißfüße

Dieser Fußpuder dämmt die Schweißabsonderung wirkungsvoll ein.

40 g Tonerde (Bolus alba)
50 g pulverisierte Thymianblätter
20 g pulverisierte Veilchenwurze
115 g pulverisierte Eichenrinde

Die vier Pulver vermischen und in einem verschließbaren Gefäß aufbewahren. Vor dem Anziehen von Socken oder Strümpfen, bei starker Schweißbildung auch vor dem Zubettgehen die Füße gut einpudern.

Seife mit Kräutertee

Die Weisheit, dass man Seifen nicht verschenken dürfe, ist längst passé. Mit diesem hübschen, in buntes Papier gewickelten Mitbringsel machen Sie überall Freude.

Seife war schon im 3. Jahrtausend v. Chr. bei den Sumerern bekannt; sie wurde zum Waschen von Textilien oder als salbenartige Medizin verwendet. Später entdeckte der römische Arzt Galen, dass Seife nicht nur heilend, sondern auch reinigend wirkt. Sogar die „barbarischen" Germanen stellten aus Talg, Asche und Pflanzensäften Seife her, die sie zur Rotfärbung der Haare vor Kämpfen benutzten. Heute gibt es Seife in unzähligen Variationen zu kaufen. Sie lässt sich leicht selbst herstellen, wie unser Rezept zeigt. Zum Gebrauch von Seife sollte man Folgendes wissen: Gewöhnlich wird die Haut von einem dünnen Fett-Wasser-Film geschützt, der einen pH-Wert von etwa 5,5 hat. Dieser Säureschutzmantel wird beim Waschen je nach Wassertemperatur, Dauer und Seife mehr oder weniger beschädigt, sodass die Haut vorübergehend Bakterien schutzlos ausgeliefert ist. Erst nach Stunden bildet sich der Schutzfilm nach. Umso wichtiger ist es, hautfreundliche Seifen zu benutzen. Bei trockener Haut empfiehlt sich leicht basische, bei fettiger Haut leicht saure Seife. Kernseife greift die Haut kaum an. In der Anleitung rechts ist Kernseife die Grundsubstanz. Man kann sie selbst zubereiten aus Schweineschmalz und Natronlauge. Da dazu besondere Sicherheitsvorkehrungen erforderlich sind wegen des verwendeten Ätznatrons sowie exakt abgewogene Mengen, empfiehlt es sich Kernseife zu kaufen.

Kräuterseife – so wird sie gemacht

150 g Kernseife mit einer Küchenreibe zu Flocken reiben und in einen kleinen Kochtopf geben.

90 ml Tee (z. B. Kamille, Pfefferminz, Lindenblüte, Eisenkraut usw.) nach Belieben zubereiten. Den Tee und 40 ml Zitronensaft mit der Seife erhitzen und dann abkühlen lassen.

1 bis 1 1/2 EL klein gehackten frischen Rosmarin,1 EL Haferflocken und 6 Tropfen ätherisches Öl nach Belieben hinzufügen. In Formen gießen.

Wohltaten für den ganzen Körper

Nicht nur unser Gesicht, der ganze Körper ist Tag für Tag vielfältigen äußeren Einflüssen ausgesetzt, die die Haut strapazieren und ihr viel Feuchtigkeit entziehen. Die Körperpflege sollte Ihnen deshalb so viel Zeit und Aufwand wert sein wie die Gesichtspflege. Wie bei der Gesichtshaut heißt es auch hier zwischen normaler, trockener und fettiger Haut unterscheiden, will man seinem Körper die optimale Pflege zukommen lassen. Ob Sie einmal eine ganz individuelle Seife selbst herstellen oder in ein entspannendes, wohlriechendes Bad eintauchen wollen, das Haut und Sinne betört, ob Sie Ihren Körper mit Massageöl, Creme, Lotion, Puder oder gleich einer Packung verwöhnen möchten – mit Großmutters erprobten Körperpflegerezepten, die aus ausgewählten natürlichen Grundstoffen zubereitet werden, bekommt Ihre Haut wichtige Streicheleinheiten, und Sie tun auch etwas für Ihr Wohlbefinden. Unsere Großmütter wussten sogar Abhilfe bei Orangenhaut und konnten Sonnenpflegemittel und natürliche Duftwässerchen herstellen. Probieren Sie unsere natürlichen Rezepte ruhig am eigenen Leib aus – Sie werden sich von Kopf bis Fuß wohl fühlen in Ihrer Haut.

Aus einer schlichten weißen Toilettenseife lässt sich mit Lindenblütentee, Grapefruitsaft, Haferflocken und Öl im Handumdrehen eine reichhaltige individuelle Seife herstellen.

Volles Schönheitsprogramm für normale Haut

Normale Haut zeichnet sich im Gesicht wie am Körper durch Unempfindlichkeit, feine Poren und gute Durchblutung aus. Sie ist rein und straff, ohne gespannt zu sein, und dabei ausreichend mit Feuchtigkeit und Fett versorgt. Insgesamt macht sie einen gesunden, rosigen Eindruck. Dieser beneidenswerte Zustand lässt sich mit selbst gemachten Schönheitspräparaten erhalten. Unser Körperpflegeprogramm beginnt mit einer sanften Reinigung – ob in der Badewanne mit einem duftenden Zusatz oder unter der Dusche mit einer feinen Seife bleibt der persönlichen Vorliebe überlassen. Danach wird die Haut es genießen, wenn sie mit einer erfrischenden Lotion, einer glättenden Creme, einem reichhaltigen Öl oder einem Körperpuder gepflegt wird. Selbst ein Deo lässt sich selbst herstellen.

Verwöhnen Sie Körper und Geist nach allen Regeln der Kunst

Nehmen Sie sich Zeit für Ihre Körperpflege und damit Zeit für sich – Zeit zum Ausspannen, zum Erholen, um zur Ruhe zu kommen. Sie werden sehen, wie wohl diese Verwöhneinheiten nicht nur Ihrem Körper, sondern auch Ihrem Geist tun.

Lindenblütenseife

Wenn Sie die feine Seife bei der Zubereitung in hübsche Formen, etwa Herzen gießen, haben Sie jederzeit ein Geschenk bereit.

350 g weiße Toilettenseife
300 ml starker Lindenblütentee
4 EL Grapefruitsaft
5 Tropfen Levkojenöl
4 EL feine Haferflocken
mehrere Plastikförmchen

Die Toilettenseife fein raspeln und mit dem Lindenblütentee und dem Grapefruitsaft in einem Topf erhitzen, bis sich die Seife auflöst. Mit einem Holzlöffel das Öl und die Haferflocken einrühren und unter Rühren abkühlen lassen, bis eine cremige Masse entsteht, die in die Förmchen gefüllt werden kann. Mit einem Tuch bedecken und an einem trockenen, warmen Ort 2–3 Wochen ruhen lassen. Anschließend in Seidenpapier verpacken.

Englisches Schönheitsbad

Das herrlich duftende Bad wirkt erfrischend und belebend auf Haut und Organismus; es beschwingt und macht munter.

1/2–1 l Wasser
100 g getrockneter Rosmarin
50 g getrocknete Rosenblütenblätter
50 g getrocknete Lavendelblüten

Eine ausreichende Menge Wasser zum Sieden bringen, den Rosmarin und die Blüten hineinschütten und bei schwacher Hitze 15 Minuten durchziehen lassen. Die Abkochung durch ein Sieb direkt ins heiße Badewasser abseihen. **Achtung:** Nicht vor dem Schlafengehen.

Entspannendes Kräuterbad

Altbewährt sind Bäder aus Blüten oder Kräutern. Unsere Mischung wirkt entspannend.

150 g getrocknete Kamillenblüten
50 g getrocknete Pfefferminzblätter
50 g gehackte Kalmuswurzel
2 l Wasser

Blüten, Blätter und die Wurzel mischen, Wasser aufkochen und darüber gießen. 15 Minuten ziehen lassen, abseihen und den Rückstand gut auspressen. Den Aufguss ins heiße Badewasser geben.

Lavendel wird in großem Stil zur Gewinnung des ätherischen Öls angebaut. Es findet Verwendung in der Kosmetik, aber auch als Heilmittel bei zahlreichen Beschwerden.

Mildes Deodorant

Reiben Sie die Achselhöhlen täglich mit diesem milden Deo ein, das angenehm erfrischt.

1 g Menthol
30 ml 90%iger Alkohol
50 ml Rosenwasser
1 g Alaun

Menthol im Alkohol auflösen. Das Rosenwasser leicht erwärmen und darin das Alaun auflösen. Die Flüssigkeiten zusammengießen und einmal durchschütteln.

Wenn Sie sich an aufwändigere Rezepte noch nicht herantrauen, dann pürieren Sie einfach 2–3 Erdbeeren zu Mus und mischen es unter Ihre Körpercreme – fertig!

Körpertonikum mit Lavendel

Reiben Sie Ihren Körper nach dem Baden oder Duschen mit diesem aromatischen Tonikum ab. Das regt die Durchblutung an.

1 Hand voll getrocknete Lavendelblüten
100 ml 50%iger Alkohol
300 ml destilliertes Wasser
1 EL Honig
4 Tropfen Lavendelöl

Blüten und Alkohol in eine Flasche mit weitem Hals füllen und verschlossen rund 4 Wochen an einem dunklen Ort ruhen lassen. Filtern, dabei den Rückstand gut

Der gute Rat

Altbewährte Badefreuden

- **Wer stark schwitzt, sollte dem Badewasser Eichenrindenextrakt zusetzen. Er zieht die Poren zusammen und mindert die Schweißabsonderung. Dazu $^{3}/_{4}$ l Wasser mit einer Hand voll Rinde etwa 10 Minuten kochen lassen, den Sud abseihen und ins Badewasser gießen.**
- **Beruhigend wirkt der Zusatz von Zitrone im Badewasser, außerdem wird die Haut dadurch zart. 2–3 unbehandelte Zitronen in Scheiben schneiden, ein paar Stunden in einen Topf mit Wasser legen, Zitronenwasser abseihen und ins Badewasser gießen.**
- **2 kg Saathafer in ein Säckchen füllen und ins Badewasser geben. Das macht die Haut herrlich weich und geschmeidig.**

Natürliche Pflege für danach: Deo und Früchtecreme

- **Nach dem Bad empfiehlt sich ein natürliches Deo: Dazu ein paar Tropfen Lavendelöl in 1 TL Leitungswasser geben und auftupfen.**
- **Eine normale Körpercreme lässt sich mit Früchten verfeinern. Die Hälfte einer Aprikose zu Mus zerdrücken und unter die Creme rühren – diese Mischung belebt und glättet die Haut sichtbar. Der Zusatz von 2–3 zerstampften Erdbeeren kühlt und beruhigt.**

ausdrücken. Das Wasser erwärmen, den Honig darin auflösen und das Öl einrühren. Wasser und Alkohol vermischen und in eine dunkle Apothekerflasche füllen.

Körperpeeling

Behandeln Sie Ihren Körper nach der Reinigung hin und wieder mit diesem Peeling.

2 EL süße Sahne
1 EL Jodsalz

Sahne und Salz zu einem flüssigen Brei verrühren und damit den Körper in kreisenden Bewegungen sanft abrubbeln. Gründlich mit Wasser abduschen.

Orangenblütenlotion

Diese Körperlotion erfrischt und nährt die Haut zugleich.

2 EL Honig
4 EL Weizenkeimöl
4 EL süßes Mandelöl
2 EL Orangenblütenwasser
1 EL Natriumborat
8 Tropfen Bergamottöl

Honig und Pflanzenöle vermengen. Das Blütenwasser erhitzen und das Natriumborat darin auflösen. Bergamottöl und Öl-Honig-Mischung zugeben und gut durchrühren. In eine dunkle Flasche füllen.

Reichhaltiges Körperöl mit Nelke und Basilikum

Pflanzenöle enthalten wichtige Nährstoffe und machen die Haut zudem glatt.

1 Gewürznelke
30 g Basilikum
100 ml süßes Mandelöl
30 ml Aprikosenkernöl

Die Gewürznelke zerdrücken und mit dem Basilikum in eine verschließbare bauchige Flasche füllen, die Öle darüber gießen. Fest verschlossen 2 Wochen an einem warmen, dunklen Ort ziehen lassen, dabei regelmäßig schütteln. Das Öl durch einen sehr feinen Filter gießen und dabei den Rückstand gut ausdrücken. In eine dunkle Flasche füllen und kühl und dunkel lagern. Wie die meisten Körperöle eignet sich auch dieses für eine wohltuende, entspannende Körperpflege.

Erfrischender Körperpuder

Wenn Sie Ihren Körper morgens nach dem Duschen mit diesem feinen Pulver einpudern, fühlen Sie sich frisch und gepflegt.

Körperpuder hat einen herrlich nostalgischen Touch. Je nach Duftnote wirkt er entweder sportlich oder sinnlich.

1 EL Maisstärke
2 Tropfen Pfefferminzöl
5 EL Talkum

Alle Zutaten in eine fest schließende Dose geben und gut durchschütteln. Anschließend durch ein sehr feinmaschiges Haarsieb schütteln und wieder in die Dose füllen. Den Puder mit einem Wattebausch aufstäuben; überschüssige Reste mit einem Papiertuch entfernen.

Frühlings-Kräuterbad

Der angenehm duftende Badezusatz erfrischt, glättet und klärt müde, trockene und schlecht durchblutete Haut.

1 l Wasser
100 g getrocknete Lavendelblüten
100 g getrocknete Brombeerblätter
1 Tasse Honig

Lavendelblüten und Brombeerblätter in kochendes Wasser geben und bedeckt 30 Minuten auf kleinster Flamme ziehen lassen. Aufguss und Honig direkt ins Badewasser geben.

Feuchtigkeits-Ölbad für sehr trockene Haut

Dieses Badeöl ist so reichhaltig, dass Sie den Körper nach dem Bad nicht mehr eincremen oder -ölen müssen. Selbst extrem trockene Haut wird wieder geschmeidig und sanft. Jasmin hebt zudem die Stimmung.

6 EL Jojobaöl
8 Tropfen reines Jasminöl
pro Bad 1–2 EL Honig

Die Öle in einer kleinen Flasche mischen und tüchtig durchschütteln. Pro Vollbad etwa 1 EL ins heiße Badewasser geben. Den Honig direkt im Wasser auflösen.

Avocado-Massageöl

Avocadoöl verbindet sich rasch mit dem natürlichen Hautfett und wirkt in Verbindung mit Lanolin ausgesprochen pflegend bei trockener, spröder Haut. Verleihen Sie Ihrem wertvollen Massageöl durch Zugabe eines ätherischen Öls eine persönliche Duftnote! Geeignet sind Lavendel, Geranie, Rose, Petitgrain – oder bevorzugen Sie Ylang-Ylang? Probieren Sie es aus.

10 g Lanolin
90 ml Avocadoöl
einige Tropfen Parfümöl

Ein kochendes Wasserbad vorbereiten und das Lanolin darin schmelzen, anschließend das Avocadoöl unterrühren. Sobald eine klare Mischung entstanden ist, vom Herd nehmen. Leicht abkühlen lassen, dann das Parfümöl einrühren. Ist das Öl ganz abgekühlt, in eine dunkle Flasche füllen.

Sesam-Körperpflegeöl

Auch diesem reichhaltigen Massageöl können Sie ein Parfümöl Ihrer Wahl zusetzen. Massieren Sie das Öl jedes Mal nach Bad oder Dusche in die trockene Körperhaut ein. Sie wird es dankbar aufnehmen.

50 ml Sesamöl
25 ml Rizinusöl
10 ml Weizenkeimöl
ein paar Tropfen Duftöl

Die vier Ölsorten gut miteinander vermischen und in eine dunkle Flasche füllen.

Körperöl für den Mann

Auch Männerhaut schätzt Pflege. Die Auswahl der ätherischen Öle verleiht diesem Körperöl einen herb-maskulinen Duft.

50 ml Jojobaöl
8 Tropfen Sandelholzöl
1 Tropfen Vetiveröl
4 Tropfen Geranienöl
4 Tropfen Bergamottöl

Das Jojobaöl mit den ätherischen Ölen in ein dunkles Fläschchen füllen, gut verschließen und das Ganze tüchtig durchschütteln.

Schon die Zubereitung von Körperpflegemitteln aus natürlichen Zutaten bereitet Freude. Nehmen Sie sich Zeit dafür und stellen Sie die benötigten Kräuter, Blütenblätter, pflanzlichen und ätherischen Öle in aller Ruhe zusammen. Wählen Sie hübsche Flaschen und Gläser aus, in denen Sie Ihre kostbaren Schönmacher stilgerecht aufbewahren können. Und wenn Sie schon mal dabei sind: Hat nicht in ein paar Tagen die Tante oder eine gute Freundin Geburtstag? Über Ihre selbst gemachte Blütenkosmetik freut sich die Beschenkte ganz gewiss. Denn was gibt es Schöneres, als seinen Körper mit wertvollen Produkten zu verwöhnen und in den reinen Düften der Natur zu schwelgen? Übrigens: Auch Männern kann ein Blick in Großmutters Rezepthefte nicht schaden!

Fettglanz oder Mitesser – nein danke!

Ihrer Struktur nach ist fettige Haut dick und meist schlecht durchblutet. Sie glänzt und hat große, sichtbare Poren – im Gesicht ebenso wie am Körper. Der unschöne Fettglanz kommt daher, dass die Haut zu viel des Guten tut und Talg im Überfluss produziert. Dieser überschüssige Talg kann obendrein die Poren verstopfen, und das hat oft genug Pickelchen und Mitesser zur Folge, die bevorzugt auf Rücken und Dekolleté, aber z. B. auch am Allerwertesten sprießen. Ein Gutes hat der fettige Hauttyp aber doch: Er speichert mehr Feuchtigkeit und Fett und bekommt daher viel weniger und später Falten als die normale oder die trockene Haut.

Die Zitronen für ein Zitronenessigbad muss man sehr dünn und sorgfältig schälen. Wenn nur etwas Fruchtfleisch an der Schale bleibt, beginnt der Vorrat rasch zu gären.

Oft ein Problem der Jugend

Da die Talgproduktion durch Hormone beeinflusst wird, tritt fettige Haut oft im Alter von 16–20 Jahren erstmals auf. Sie braucht vor allem eine sanfte Reinigung. Zum Glück liefert die Natur eine Reihe von Kräutern, die den Talgfluss normalisieren und Unreinheiten abklingen lassen.

Zitronenessigbad

Auf dieses seit Generationen bewährte Rezept für fettige, großporige Haut schwören viele Frauen noch heute. Zitronenessig zieht zu große Poren zusammen, desinfiziert leicht und hilft, den natürlichen Säureschutzmantel der Haut rasch zu regenerieren. Als Zusatz in einem Vollbad sorgt er zuverlässig für frische, klare Körperhaut.

3 unbehandelte Zitronen
1 l Obstessig

Die Zitronen gut waschen und die Schalen hauchdünn, unbedingt ohne das weiße Fleisch, abschälen. In eine Flasche mit breiter Öffnung füllen und den Obstessig darüber gießen. Gut verschlossen 2 Wochen in der Sonne oder an einem warmen Ort im Haus ziehen lassen. Anschließend abseihen und wieder in die Flasche füllen. Pro Vollbad 1/4 l Zitronenessig ins warme Badewasser geben.

Salbei-Teebaumöl-Bad für fettige, unreine Haut

Salbei wirkt antiseptisch und heilend bei unreiner Haut und wird vom australischen Teebaumöl in seiner Wirkung unterstützt. Honig dient als Emulgator für das Öl.

1 l Wasser
200 g Salbeiblüten und -blätter
4 Tropfen Teebaumöl
1–2 EL Honig

Das Wasser zum Kochen bringen und damit den Salbei überbrühen. 15 Minuten ziehen lassen, durch ein feines Sieb abseihen und dabei den Pflanzenrückstand gut auspressen. Den Aufguss ins warme Badewasser geben. Das Teebaumöl mit dem flüssigen Honig verrühren und ebenfalls direkt ins Badewasser geben.

Sandelholz wird in Indien schon seit mehr als 4000 Jahren zur Körperpflege verwendet.

Zypressen-Körperpflegeöl

Wer den herb-würzigen Duft des Zypressenöls nicht mag, kann stattdessen Geranienöl nehmen. Beides hilft gut bei fettiger Haut.

70 ml Sojaöl
10 ml Mandelöl
5 ml Zypressenöl

Die Öle in ein Fläschchen füllen und gut schütteln. Den Körper nach dem Baden oder Duschen sparsam damit einreiben.

Sandelholz-Sahne-Bad

Sandelholz- und Patschuliöl wirken antiseptisch und entzündungshemmend. Da ätherische Öle nicht wasserlöslich sind, braucht man einen natürlichen Emulgator, die Sahne, die auch von fettiger Haut gut vertragen wird.

5 EL flüssige Sahne
20 Tropfen Sandelholzöl
20 Tropfen Jasminöl

Sahne, Sandelholz- und Jasminöl vermengen und ins warme Badewasser geben.

Orangenhaut – zu 98 % reine Frauensache

Orangenhaut oder Cellulite, eine Veränderung des Fettkörpers im Unterhautfettgewebe, ist der Schrecken vieler Frauen. Cellulite hinterlässt eine bucklige, wulstige Haut, die, wenn man sie zusammendrückt, der einer Orange gleicht. Betroffen sind meist Frauen, denn ihr Bindegewebe ist weicher als das der Männer. Die Ursachen sind meist Stoffwechselstörungen, hormonelle Veränderungen oder ein geschwächtes Lymphsystem, weshalb Cellulite oft in der Pubertät, der Schwangerschaft oder den Wechseljahren auftritt. Die unschönen Dellen und Knoten finden sich meist dort, wo ein stärkerer Fettkörper vorhanden ist, also an Gesäß, Hüften, Bauch, Oberarmen und Oberschenkeln. Übergewicht verstärkt Cellulite zusätzlich.

So machen Sie eine gute Figur

Um es gleich vorab zu sagen: Auch Großmutters altbewährte Rezepte können Cellulite nicht ganz beseitigen. Man kann ihr aber vorbeugen sowie die Haut sichtbar straffen, etwa mit durchblutungsfördernden, entschlackenden Umschlägen und Kräutertees. Achten Sie außerdem auf ausreichende Bewegung, und reduzieren Sie langsam Ihr Gewicht, wenn Sie zu viele Kilos auf die Waage bringen.

Breiumschlag mit Tang

Wenden Sie diesen Breiumschlag dreimal in der Woche an. Blasentang nennt man die Braunalgen der Nord- und Ostsee.

50 g gewöhnlicher Blasentang
100 g Kleie
100 g grobes Salz
Wasser

(Fortsetzung auf S. 146)

Den Blasentang, die Kleie und das Salz mit nur so viel Wasser kochen, dass eine breiige Masse entsteht. Etwas abkühlen lassen, dann auf die betroffene Stelle auftragen. Ein Leinentuch darüber legen und maximal 5 Minuten einwirken lassen. Anschließend abspülen.

Efeu-Massageöl

Das Massageöl wird täglich nach dem Duschen mit kreisenden Bewegungen kräftig in die betroffenen Hautstellen einmassiert.

1 Hand voll frische Efeublätter
200 ml Weizenkeimöl
2 Tropfen Rosmarinöl

Die Efeublätter in ein Glas mit weiter Öffnung füllen, Weizenkeimöl darüber leeren und 2 Wochen gut verschlossen an einem warmen Ort ziehen lassen. Durch ein Sieb abseihen, dabei den Rückstand gut auspressen. Das ätherische Rosmarinöl dazugeben und abfüllen.

Anti-Cellulite-Kräutertee

So wichtig wie die äußere Anwendung ist auch die innerliche Therapie bei Cellulite. Da sowohl die aromatischen duftenden Blätter der Schwarzen Johannisbeere als auch die Eschenblätter wassertreibend wirken, wird diese Teemischung gern bei Orangenhaut eingesetzt.

1 l Wasser
10 g Blätter des Schwarzen Johannisbeerstrauchs
10 g Eschenblätter

Das Wasser zum Kochen bringen und siedend über die Blätter gießen. 15 Minuten ziehen lassen, dann abseihen. Täglich 3 Tassen zwischen den Mahlzeiten trinken, eine davon auf nüchternen Magen.

Für die sonnigen Stunden des Jahres

In der guten alten Zeit war das Ozonloch noch unbekannt, und unsere Großeltern machten sich keine Gedanken darüber, ob zu viel Sonne der Gesundheit schadet. Heute weiß jedes Kind, dass unsere Lichtquelle am Himmel auch ihre Schattenseiten hat und man sich schützen muss, möchte man sie ohne Risiko genießen. Wir empfehlen daher natürliche Sonnencremes, die jedoch nur wenig Schutz bieten. Für extreme Sonnenbäder sind Großmutters Mittel ebenso wenig geeignet wie für zarte Baby- und Kinderhaut. In diesen Fällen verwenden Sie bitte fertige Präparate mit hohem Lichtschutzfaktor.

Weniger ist mehr
Ausgedehnte Sonnenbäder können gesundheitsschädlich sein. Sonnen Sie sich daher nur kurz, und halten Sie sich ansonsten im Schatten auf. Für gemäßigte Sonnenbäder sind Großmutters Mittel durchaus geeignet, vor allem wenn die Haut schon an die Sonne gewöhnt ist.

Avocadosonnenöl

Dieses Sonnenöl sorgt bei vorgebräunter Haut für einen warmen Bronzeton.

1 TL frische Lavendelblüten
1 TL Heidekrautblüten
100 ml Avocadoöl
50 ml Karottenöl
8 Tropfen Zimtessenz

Die Blüten fein zerstoßen, in eine Flasche mit breitem Hals füllen und mit den Ölen und der Zimtessenz übergießen. 24 Stunden ziehen lassen, dabei gelegentlich umrühren. Durch ein feines Sieb filtern und dann in eine dunkle Flasche abfüllen.

Ernst gemeint: Orangen gegen Orangenhaut

- Eine Cellulitebehandlung hat dauerhafteren Erfolg, wenn man viel Rohkost isst; zwei bis drei Zitrusfrüchte am Tag, z. B. Orangen, bekämpfen gezielt die Orangenhaut. Entwässernd wirken Sellerie und Wassermelonen, während Gurke und Rote-Bete-Saft entschlacken.
- Anti-Cellulite-Bad: eine Hand voll frischer Efeublätter in 3 l Wasser zugedeckt 2 Stunden köcheln lassen, abseihen und den Sud ins warme Badewasser leeren.
- Eine Bürstenmassage morgens und abends regt das Lymphsystem an und hilft, giftige Abfallstoffe auszuscheiden.

Pures Sonnenvergnügen

- Reibt man die Haut mit einer Zitronenhälfte ab, ist man eine Weile vor Sonnenbrand geschützt. Vorher Creme gründlich entfernen.
- Nach dem Sonnenbad wirkt ein lauwarmes Buttermilchbad herrlich kühlend auf der erhitzten Haut, und es unterstützt deren Regeneration. 2–3 l Buttermilch in die Wanne gießen, dann Wasser einlaufen lassen.

Sesamsonnencreme

Sesamöl enthält einen Stoff, der UV-Strahlen absorbiert – ideal für eine Sonnencreme.

5 g Bienenwachs
3 g Kakaobutter
10 g Lanolinanhydrid
35 ml Sesamöl
40 ml destilliertes Wasser

Kakaobutter und Lanolinanhydrid im Wasserbad schmelzen. Sobald eine klare Schmelze entstanden ist, das Öl zugeben und auf 60 °C erwärmen. Das Wasser auf 60 °C erwärmen und einrühren. Rühren, bis die Creme kalt ist, dann in ein Cremetöpfchen füllen. Kühl lagern.

Regenerierende After-Sun-Lotion

Die ideale Lotion nach einem Sonnenbad.

je 2 EL Kakaobutter und Lanolin
5 EL Lavendelöl
1 TL Weizenkeimöl
4 EL schwarzer Tee
1 EL Glyzerin

Kakaobutter und Lanolin unter Rühren schmelzen. Die beiden Öle extra erhitzen und darunter rühren. Abkühlen lassen, Tee und Glyzerin zugeben und kräftig unterrühren. Abfüllen und kühl aufbewahren.

Efeu

Äußerlich angewendet besitzen Efeublätter die Fähigkeit, erkranktes Gewebe zu regenerieren. In Breiumschlägen sollen sie überflüssiges Fett abschmelzen lassen und so gegen Cellulite wirken.

Nur die besten und reinsten pflanzlichen Öle sollte man für ein natürliches Sonnenöl verwenden, das der Haut viel Feuchtigkeit spenden muss. Avocadoöl ist reich an Vitamin E und schützt die Zellen vor vorzeitiger Alterung.

Erfrischender Rosenessig

Nicht nur in der Küche, auch bei der Körperpflege leistet Essig gute Dienste. Wer Rosenblätter in Obstessig taucht, erhält ein originelles belebendes Wasser.

Am Hochzeitstag ruderte die indische Prinzessin Nurmahal mit ihrem frisch angetrauten Herrscher der Moguln, Dschahangir, über einen mit Rosenblüten bedeckten Teich. Vom Duft verzaubert, benetzte sie ihr Taschentuch mit dem öligen Film, den die Blütenblätter auf der Wasseroberfläche hinterlassen hatten. Das war die Geburtsstunde des Rosenöls, sagt die Legende. Rosenöl wird in diesem Rezept zur Verstärkung des Dufts zugefügt. Doch nicht alle Rosen duften, nur etwa 20 % sind sehr wohlriechend. Wenn Sie einen kräftigen Duft haben wollen, verwenden Sie rote oder tiefrosa Rosen, denn diese verströmen den typischen Rosenduft. Rosenessig eignet sich ideal für die tägliche Körperpflege. Nach dem Bad oder der Dusche reibt man den ganzen Körper damit ab. Rosenessig löst Kalkrückstände von der Haut und hilft, den Säuremantel der Haut nach dem Waschen zu regenerieren. Er wirkt außerdem leicht desinfizierend und desodorierend. Deshalb – und wegen seiner belebenden und pflegenden Wirkung auf die Haut – ist er für die morgendliche Körperpflege wie geschaffen.

Rosenessig – so wird er gemacht

Zwei Hände voll getrocknete Rosenblütenblätter in ein Gefäß mit großer Öffnung füllen. 1/2 l naturreinen Obstessig zugießen und fest verschließen.

Etwa 2 Wochen an einem warmen Platz stehen lassen. Die Flüssigkeit in ein Sieb geben und die Rosenblätter gut ausdrücken. Dann durch einen Kaffeefilter gießen.

Mit 100 ml destilliertem Wasser auffüllen. In 20 ml 70%igem Alkohol 1 TL Rosenöl lösen und zugeben. In eine dunkle Flasche gießen.

NATRON
Glycerin
strahlender Glanz durch
Silber

3

HAUSHALT

Praktisch und preiswert…

… sollten die Mittel sein, die zu Großmutters Zeit zur Reinigung und Pflege von Haushaltsgegenständen verwendet wurden. Preiswert waren sie gewiss, denn man stellte sie selbst her. Den Praxistest bestanden sie ebenfalls, weil sie auch ohne ein Übermaß an Chemie sehr wirksam waren. Eigens für dieses Kapitel wurden die alten Rezepte zur Herstellung bewährter Putz-, Wasch- und Pflegemittel zusammengetragen. Entdecken Sie pfiffige Anleitungen und wertvolle Tipps und Tricks für

- *sanfte Wäsche und gründliche Entfernung von Flecken*
- *natürliche Boden-, Glas-, Leder- und Möbelpflege*
- *ein gesundes Raumklima*
- *und vieles, vieles mehr!*

Möbelstücke natürlich pflegen

Erlaubt ist, was gefällt: So verschieden die Menschen sind, so verschieden richten sie auch ihre Wohnräume ein – jeder möchte seinem Zuhause eine ganz persönliche Note geben. Neben Schönheit und Zweckmäßigkeit wird bei der Auswahl der Einrichtung in den letzten Jahren verstärkt darauf geachtet, dass die Möbel aus möglichst natürlichen Materialien hergestellt sind. Möbel aus Massivholz oder Naturstein, Bezüge aus Naturfasern oder Leder werden daher immer beliebter – zumal sie eine entspannte Atmosphäre und ein gesundes Wohnen garantieren. Damit Ihre Möbel über lange Jahre nicht nur ihren Zweck erfüllen, sondern auch schön bleiben, sollten Sie sie regelmäßig pflegen. Im Handel wird eine Vielzahl von Pflegemitteln angeboten. Diese enthalten aber oft Mineralöle oder Lösungsmittel, die dann die Raumluft belasten und sogar Allergien auslösen können. Mit Großmutters natürlichen Alternativen pflegen Sie Ihre Möbel genauso gut – aber ohne Nebenwirkungen und Belastung der Umwelt. Für die verschiedenen Materialien und Oberflächen gibt es jeweils besondere Mittel aus Omas Trickkiste: Tinkturen und Pasten zur Pflege von Massiv- oder Furnierholzmöbeln, Mittel für Möbel aus Bambus oder Rattan, für Bezugsstoffe aller Art sowie für Glas, Marmor und Chrom.

Schöne alte Möbel verleihen jeder Wohnung eine besondere Atmosphäre. Sie verdienen daher auch eine regelmäßige und fachkundige Pflege.

Erstklassige Holzpflege für wertvolle Möbel

Möbel aus Holz sind im Allgemeinen sehr pflegeleicht. Staub und leichtere Verschmutzungen kann man mit einem angefeuchteten Putztuch entfernen. Auf keinen Fall dürfen jedoch Tropfen auf der Oberfläche zurückbleiben, da sonst Wasserflecken entstehen. Bei stärkeren Verschmutzungen oder Kratzern gibt es eine Vielzahl von entsprechenden Hausmitteln.

Hilfe gegen den Staub

Dieses Mittel verhindert, dass sich der Staub allzu schnell wieder auf die Möbel legt.

1 l Wasser
1 TL Essig (15 %)
1 TL Glyzerin

Wasser, Essig und Glyzerin in einem Gefäß mischen. Auf einen weichen Lappen träufeln und die Möbel abwischen.

Für dunkles oder helles Holz

Pottasche wurde in früheren Zeiten als Grundsubstanz für Seifen benutzt. Asche können Sie aber auch zur Pflege von Holz verwenden, denn sie lässt sogar kleinere Kratzer verschwinden.

3 EL Bienenwachs
3 EL Terpentinöl
3 EL Leinöl
3 EL Papierasche (für dunkles Holz)
3 EL Birkenholzasche (für helles Holz)

Das Bienenwachs in einem Wasserbad schmelzen lassen. Die restlichen Zutaten untermischen und bei schwacher Hitze cremig schlagen. Unter Rühren die Politur kalt werden lassen und in ein Gefäß füllen. Die Politur hält sich ein Jahr lang.

Holzpolitur für alte Möbel

Für diese Politur wird Schellack verwendet. Es ist ein aus den Ausscheidungen der Lackschildlaus gewonnenes natürliches Harz.

3 EL Schellack
3 EL Spiritus

Beides mischen und mit einem weichen Tuch das Möbelstück einreiben. Mit einem Wolltuch nachpolieren.

Bienenwachs, von hellem gebleichtem Granulat bis zu gerollten Wabenplatten, eignet sich hervorragend zur Herstellung von Pflegemitteln für Holz.

Pflege für Holzfurniere

Die Politur kann für alle Arten von Furnieren verwendet werden, sie ist aber auch für andere Oberflächen geeignet.

200 ml Olivenöl
20 ml Zitronensaft
1 kleine Glasflasche mit Korken

Das Öl und den gefilterten Zitronensaft durch einen Trichter in die Flasche füllen. Den Korken aufsetzen und kräftig schütteln. Bei Bedarf die Politur auf einen Wattebausch träufeln, mit einem Leinentuch bedecken und kreisförmig polieren. Dieses Mittel hält sich einige Wochen. Vor jedem Gebrauch schütteln.

Straubentrichter
Mit diesem Trichter konnte man nicht nur bequem Flüssigkeiten umfüllen, sondern diese zugleich auch filtern.

Bienenwachs für helle Holzflächen

Auch wenn in der Regel Staubwischen mit einem weichen Wolltuch genügt, brauchen Möbel aus gewachstem Holz gelegentlich eine Auffrischung.

10 g Bienenwachs
100 ml Sojaöl

Das Bienenwachs und das Sojaöl in eine Schüssel geben und in einem Wasserbad erhitzen, bis das Wachs geschmolzen ist. Mit einem Schneebesen oder einem Handrührgerät auf kleiner Stufe rühren. Wenn die Masse kalt ist, alles in einen verschließbaren Behälter füllen. Dieses Pflegemittel kann etwa ein halbes Jahr aufbewahrt werden. Die Zutaten sind u. a. in Naturholzmöbelläden erhältlich.

Auffrischung für dunkle Möbel

Zur Pflege von eher dunklem Holz ist dieses Wachs sehr gut geeignet. Terpentin besteht aus Harzbalsam von Nadelhölzern, das zu Öl destilliert wird, dem Terpentinöl. Meist wird es jedoch einfach Terpentin genannt. Vorsicht: Es ist leicht entflammbar und sollte für Kinder unzugänglich aufbewahrt werden!

2 g Bienenwachs
1 TL Lanolin
20 ml Sojaöl
5 ml Terpentin

Die Zutaten in einem Wasserbad erhitzen und genauso zubereiten wie im Rezept *Bienenwachs für helle Holzflächen* beschrieben.

Jungbrunnen für gebeizte Möbel

Dieses Mittel können Sie zur Beseitigung von Flecken verwenden, aber auch, um den gebeizten Flächen wieder einen schöneren Glanz zu verleihen.

300 ml Leinöl
1 TL Salz

Das Salz ins Leinöl geben und gut mischen. Damit einen Wolllappen beträufeln und die Möbel abreiben. Mit einem sauberen Tuch nacharbeiten.

Eichenmöbel reinigen

Wenn Eichenmöbel staubig und fleckig sind, kann man sie mit Bier abreiben. Ist jedoch die Oberfläche richtig stumpf geworden, braucht der Gerstensaft noch Unterstützung.

1 EL Bienenwachs
300 ml Bier
2 TL Zucker

Das Wachs in einem Wasserbad schmelzen. Etwas erkalten lassen, aber dabei darauf achten, dass es nicht fest wird. Bier und Zucker unterrühren. Mit einem weichen Pinsel die Fläche bestreichen und trocknen lassen. Dann mit einem Wolltuch blank reiben.

Stubenmädchen

„In großen Städten, namentlich in Berlin, ist für niemanden schlechter gesorgt als für die weiblichen Dienstboten, die fast immer mit einem Hängeboden fürlieb nehmen müssen."

In einem Haushalt der Mittelschicht gab es früher nur ein Mädchen, das alle Arbeiten verrichten musste: kochen, putzen, waschen, einkaufen und auch noch die Kinder hüten. Selbst wenn man sich eigentlich gar kein Mädchen leisten konnte, hielt man sich eine „Stütze" als Zeichen des bürgerlichen Standes. Entsprechend schlecht wurden die Dienstboten behandelt. Viele zogen es daher vor, in Fabriken mit regelmäßiger Arbeitszeit zu gehen.

Glänzende und schön gepflegte Möbel gibt es nicht erst in unserer heutigen Zeit, in der für jeden Zweck und jeden Fleck zahlreiche verschiedene Polituren, Sprays und Reinigungsmittel auf dem Markt sind. Da mussten unsere Großeltern etwas mehr Phantasie und Erfahrung ins Spiel bringen, um aus den damals verfügbaren Grundstoffen wie beispielsweise Schmierseife, Zitronensaft, Wachs und Terpentin das jeweils passende Pflegemittel für ihre Möbel zu mischen. In Verbindung mit etwas Muskelkraft und Ausdauer erzielten sie dann genauso gute, wenn nicht bessere Ergebnisse als wir heute mit der Chemie. Glücklicherweise sind viele der alten Hausmittel überliefert – für schönere Möbel, einen geschonten Geldbeutel und eine bessere Umwelt.

Der gute Rat

Alles, was dem Holz gut tut

- Unlackierte Möbel: für helles und dunkles Holz gibt es im Handel Teaköl, für rötliches eignet sich Leinöl.
- Apfelessig eignet sich hervorragend zum Abreiben, wenn sich eine feste Staubschicht gebildet hat.
- Eichenmöbel bekommen wieder Glanz mit einer Mischung aus 1 l Bier und 1 TL Distelöl.
- Möbel aus Nussbaumholz werden nach dem Staubwischen mit Milch poliert.
- Lasierte Möbel sollte man nicht feucht abwischen, sondern mit Bienenwachs einreiben.
- Weiß angestrichene Holzmöbel bekommen wieder einen schönen Glanz, wenn man Schlämmkreide in warmem Wasser verrührt und diese Mischung aufträgt. Danach poliert man das Holz mit einem Wolltuch. Mit dem Mittel können auch weiße Fenster und Türen behandelt werden.

Kampf den Flecken und kleinen Kratzern

- Sehr dunkles Holz kann man mit einem alten Teenetz betupfen, in das Eichenrindenpulver gefüllt ist. Dann werden Kratzer unsichtbar.
- Kratzer bei hellem Holz beseitigt man mit weißer Vaseline oder mit einer Mischung aus 1 TL Essig und 1 TL Öl. Bei eher dunklen Möbeln verwendet man Rotwein und Öl.
- Bei Kratzern auf hellem Holz hilft auch weiße oder beige Schuhcreme, auf dunklerem Holz braune Creme und auf dem „märchenhaften" Ebenholz sogar schwarze.
- Walnusskerne sind nicht nur schmackhaft: Kratzer in Nussbaummöbeln lassen sich mit einem halbierten Walnusskern entfernen.
- Wasserflecken auf Holz verschwinden durch Einreiben mit Zahnpasta, bei hartnäckigen Flecken wird etwas Natron zugegeben. Danach die Stellen mit einem weichen Tuch aufpolieren.
- Kerzenwachs lässt sich mit einem Föhn aufweichen und mit Küchenpapier entfernen – danach unbedingt mit Essigwasser abwischen!
- Auf Druckstellen im Holz wird ein feuchter Lappen gelegt. Nach einigen Stunden sind sie verschwunden.
- Ränder von Gläsern auf Holztischen usw. werden mit einer Mischung aus 1 TL Butter, 1 TL Mayonnaise und etwas Zigarettenasche entfernt.

Nussbaumholz zeigt seine Färbung und Maserung besonders schön, wenn es hin und wieder mit Milch abgerieben wird.

Für Mahagonimöbel nur das Beste

Verschmutztes Mahagoniholz bearbeiten Sie mit Seifenwasser und einer weichen Bürste, dann reiben Sie es trocken. Bei Flecken empfiehlt sich eine Sonderbehandlung.

100 ml Alkohol
2 EL Leinöl
2 EL Rotwein

Zunächst die Flecken kräftig mit Alkohol einreiben, danach die Stellen sofort trockenreiben. Öl und Wein verrühren und die behandelten Stellen polieren.

Auch hartnäckigen Flecken keine Chance

Auf behandeltem Holz lassen sich Flecken mit diesem alten Hausmittel entfernen.

1 TL weißes Vaselineöl
2 TL Terpentin

Die Zutaten in einem kleinen Gefäß mit einer Gabel durchrühren. Ein weiches Tuch damit beträufeln und die Flecken durch kräftiges Einreiben entfernen.

Die richtige Pflege für lackierte Möbel

Lackierte Möbel verlangen nach einer speziellen Behandlung, da die Oberfläche empfindlich ist. Auf keinen Fall sollte man Scheuersand oder andere aggressive Mittel verwenden. Normal verschmutzte Möbelstücke werden mit Seifenwasser und Schwamm oder Putztuch gereinigt. Matt gewordene Stellen auf lackierten Flächen können mit einem Tuch glänzend gerieben werden, das zunächst in Brennspiritus, dann in Leinöl getaucht wurde. Am besten reibt man die Stellen in gleichmäßigen Kreisen ab.

Schonender Glanz

Wer seinen Lieblingsmöbeln eine besonders schonende Pflege zukommen lassen möchte, stellt folgendes Pflegemittel her.

1 l Wasser
50 g Weizenkleie

Wasser und Kleie aufkochen. Möglichst in einem Topf mit einem dicken Boden, damit die Brühe nicht anbrennt. Durch ein Sieb geben und die Möbel damit abreiben.

Fleckentferner

In den Haushaltsbüchern der Großmütter fehlte dieses Rezept zur Beseitigung von Flecken auf lackierten Möbeln nie.

3 EL Leinöl
3 EL Weingeist
3 EL Terpentin

Alle Zutaten vermischen. Ein Tuch mit dem Öl sparsam tränken und die Flecken reiben, bis sie verschwunden sind. Die Stellen mit Küchenpapier nachreiben.

Reinigen und pflegen von Polstern aller Art

Bloß keinen Staub aufwirbeln! Das größte Problem bei der Pflege von Polstermöbeln ist der Staub, der sich unvermeidlich auch im tieferen Gewebe festsetzt. Am besten macht man es sich zur Gewohnheit, die Polster einmal pro Woche abzusaugen. Zusätzlich ist es sinnvoll, die Polster alle paar Wochen möglichst im Freien etwas abzuklopfen oder abzubürsten. Lederpolster sollten Sie ausschütteln und den Staub abwischen.

Ausklopfer
Früher fand man sie in fast jedem Haushalt als unentbehrliche Helfer. Heute gibt es zahlreiche Aufsätze für den Staubsauger, die die Arbeit leichter und schonender erledigen.

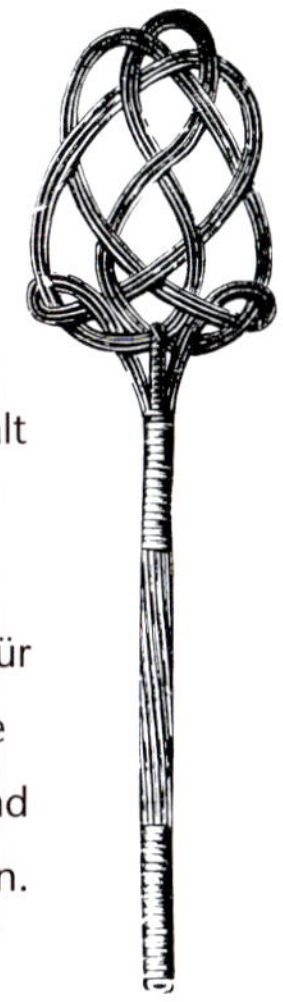

Die Farben und Muster jeder Polstergarnitur kommen wieder voll zur Geltung, wenn sie mit einem der leicht selbst herstellbaren Reiniger behandelt werden.

Schönheit für die Polster

Zur Auffrischung von Stoffpolstern können Sie sich folgende Paste kochen, die 6 Monate lang haltbar ist.

25 g Seifenflocken
500 ml destilliertes Wasser
100 ml Glyzerin
100 ml Weingeist

Seifenflocken und Wasser unter Rühren erhitzen, bis sich die Flocken aufgelöst haben. Abkühlen lassen. Glyzerin und Weingeist nacheinander untermischen. In ein Plastikgefäß füllen und verschließen. Vor jedem Gebrauch 1 EL der Masse in weichem Wasser auflösen und mit dem Schneebesen kräftig umrühren. Den Schaum mit einem Schwamm auftragen. Darauf achten, dass die Polster nicht zu feucht werden.

Allzweckwaffe Gallseife

Bei sehr starker Verschmutzung hilft die bekannte Gallseife, ein umweltfreundliches und gesundheitlich unbedenkliches Produkt.

1 l Wasser
etwas Gallseife
1 TL Salmiakgeist

Das Wasser erhitzen, bis es handwarm ist. Die Gallseife darin auflösen und den Salmiakgeist zufügen. Die Flüssigkeit mit einer Bürste in Stoffrichtung auftragen, mit klarem Wasser nachbürsten und dann mit einem Tuch trockenreiben.

Geschmeidigkeit für Lederpolster

Damit Leder nicht brüchig wird, sollte es regelmäßig eine Auffrischung erhalten.

6 EL Essig
12 EL Leinölfirnis

Essig und Leinölfirnis mischen, etwas auf ein weiches und fusselfreies Tuch geben und die Lederbezüge abreiben.

Auch im Alter schön – Leder

Für Antiquitäten aus Leder sollten Sie das folgende Spezialmittel verwenden.

1/2 l Milch
etwa 1 EL Terpentin
Leinöl (entsprechend der Fläche)

In die lauwarme Milch das Terpentin geben. Die Flächen damit einreiben. Dann sparsam mit Leinöl nachbehandeln.

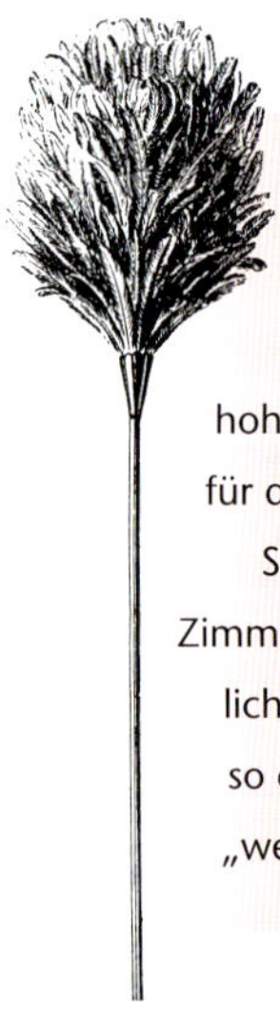

Staubwedel waren für das Entstauben von hohen Schränken und für die Entfernung von Spinnweben in den Zimmerecken sehr nützlich. Allerdings wurde so der Staub oft auch „weiträumig" verteilt.

Der gute Rat

Tipps zur Auffrischung von Polstern

- **Blasse Polster leuchten wieder in den ursprünglichen Farben, wenn man sie mit kaltem Essigwasser abreibt.**
- **Eine Kur mit Sauerkraut ist nicht nur für Menschen gesund, sondern erneuert auch Polstermöbel: Die Polster kräftig mit Sauerkraut oder Sauerkrautsaft abreiben, mit Wasser nacharbeiten.**

Fusseln, Flecken und Konsorten

- **Um Fusseln von Polstern zu entfernen, tränkt man ein Fensterleder in Essig und reibt damit leicht über die Flächen.**
- **Tierhaare lassen sich mithilfe eines Klebebandes entfernen, das man sich – mit der Klebeseite nach außen – mehrmals um die Hand gewickelt hat.**
- **Einige Flecken können durch Bestreuen mit Salz oder Stärkemehl beseitigt werden.**
- **Hartnäckige Flecken verschwinden, wenn sie mit Rasiercreme eingerieben werden. Die Creme sollte einige Zeit einwirken, danach mit einem Tuch und klarem Wasser abreiben.**
- **Kunststoffpolster reinigt man, indem man ein Tuch mit Wasser und Natron tränkt, damit die Polster abreibt und bei Bedarf mit Spülmittel nachbehandelt.**

Korb- und Bambusmöbel

Bei guter Pflege sind Korb- und Bambusmöbel äußerst haltbar.

Reinigungswasser für Bambus

Die Reinigung mit Wasser verhindert auch das Austrocknen der Bambusmöbel.

1 EL Salz
300 ml Wasser
$^1/_2$ TL Zitronensaft
Leinöl

Salz, Wasser und Saft mischen und mit einer weichen Bürste auf die Möbel auftragen. Ein weiches, nicht fusselndes Tuch mit Leinöl tränken und die Möbel damit einölen. Nach 1–2 Stunden mit einem anderen weichen Tuch nachpolieren.

Den Glanz auf Marmorflächen erhalten

Die feine Maserung und der Glanz von Marmor sind das typische Merkmal dieses Steins und begründeten seinen Ruf als edles Material. Marmor ist aber relativ empfindlich. Daher muss die Oberfläche gut und regelmäßig gepflegt werden. Flecken sollte man möglichst sofort entfernen. Zur Pflege brauchen Sie jedoch keines der teuren, industriellen Fertigprodukte zu kaufen – selbst herstellen lohnt sich!

Stumpfer Marmor adieu

Schön glatt und glänzend werden Marmorplatten mit folgender Politur, die leicht hergestellt werden kann.

80 g Terpentin
10 g weißes Wachs
2 g Leim

Wenn Marmor Flecken hat, können Sie ihn mit Zitronenscheiben abreiben.

Terpentin und Wachs mischen. Den Leim verdünnen und zugeben. Ein Wolltuch erwärmen und damit die Politur auftragen und gut einreiben.

Das gibt den Flecken Saures

Dieses Fleckenmittel ist einfach zuzubereiten.

$^1/_2$ Zitrone (oder Wasser)
Essig

Die Zitrone auspressen. Den Saft mit Essig mischen oder nur Wasser mit Essig mischen. Flecken damit abreiben.

Wer gut schmiert ...

Dies ist ein altes Mittel zur Marmorreinigung.

4 EL Schmierseife
$^1/_2$ TL Schlämmkreide
Wasser
1 Spritzer Salmiakgeist

Die Schmierseife und die Schlämmkreide mischen und auf dem Marmor verteilen. Einige Stunden einwirken lassen. Das Wasser erhitzen, Salmiakgeist zugeben und damit den Marmor abwaschen.

Wasserschäffer

Früher verfügten manche Haushalte nicht einmal über einen Spülstein. Dort musste man das Geschirr und die Töpfe in einer verzinkten Eisenblechwanne spülen.

Sauberes Geschirr

Auch wenn Sie eine Geschirrspülmaschine besitzen, müssen Sie immer wieder einzelne Stücke mit der Hand abwaschen, weil sie zu groß, zu schmutzig oder zu empfindlich sind. Mit Omas Hausmittel schonen Sie auch noch die Umwelt. Der Geruch nach Fisch, Zwiebeln o. Ä. verschwindet, wenn man der Spülcreme den Saft einer halben Zitrone oder Rosmarinöl zufügt.

80 g Schmierseife
80 ml destilliertes Wasser
40 ml Tween 80
1/2 Zitrone

Seife, Wasser und Tween in eine Schüssel geben und rühren, bis eine glatte Creme entstanden ist. Etwa 1 EL ins Spülwasser geben. Den Saft der halben Zitrone oder einige Tropfen Rosmarinöl zufügen.

Edles für Edelstahl

Edelstahl ist an sich pflegeleicht, hygienisch und sehr langlebig. Allerdings bekommen Gegenstände aus Edelstahl leicht Flecken und Kratzer. Mit Großmutters Hausmittel lassen sich die Flecken entfernen und sogar kleinere Kratzer auspolieren.

1 EL Schmierseife
1 EL Schlämmkreide

Schmierseife und Schlämmkreide mischen, bis eine gleichmäßige Masse entstanden ist. Etwas davon auf ein Tuch geben, den angefeuchteten Edelstahl abreiben und dann nachpolieren.

Aluminiumtöpfe reinigen

Falls im Topf etwas angebrannt ist, füllen Sie ihn mit Wasser und lassen ihn eine Stunde stehen, ehe Sie Folgendes versuchen.

Wasser (je nach Topfgröße)
1 Zwiebel
1 EL Salz

Die Zwiebel achteln, mit dem Salz in das Wasser geben und alles 10 Minuten kochen lassen. Nun lösen sich die Verkrustungen, und Sie können mit einem Spülschwamm nacharbeiten.

Rostfreie Zone

Rost bei Gusseisengeschirr können Sie vorbeugen, indem Sie es nach dem Spülen mit Speiseöl einreiben. Sollten sich doch Roststellen finden, greifen Sie zu diesem Mittel.

1 EL Zitronensäure
500 ml Wasser

Zitronensäure und Wasser mischen. Die Flecken mit der Flüssigkeit und einer Bürste bearbeiten, bis der Rost entfernt ist.

Kunststoff braucht Extra-Pflege

Aggressive Putzmittel sind für kunststoffbeschichtete Pfannen nicht geeignet, da sie die Oberfläche zerstören. Diese sanfte Alternative greift auf Backpulver zurück.

1/8 l Wasser
2 EL Backpulver

Wasser und Backpulver in die Pfanne geben, aufkochen, wegschütten und die Pfanne gut mit klarem Wasser spülen. Zum Schluss trockenreiben.

Frischer Wind für Vorratsgläser

Länger nicht benutzte Einmachgläser und Gefäße aus Steingut oder Holz bekommen einen muffigen Geruch. Er lässt sich mit natürlichen Mitteln gründlich entfernen.

(Fortsetzung auf S. 166)

Töpfe, Tassen, Teller, Pfannen, Gläser, Essbesteck – die Ausstattung einer heutigen Küche umfasst Hunderte von Einzelteilen, die auch noch aus ganz verschiedenen Materialien sein können. Da braucht man natürlich auch die jeweils entsprechenden Pflegemittel, denn was dem Edelstahl gut tut, wird dem Gusseisen kaum gerecht. Doch übers notwendige Pflegen sollte man nicht vergessen, dass die Vielfalt der Ausstattung auch den unverwechselbaren Charme einer Küche ausmacht.

Wasser
Schwefelpulver (je nach Bedarf)
1 Hand voll Sellerieblätter

Die Gläser oder Gefäße mit heißem Wasser ausspülen. Dann mit dem Pulver ausreiben. Die Sellerieblätter hineinlegen und kochendes Wasser darüber gießen. **Achtung:** Die Gläser vor dem Übergießen mit kochendem Wasser auf ein feuchtes Tuch stellen, sonst springen sie.

Sellerie ist nicht nur als Zutat für manche Speisen gut, sondern seine Blätter haben auch noch die echte „Frischepower" – rein in die Gläser, raus mit dem Beigeschmack.

Auch der Rand soll sauber sein

Wenn Sie Gläser sofort spülen und trockenreiben, bleiben keine Ränder oder Flecken zurück. Wenn man aber Gäste hat, lässt man Gläser in den meisten Fällen länger stehen, und es bilden sich hässliche Ränder. Mit dieser einfachen Paste lassen sie sich beseitigen.

2 EL Essig
1 EL Salz

Beide Zutaten zu einer Paste verrühren und mit einem feuchten Tuch die Ränder abwischen. Anschließend die Gläser mit klarem Wasser abspülen und sorgfältig abtrocknen.

Kein Kalk in Kaffeemaschinen und Wasserkochern!

Wenn Wasser erhitzt wird, bleibt immer ein wenig Kalk zurück. Im Lauf der Zeit bildet sich eine Schicht, die die Funktion von Kaffeemaschinen oder Wasserkochern manchmal stark beeinträchtigen kann. Bevor Sie jedoch zu handelsüblichen Entkalkern greifen, versuchen Sie doch einmal diese Mischung.

3 EL Zitronensäure
1/2 l Obstessig

Die Zitronensäure im Essig auflösen. Die Flüssigkeit unverdünnt in das jeweilige Gerät oder Gefäß gießen und aufkochen. Anschließend mit klarem Wasser gründlich ausspülen oder einmal durchlaufen lassen.

Schluss mit der Topf-Verkalkung!

Kalkablagerungen in Wasserkesseln können Sie verhindern, indem Sie ein Stück Marmor oder einen Kieselstein hineinlegen. Schon vorhandenen Kalk in Töpfen entfernt man mit Essigwasser.

300 ml Wasser
100 ml Essig

Beide Flüssigkeiten in den Topf gießen und aufkochen. Die Mischung abkühlen lassen. Sind die Ablagerungen danach nicht ganz beseitigt, das Verfahren so oft wiederholen, bis kein Kalk mehr zu sehen ist.

Reinigermilch

Dies ist ein Reinigungsmittel, das schonend zu Ihrer Küche und zu Ihrer Haut ist.

1 EL Schmierseife
200 ml Wasser
5 g Pottasche
20 g Schlämmkreide
5 Tropfen Zitronenöl

Schmierseife, Wasser und Pottasche unter Rühren bei schwacher Hitze im Wasserbad auflösen. Die Schlämmkreide mit dem Handrührgerät bei kleiner Geschwindigkeit untermischen. Das Öl zugeben und die Milch in eine fest verschließbare Flasche füllen (etwa 3 Monate haltbar).

Frische und Glanz im Bad

Auch im Bad ist die Rückkehr zu sanfteren und natürlicheren Methoden der Reinigung eingekehrt. Ätzende Reiniger, deren Ausdünstungen unter Umständen sogar die Atemwege schädigen können, sollte man nur in Notfällen verwenden. Mit den folgenden Mitteln dagegen ist man für die normalen Probleme im Bad gerüstet.

Fliesen und Becken auffrischen

Unansehnlich gewordene Fliesen sehen wieder wie neu aus, wenn Sie sie mit dieser erprobten Mischung behandeln.

(Fortsetzung auf S. 168)

Der gute Rat

Schränke und Arbeitsflächen pflegen

- Die Schrankoberseiten lassen sich am besten mit einer Mischung aus Wasser, Essig und Schmierseife säubern.
- Schränke sollten einmal im Jahr mit Essigwasser ausgewischt werden. Bei dieser Gelegenheit kann man auch gleich alle sehr selten benutzten Gegenstände gründlich sauber machen.

Ob Kochmulden oder Ceranfeld – blitzen soll der Herd!

- Verschmutzte Rillen in der Kochplatte lassen sich reinigen, indem man die Platte etwas erwärmt, Backpulver darauf streut und sie danach mit einem Reinigungspad abreibt.
- Flecken auf Kochplatten verschwinden, wenn man Salz darauf streut und es mit einer befeuchteten Bürste kräftig bearbeitet. Danach werden die Platten mit viel Wasser abgespült und gründlich abgetrocknet.
- Der Schmutz von Ceranherdplatten wird mit einem feuchtenTuch und ein paar Tropfen Spülmittel abgewischt. Für Verkrustungen gibt es in Haushaltsläden einen speziellen Glasschaber. Um den Glanz zu erhalten, die Platte mit Essig polieren.

Kleine Kniffe mit großer Wirkung

- Den Kühlschrank wischt man regelmäßig mit Essigwasser oder Wasser mit etwas Soda aus.
- Um Gerüchen im Kühlschrank vorzubeugen, legt man einen aufgeschnittenen Apfel hinein und ersetzt ihn einmal in der Woche. Ein kleiner Teller mit Kaffeesatz hat dieselbe Wirkung.
- Falls Abflussrohre in der Küche an „Verstopfung" leiden, versuchen Sie Folgendes: kochend heißes Kartoffelwasser in den Ausguss gießen. Bei hartnäckigeren Problemen schüttet man Soda hinein und gießt heißes Wasser nach.
- Sauber bleiben die Abflussrohre, wenn ab und zu Kaffeesatz hinuntergespült wird.
- Edelstahlbecken behalten ihren Glanz, wenn man sie mit einer Paste aus Schlämmkreide und Essig abreibt. Danach mit Wasser abwaschen und gründlich trockenpolieren.

Frische Flecken auf der Arbeitsfläche verschwinden im Nu, wenn man sie mit frisch geschnittenen Zitronenscheiben abreibt.

Der gute Rat

Fliesen und Waschbecken sauber halten

- Fliesen mit Kalkrändern werden mit Essig abgerieben. Mit einem milden Geschirrspülmittel oder Salmiakwasser reinigt man sie nach. Zum Schluss gibt man etwas Speiseöl auf ein weiches Tuch und poliert die Fliesen blank.
- Die Fliesen glänzen wieder, wenn sie mit salmiakgetränktem Zeitungspapier kräftig abgerieben werden (möglichst nicht in die Fugen kommen).
- Fliesen oder Waschbecken bekommen mit einer Mischung aus Salz und Terpentin wieder Glanz.
- Gelbe Flecken im Waschbecken verschwinden oft, wenn sie mit Zitronensaft beträufelt werden.

Badewanne, Dusche und Armaturen pflegen

- Wenn man die Badewanne mit einer Mischung aus Salz, Essig und Buttermilch abreibt, bleibt sie schön glänzend.
- Auch mit Paraffin können Schmutz und Kalkränder an Badewannen und Armaturen entfernt werden.
- Chromarmaturen behalten ihren Glanz, wenn sie gelegentlich mit einer Mischung aus 1 l Wasser und 1/2 TL Salmiak abgerieben werden. Dann müssen sie gut abgespült und getrocknet werden. Zur regelmäßigen Reinigung reicht warmes Wasser aus. Immer gut trockenreiben.
- Die Spritzlöcher im Duschkopf verkalken nach einiger Zeit. Füllen Sie eine Schüssel mit warmem Essig oder Salzwasser und legen Sie den Duschkopf hinein, bis sich der Kalk aufgelöst hat.
- Glas- und Plastiktrennwände in der Dusche werden mit Essig abgewischt.
- Die meisten Duschvorhänge können bei 30 °C in der Waschmaschine gewaschen werden. Hartnäckige Stockflecken werden am besten mit Natron entfernt.

Spieglein, Spieglein ...

- Heißes Essigwasser eignet sich vorzüglich zum Putzen des Spiegels. Oder man reibt den Spiegel mit einer Kartoffel ab, spült ihn mit klarem Wasser und poliert dann mit Zeitungspapier nach.

100 ml Leinöl
35 ml Terpentin

Öl und Terpentin gut verrühren. Tropfenweise auf ein sauberes Tuch geben und die Fliesen damit polieren.

Gelbliche Flecken entfernen

Besonders unter den Wasserhähnen können sich im Waschbecken oder in der Badewanne gelbe Flecken bilden. Abhilfe schafft eine Paste aus Essig und Salz.

100 ml Essig
100 g Salz

Essig und Salz zu einer Paste verarbeiten. Den Brei auf die Flecken geben. Je nach Stärke der Flecken bis zu einer halben Stunde einwirken lassen. Dann abspülen. Bei Bedarf den Vorgang wiederholen.

Weg mit dem Kalk

An den Armaturen, aber auch an anderen Stellen bilden sich im Bad oft Kalkflecken. Tränken Sie ein Tuch mit Essig und wischen Sie die Flecken ab. Bei hartnäckigen Ablagerungen greifen Sie zu Omas Hausmittel.

150 ml Essig
150 ml Wasser
1/4 TL Salz

Essig und Wasser aufkochen, das Salz darin auflösen. Die Flüs-

sigkeit auf die Flecken um die Armaturen verteilen und mindestens eine Stunde einwirken lassen. Anschließend die Umgebung der Armaturen gründlich mit klarem Wasser abspülen und mit einem weichen Tuch trockenreiben.

Rohr frei!

Ist das Rohr unter dem Waschbecken so verstopft, dass auch mit dem Saugnapf nichts mehr geht, müssen Sie wohl oder übel den Siphon abschrauben – immer einen Eimer darunter stellen – und das Rohr säubern. Da dies eine mühsame und unangenehme Angelegenheit ist, können Sie zunächst versuchen, die Verstopfung mit dieser Lösung zu beseitigen.

150 g Salz
150 g Natron
Wasser

Salz und Natron in den Ausguss schütten. Danach das Wasser darauf gießen und einige Minuten warten. Wieder Wasser nachlaufen lassen. Wenn das Wasser nun immer noch nicht abläuft, müssen Sie den Siphon wie oben beschrieben reinigen oder den Installateur holen.

Der Verstopfung keine Chance

Zur Vorbeugung einer Verstopfung des Abflusses empfiehlt es sich, regelmäßig Sodawasser in den Abfluss zu gießen.

2 l Wasser
3 EL Soda

Wasser und Soda aufkochen. Sofort in den Ausguss gießen. Wenn Sie dieses Verfahren einmal pro Monat anwenden, haben Sie keine verstopften Abflüsse mehr.

Verstopfte Toiletten frei machen

Bevor der Installateur gerufen wird, können Sie ein bewährtes Mittel ausprobieren.

4 l Wasser
500 g Seifenstein
3 EL Soda

2 l Wasser zum Kochen bringen, den Seifenstein darin auflösen und in die Toilette gießen. Nach 2 Stunden restliches Wasser und Soda mischen. Ebenfalls in die Toilette gießen. Mehrere Male spülen.

Pflege für Bürsten und Kämme

Sehr schonend ist dieses ebenfalls ganz leicht herzustellende Reinigungs- und Pflegemittel. Ammoniak erhalten Sie in der Drogerie. Es muss so aufbewahrt werden, dass es nicht in die Hände von Kindern gelangen kann.

1 EL flüssiges Ammoniak
400 ml warmes Wasser

Ammoniak und Wasser gründlich vermischen. Die Bürsten und Kämme reinigen wie im vorangehenden Rezept beschrieben. Mit dieser Flüssigkeit können Sie auch Glas und Schmuckstücke säubern.

Harte Borsten weich gemacht

Sind Borsten an einer Bürste mit der Zeit zu hart geworden, nehmen Sie diesen sanften Weichmacher.

400 ml Wasser
400 ml Milch

Die Milch und das Wasser mischen und in ein flaches Gefäß gießen. Die Bürste etwa 30 Minuten darin liegen lassen. Ist sie noch nicht weich genug, verlängern Sie die Pflegezeit noch ein paar Minuten.

Wandkonsolen boten früher im Bad Platz für Gefäße mit Reinigungsmitteln. Griffbereit sind hier Scheuersand, Seife und Soda untergebracht.

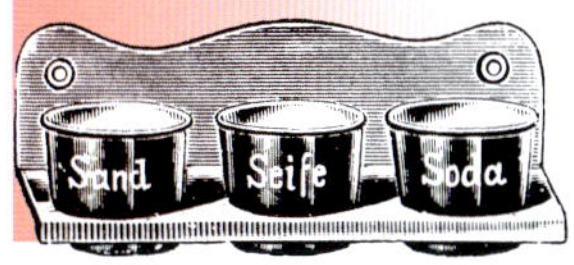

Fenster, Türen und Wände pflegen

Fenster, Türen und Wände – sind das die Stiefkinder im Haushalt? Viele Hausfrauen geben insgeheim zu, dass sie nichts mehr als das Fensterputzen fürchten, weil trotz aller Mühe oft Streifen zu sehen sind. Noch schwieriger erscheint vielen das Problem, wie man denn Türen und Wände richtig reinigen oder putzen soll. Dabei ist kaum etwas ärgerlicher als eine schlierige Scheibe im hellen Sonnenlicht oder der Anblick einer Tür, bei der um die Klinke hässliche Flecken sind. Grundsätzlich sollte man nicht so lange warten, bis sich der Schmutz richtig festgesetzt hat. Eine große Erleichterung verschaffen auch die richtigen Mittel zum Saubermachen, die Sie auf den folgenden Seiten finden werden. Und gerade beim Fensterputzen lohnt es sich, eine gewisse Arbeitsabfolge einzuhalten: Zuerst räumt man die Fensterbank ganz frei und deckt empfindliche Möbel oder Böden ab. Dann beginnt man mit dem Abwischen der Rahmen, danach putzt man die Scheiben und säubert zum Schluss die Fensterbänke.

Was haben Zwiebeln, Essig, Kartoffelschalen, Brennnesseln und eine Zeitung gemeinsam? Großmutters Antwort: Alle eignen sich für das Fensterputzen!

Blitzblank – Fenster, Rahmen und Fensterbänke

Wie im Bad und in der Küche ist Essig bei Glasreinigern die wichtigste Zutat. Essig ist ein rein natürliches Mittel und hat die Eigenschaft, Fett zu binden. Im Haushalt ist Weinessig am besten geeignet. Essigessenz können Sie mit Verdünnung ebenfalls verwenden.

Fensterrahmen reinigen

Rahmen aus klarlackiertem oder lasiertem Holz sowie aus Kunststoff wischt man mit einem feuchten Tuch ab. Sind die Rahmen mit Farbe angestrichen, nimmt man ein Salmiakwasser, allerdings sollte man nicht zu kräftig reiben.

1/2 l lauwarmes Wasser
2 EL Salmiakgeist

Das Wasser und den Salmiakgeist in einem kleinen Eimer mischen. Rahmen abwischen und mit klarem Wasser abspülen. Gut trocknen. Eine gründliche Reinigung ist im Normalfall nur zweimal im Jahr notwendig.

Glasklare Scheiben

Für eine normale Reinigung genügt die nachfolgende Essigverdünnung. Sind die Scheiben dagegen sehr stark verschmutzt, sollten Sie sie mit unverdünntem Essig putzen oder zuerst mit einer Zwiebelhälfte abreiben.

1 l Wasser
1/4 l Essig

Das Wasser in einen Eimer füllen, den Essig zugießen und mit einem Schwamm oder Tuch die Scheiben säubern. Mit Küchenpapier trockenreiben und mit trockenem Zeitungspapier blank polieren.

Die Kraft aus der Sprühflasche

Wenn Sie ein Fenster einmal schnell zwischendurch reinigen möchten, können Sie sich dieses Mittel auf Vorrat herstellen.

1 l Wasser
1 Spritzer Spülmittel
1 Spritzer Spiritus

Durch einen Trichter das Wasser in eine Spritz- oder Sprühflasche füllen. Dann Spülmittel und Spiritus zugeben. Zum Gebrauch auf die Fenster sprühen, abwischen und zum Schluss trockenreiben und polieren.

Für noch mehr Durchsicht

Ein ganz altes und überraschendes Mittel gegen Schmutz auf Scheiben ist die Brennnessel – auf jeden Fall Handschuhe tragen!

1 Bund frische Brennnesseln
1 l Wasser
1 Spritzer Essig

Wasser und Essig in einen Eimer füllen. Die Blätter eintauchen, etwas zusammenknüllen und die Fenster zügig abreiben.

Wirkt gegen „neblige" Fenster

Im Winter beschlagen Fenster nicht mehr so leicht, wenn sie mit Großmutters Spezialmittel behandelt werden.

1 1/2 l Wasser
1 EL Schmierseife
1/2 EL Glyzerin

Wasser, Schmierseife und Glyzerin verrühren. Die Scheiben damit einreiben, überschüssige Flüssigkeit mit einem Schwamm abnehmen. Alternativ kann man auch 1 1/2 l verdünnten Spiritus (60 %) mit 45 g Glyzerin mischen und damit die Fensterscheiben abreiben.

Brennnessel
Dass sie „brennt", weiß jeder, dass sie auch gegen Hexenschuss hilft, ist nicht so bekannt. Dass sie sich schließlich sogar zum Reinigen der Fenster eignet, wissen die wenigsten.

Fenstereimer
waren ein praktisches Utensil für die Hausfrau, da sie beim Fensterputzen in Reichweite aufgehängt werden konnten.

Es ist fast unvermeidlich, dass Blumentöpfe und Gießwasser auf den Fensterbänken Ränder und Flecken hinterlassen. Mit Bürste und Gesteinsmehl kann man ihnen zu Leibe rücken.

Pflege von Steinfensterbänken

Wenn auf den Fensterbänken Flecken und Kratzer sind, werden sie mit Gesteinsmehl entfernt, das in Gartencentern oder bei einem Steinmetzbetrieb erhältlich ist.

Gesteinsmehl
etwas Wasser

Die Menge der Zutaten hängt von der Größe der zu behandelnden Fläche ab. Aus den beiden Zutaten eine cremige Paste bereiten. Die Flecken und Kratzer damit bearbeiten.

Reinigung von Türen und Wänden

Das entsprechende Mittel zum Pflegen von Türen hängt vom jeweiligen Anstrich ab. In den meisten Fällen sind sie heute aus furniertem Holz und entweder weiß gestrichen oder mit einer Lasur versehen. Massivholztüren sollten behandelt werden wie Möbel. Mit Tapeten beklebte Wände werden regelmäßig abgesaugt und bei Bedarf mit einem trockenen Schwamm abgerieben. Bei Stofftapeten sollten Sie im Fachhandel um eine Pflegeanleitung bitten.

Hartnäckige Fälle

Bei Türen, wasserverträglichen Wandanstrichen oder Tapeten genügt es meist, wenn man sie mit Wasser abwäscht. Bei stärkeren Verschmutzungen hilft oft in Wasser aufgelöste Schmierseife. Schmutzkrusten sollten zunächst mit Schmierseife etwas aufgeweicht werden. Einige Flecken auf Raufasertapeten können Sie mit einem Radiergummi entfernen oder mit Talkumpuder bepinseln.

Putzmittel für Türen

Das folgende Rezept eignet sich gut zum Reinigen von Türen, kann aber auch für Spülbecken, Waschbecken, Fliesen und Fußböden benutzt werden.

2 EL Soda
250 g Schlämmkreide
2 EL Seifenflocken
etwas Wasser

Soda im Mörser zerstoßen. Dann mit Schlämmkreide und Seifenflocken mischen und so viel Wasser zugießen, bis die Masse flüssig wird. Die Tür damit abwaschen. Mit einem feuchten Tuch nachwischen, trocknen und als zusätzliche Pflege mit Leinöl einreiben.

Verschmutzte Tapeten

Prüfen Sie zunächst an einer versteckten Ecke, ob die Tapete die Verjüngungskur gut übersteht.

3/4 l lauwarmes Wasser
500 g Kleie
2 g Wasserglas
1 EL Terpentin

Alle Zutaten zu einem glatten Brei verrühren und anschließend die Tapete damit säubern.

Auch der Fußboden will gepflegt sein

Gerade weil man sie dauernd mit Füßen tritt, verdienen die Fußböden eine regelmäßige Pflege. Für die richtige Behandlung ist dabei entscheidend, aus welchem Material der Boden besteht. Die Vielfalt der Bodenbeläge ist heute um einiges größer als zu Großmutters Zeiten, aber viele altbewährte Hausmittel lassen sich dennoch gut anwenden. Früher gab es vor allem den Holzboden aus Dielen und das Parkett, wobei mittlerweile das Fertigparkett das klassische, vor Ort verlegte vielfach abgelöst hat. Auch Steinböden aus Keramikfliesen und Marmor gibt es schon lange, genauso wie Teppichboden oder Linoleum. Nur die Bandbreite an Farben und Mustern ist deutlich gestiegen. Eher neu sind Beläge aus Kork oder Laminat.

Nässe und Schmutz machen Steinböden überhaupt nichts aus – einmal darüber gewischt, glänzt er wieder wie neu.

Großer Waschtag, kleines Flecken-Abc

Waschtag – das bedeutete für viele Großmütter und alle Urgroßmütter einen schweißtreibenden Arbeitstag in der Waschküche: Da wurden die Kleider im Zuber geschrubbt, in großen Kesseln gekocht und dann durch die Mangel gedreht. Zweifellos hat der Fortschritt mit Waschmaschine, Vollwaschmittel und Trockner dazu beigetragen, dass die heutigen Hausfrauen und Hausmänner es um vieles leichter haben. Doch das hat auch seinen Preis: Täglich fließen unzählige Liter Seifenwasser mit großen Mengen an Schadstoffen in die Kanalisation und belasten unsere Umwelt.

Natürlich soll keiner auf frische Wäsche verzichten – denn was gibt es Schöneres, als morgens in frisch duftende Kleidung zu schlüpfen und den Tag mit Schwung zu beginnen? Zum Glück sind viele kleine und auch größere Tipps aus Großmutters Zeiten bekannt, die einerseits die Arbeit erleichtern und andererseits sogar einige Superwaschmittel und „chemische Keulen" aus der Werbung überflüssig machen können.

Flecken auf farbechten Stoffen können Sie mit einem Mittel aus 15 g Salz und 1/2 l Weingeist schonend entfernen – zuvor aber eine Probe an einer verdeckten Stelle machen.

Sanft zu Ihrer Wäsche, schonend für die Umwelt

Niemand will zum Waschen im Zuber zurückkehren. Aber auch im Umgang mit der Waschmaschine sollte man einiges berücksichtigen. Verzichten Sie beispielsweise auf eine Vorwäsche, bei normal verschmutzter Wäsche ist sie nicht notwendig. Stark verschmutzte Teile können Sie auch einweichen. Achten Sie beim Kauf von Waschmitteln auf die biologische Abbaubarkeit, und dosieren Sie ruhig etwas weniger als angegeben. Versuchen Sie kleinere Mengen Wäsche per Hand und mit unserer selbst zubereiteten Kernseife zu waschen.

Schmierseife für alle Fälle

Viele Stoffe kann man mit einer einfachen Schmierseifenlauge reinigen.

1 kg Kernseife
500 g Soda
7 1/2 l Wasser

Die Seife klein schneiden und mit den anderen Zutaten unter ständigem Rühren kochen lassen, bis die richtige Beschaffenheit der Seife erreicht ist.

Schmierseife – besonders fein

Für gehobene Ansprüche benützt man Talg und Natron. Hierbei empfiehlt es sich, Gummihandschuhe zu tragen und das Natron – wie auch das Soda – vor Kinderhänden sicher aufzubewahren.

1 kg Talg
200 g Natron
2 l Wasser

Die Zutaten in einem Topf mischen und erwärmen. In das Waschwasser geben.

Frische für Gardinen

Damit Gardinen schön sauber werden, sollte man sie gründlich einweichen.

500 g Soda
10 l Wasser

Das Soda im Wasser auflösen und die Gardinen darin mehrere Stunden einweichen. Dann mit klarem Wasser spülen.

Vergilbung, nein danke!

Für vergilbte Wäsche gibt es ein hervorragendes Bleichmittel. Die Bleichzeit dauert etwas lange, die Wirkung ist aber zuverlässig.

4 Zwiebeln
25 g Kernseife
1 l Essig
100 g Holzasche

Die Zwiebeln abziehen und klein hacken. Die Kernseife reiben. Zwiebeln, Seife, Essig und Asche verrühren und in einem Topf aufkochen. Die Mischung in eine kleine Wanne geben und die Wäsche darin 12 Stunden einweichen. Danach ausspülen und waschen. Einzelne Stellen kann man auch mit dem Sud abreiben.

Vorbeugen ist besser als nachbleichen

Um es gar nicht erst zum Vergilben kommen zu lassen, kann man folgende Mischung beim Waschen beifügen.

1 EL Spiritus
1 EL Terpentin

Den Spiritus und das Terpentin mischen und dem Spülgang oder dem Wasser zugießen, das dem Stärken der Wäsche dient. Die Menge reicht für einen Eimer Wasser. Bei größeren Mengen entsprechend mehr davon zugeben.

Waschbrett
Wurde früher mit dem verzinkten Waschbrett mühsam die Wäsche geschrubbt, dient es heute fast nur noch als Rhythmusinstrument.

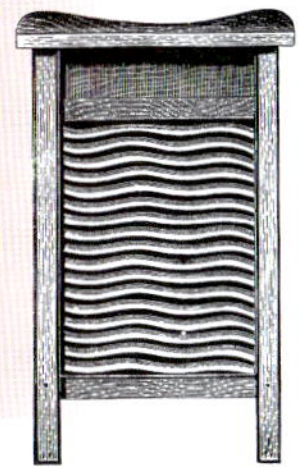

Der gute Rat

So werden Wäsche und Gardinen weich und weiß.

- Gibt man dem letzten Spülwasser Salz oder Essig hinzu, wird die Wäsche weich.
- Frotteesachen werden kuschelig, wenn man sie über Nacht in heißes Essigwasser legt.
- Stark verschmutzte Wäsche wird mit Soda eingeweicht.
- Ein Päckchen Backpulver, das man dem Waschmittel zugibt, macht die Wäsche schneeweiß.
- Tennissocken werden wieder schön weiß, wenn man sie zusammen mit einem Leinensäckchen mit Zitronenschalen wäscht.
- Vom Zigarettenrauch vergilbte Gardinen legt man in Salzwasser.
- Schonend gestärkt werden Gardinen und feine Wäsche, wenn man sie in Wasser legt, in dem zuvor Reis abgekocht wurde.

So bleiben Farben erhalten.

- Die Waschechtheit von Stofffarben prüft man so: Stoff anfeuchten und dann mit einem weißen Papier abreiben. Färbt sich das Papier, darf man nur mild von Hand waschen.
- Bei der ersten Wäsche bunter Kleidung verhindert man ein Ausfärben, wenn man dem Wasser einen Schuss Essig zufügt.
- Beim Waschen von Buntwäsche wird das Ineinanderlaufen der Farben verhindert, wenn man beim letzten Spülgang Salz zugibt.
- Essig beim letzten Spülen frischt farbige Wäsche auf.
- Farbige Vorhänge werden sauber, ohne dass die Farben ausbleichen, wenn man sie in Salzwasser einweicht.
- Um Farben auf Baumwolle aufzufrischen, werden die Stücke einige Stunden in Magermilch gelegt. Anschließend müssen sie ausgewaschen werden.

Pflege empfindlicher Stoffe

- Wollsachen bleiben weich, wenn man dem vorletzten Spülgang Essig und dem letzten 1 Teelöffel Glyzerin zufügt.
- Wollsachen werden am besten in lauwarmem Wasser mit etwas Salmiakgeist ohne Seife gewaschen, dann laufen sie nicht ein.
- Dunkle Wollkleidung wird wieder schön, wenn man sie mit einer Mischung aus 1/2 l Wasser und 10 g Pfeifentabak sanft abbürstet.

Leinen bleichen

Am besten nehmen Sie die Behandlung an einem Sonnentag vor, wenn Sie die Wäsche im Freien aufhängen können, denn das Sonnenlicht unterstützt den Prozess.

10 l Wasser
100 g Soda

Das Wasser, das Soda und das Leinenstück nacheinander in einen Topf geben. Mehrere Stunden bei schwacher Hitze kochen lassen. Anschließend ausspülen und waschen. Ist das Leinen noch nicht ausreichend gebleicht, wird es nochmals in der Lauge gekocht.

Stärke aus der Sprühflasche

Stärke bringt die Wäsche nicht nur in Form, sondern schützt sie auch vor schneller Verschmutzung.

1 TL Reisstärke
150 ml Wasser

Das Stärkemittel in eine Sprühflasche füllen und Wasser zufügen. Kräftig schütteln. Die Wäsche einsprühen und bügeln.

Die Wäsche wird herrlich weiß, wenn Sie einen Leinensack mit Eierschalen füllen, ihn fest verschließen und dann bei der Wäsche einfach mitkochen lassen.

Stärke für die Waschmaschine

Wenn eine Waschmaschinenfüllung gestärkt werden muss, z. B. Gardinen, kann die Stärke über das Waschmittelschubfach hineingegeben werden.

2 TL Kartoffelmehl
1 l Wasser

Das Mehl im Wasser auflösen und dem letzten Spülgang zugießen.

Starke Spitzen

Beim Waschen in der Maschine sollten Sie Spitzen in einen alten Kissenbezug stecken. Ansonsten verwendet man das nachfolgende Mittel am besten mit einer Sprühflasche.

300 ml Wasser
1 EL Maisstärke
Salz

In einem Behälter das Wasser, die Stärke und etwas Salz gut verrühren. Die Flüssigkeit in eine Sprühflasche gießen und die Spitzen damit einsprühen.

Kleidungsstücke imprägnieren

Baumwollstoffe können Sie mit folgendem Mittel wasserabweisend machen.

25 ml essigsaure Tonerdelösung
½ l Wasser

Die Zutaten mischen. Mit einer Bürste auftragen oder das Stück darin eintauchen. Auswringen und trocknen lassen.

Jacke wie Hose – wasserdicht

Ein altes wasserabweisendes Mittel ist Alaun, das in Apotheken erhältlich ist.

Alaun
Wasser

Das Kleidungsstück waschen. Alaun in Wasser auflösen. Dann das Kleidungsstück 1- bis 2-mal in die Alaunlösung tauchen. Trocknen lassen.

Waschmittel für Stricksachen

Stricksachen sollten nur mild und lauwarm gewaschen werden, sonst verfilzen sie. Glyzerin kann leichte Verfilzungen beseitigen.

1 TL Natron
1 TL Glyzerin
kaltes Wasser

Das Natron und das Glyzerin im Wasser auflösen. Die Wollsachen darin waschen und dann gründlich spülen.

Aprilfrische für die Wolle

Hängen Sie die Kleidung vor der Behandlung einige Stunden an die frische Luft.

200 ml Wasser
100 ml Salmiakgeist

Wasser und Salmiak mischen. Ein Tuch anfeuchten und die Kleidung damit sanft und schonend abreiben. Bei größeren Kleidungsstücken oder mehreren Teilen die Menge entsprechend erhöhen.

Gegen störenden Glanz

Damit Wollstoff nicht glänzt, sollte er nur von links oder mit einem feuchten Tuch als Zwischenlage gebügelt werden. Die folgende Mischung nimmt den Glanz weg.

25 g Salz
25 g Salmiakgeist
¼ l Wasser

Alle Zutaten mischen. Das Kleidungsstück damit befeuchten und mit warmem Wasser nachbürsten.

Bügeleisen waren schwer und verlangten von der Büglerin viel Kraft. Die Eisen wurden erhitzt, indem glühende Kohle hineingefüllt wurde.

Frischebad für Seide

Für matt gewordene Seide (keine weiße oder sehr helle) gibt es dieses Erneuerungsbad.

1 Hand voll Efeublätter
etwas Essig
etwas Salz

Frische Efeublätter säubern und im Wasser aufkochen. In das abgekühlte Wasser Essig geben und die Seide darin waschen. Anschließend in Salzwasser nachspülen.

Efeu erzeugt bei Seidenstoffen schönen Glanz. Wenn man noch etwas Essig und Salz zusetzt, wird die Seide farbecht.

Kann denn Seide Sünde sein?

Schwarzen Seidenstoff bestreicht man mit einem Schwamm vorsichtig mit heißem schwarzem Kaffee. Danach wird die Seide noch feucht gebügelt – oder man reinigt sie mit Salmiakwasser.

1 Teil Salmiakgeist
3 Teile Wasser

Das Salmiakwasser zubereiten. Ein Tuch darin tränken und den Seidenstoff strichweise damit abreiben. Die Seide auf die linke Seite drehen und anschließend mit einem mäßig heißen Bügeleisen trockenbügeln.

Extra-Spülung für Seide

Nach der Behandlung sollte die Seide noch feucht gebügelt werden.

1 Spritzer Spiritus
Wasser (je nach Bedarf)

Den Spiritus in das Wasser geben und die Seide gründlich darin spülen.

Jeans vor dem Ausbleichen schützen

Ausgebleichte Jeans können Sie zusammen mit neuen Jeans waschen, dann nehmen sie wieder Farbe an. Noch besser, Sie schützen die Jeans vor dem Ausbleichen.

1 EL Salz
1 l kaltes Wasser

Salz im Wasser auflösen, die Jeans hineinlegen und eine Stunde darin ziehen lassen. Dann in kaltem Wasser waschen.

Reinigung von Anzug- und Jackenkragen

Nicht waschbare Jacketts und Jacken brauchen Sie nicht gleich in die Reinigung zu bringen, wenn nur die Kragen schmutzig sind. Versuchen Sie doch einmal das folgende Rezept aus Großmutters ausgedehntem Wissensschatz.

10 g Salmiakgeist
100 ml Wasser

Salmiakgeist und Wasser miteinander vermischen und den Kragen damit abreiben, bis er sauber ist. Mit einem nassen Tuch nachreiben.

Kleiderpflege: viele Probleme, pfiffige Lösungen

- Bei vergilbten Kragen hilft eine Paste aus Essig und Natron: Den Kragen einreiben und dann auswaschen.
- Farbige Stickereien werden wieder schön, wenn man sie in Buttermilch einweicht und danach wäscht.
- Gegen kratzende Pullover gibt es zwei Möglichkeiten: Man legt den Pullover über Nacht in die Gefriertruhe. Oder man wäscht ihn mit mildem Haarwaschmittel, legt ihn 10 Minuten in ein Haarkurbad und spült ihn aus.
- Spitzen bestreut man mit Magnesium, lässt es einige Tage lang einziehen und schüttelt es dann ab.
- Ein „derangierter" Filzhut wird über Wasserdampf gehalten und danach wieder in Form gebracht.
- Samt glänzt wieder, wenn er mit einer Bürste und etwas Salz behandelt wird.

Richtig bügeln

- Wäsche, die schnell gebügelt werden soll, wird mit warmem Wasser besprengt.
- Dunkle Stoffe werden von links gebügelt, um zu vermeiden, dass sie glänzen.
- Empfindliche Stoffe bügelt man unter Seidenpapier.

Dem Schmutz an den Kragen

An Hemd- und Blusenkragen setzt sich schnell Schmutz fest, dem Sie schon vor der Wäsche zu Leibe rücken sollten.

etwas grobes Salz
1 EL Alkohol (90%)

Das Salz im Alkohol auflösen. Die Flüssigkeit mit einem Schwamm auf den Kragen auftragen. Einige Zeit einziehen lassen. Anschließend ausspülen und waschen wie gewohnt.

Extra-Feines für Samtkragen

Samtkragen weisen am Rand und innen schnell Fettstreifen auf, die Sie ohne großen Aufwand entfernen können.

Kreide
einige Blätter Löschpapier

Die Kreide fein reiben. Danach ein Blatt Löschpapier auf den Samtkragen legen. Das Kreidepulver darauf streuen. Ein zweites Blatt darauf legen und ein heißes Bügeleisen darauf stellen, bis Fettflecken zu sehen sind. Das Löschpapier mehrmals austauschen, bis alles Fett aufgesogen ist.

Sonderfall – seidene Krawatten

Seidenkrawatten müssen nicht unbedingt sofort in die chemische Reinigung – probieren Sie doch vorher die Kraft der Kartoffel aus.

rohe Kartoffeln
Leinentuch
Wasser

Die rohen Kartoffeln reiben und im Tuch auspressen. Den Saft ins Wasser geben, die Krawatten darin waschen, nachspülen.

Großmutters Kräuterkissen

Früher bekämpften die Menschen Krankheiten und Schädlinge hauptsächlich mithilfe von Kräutern, und auch heute setzt man wieder vermehrt auf deren Wirkung.

Kräuter besitzen starke Inhaltsstoffe, die nicht nur beim Würzen in der Küche zur Geltung kommen. Auch im Garten verlässt man sich auf die Kraft der Kräuter, weil sie Schädlinge fern halten oder das Wachstum anderer Pflanzen fördern können. Das Wissen um die nützlichen Gartenhelfer war früher weit verbreitet, und man profitierte von den Erkenntnissen gerne auch im Haus. So legte man beispielsweise zur Abwehr von Insekten kleine, mit Kräutern gefüllte Kissen in den Wäscheschrank. Besonders beliebt war das Lavendelsäckchen, das gegen Motten half und darüber hinaus wegen seines angenehmen Dufts geschätzt wurde. Seine Geschichte reicht bis ins 14. Jahrhundert zurück. „Dein Atem ist lieblicher als Balsam, und du duftest so süß wie die Lavendelblüten in der Wäschetruhe", heißt es in einem Text aus jener Zeit, in dem eine schöne Frau beschrieben wird. Einen ähnlich betörenden Duft wie Lavendel verströmen auch Eberraute, Rainfarn, Rosmarin und Iriswurzel. Diese Kräuter, die sich zugleich zur Mottenabwehr in Wäscheschränken eignen, werden in das selbst gemachte Kräuterkissen gefüllt, das auf diesen beiden Seiten vorgestellt wird. Dazu verwandeln Sie ein zartes weißes Taschentuch mit verzierter Kante in einen hübschen Kissenbezug. Er wird so gefaltet, dass eine Klappe entsteht, die schließlich mit einem individuellen Muster aus aufgestickten Perlen geschmückt wird.

Kräuterkissen – so wird's gemacht

Die Ecken eines Baumwoll- oder Taschentuchs nacheinander zur Mitte legen und bügeln. Sie sollen sich überlappen und die Form eines Briefumschlags haben.

Ein farblich passendes Nähgarn auswählen und damit die inneren Kanten mit einigen Stichen befestigen. Die Klappe mit Perlen besticken.

Je nach Größe des Kissens 4 Teile Rainfarn, 4 Teile Eberraute, 2 Teile Lavendel, 1 Teil Rosmarin, 1/2 Teil gemahlene Iriswurzel mischen und in das Kissen füllen. Die Klappe mit einigen Stichen festnähen.

Pflege für braune Schuhe

Zur gründlichen Reinigung brauner Lederschuhe eignet sich diese schnell und einfach zubereitete Lösung.

3 TL fettarme Milch
1 TL Terpentinöl

Die Milch und das Terpentin mischen. Ein Tuch darin tränken und die Schuhe abreiben.

Saures für das Wildleder

Flecken an Wildlederschuhen können Sie mit sehr feinem Schmirgelpapier entfernen. Zum Pflegen ist dieses Spray geeignet.

15 ml Obstessig
170 ml Wasser

Den Essig und das Wasser nacheinander in eine Sprühflasche füllen. Die Schuhe einsprühen, trocknen lassen und mit einer Wildlederbürste aufrauen.

Bienenwachs, Lanolin und Sojaöl ergeben eine hervorragende Pflegecreme für Lederschuhe.

Farblose Schuhcreme

Diese Creme ist ganz aus natürlichen Mitteln hergestellt und besonders gut für helle Schuhe geeignet.

5 g Bienenwachs
5 gehäufte TL Lanolin
30 ml Sojaöl

Alle Zutaten im Wasserbad vorsichtig erhitzen, bis das Wachs geschmolzen ist. Dann die Mischung mit einem Handrührgerät auf kleiner Stufe verrühren, bis sie cremig ist. Das Ganze in eine Dose füllen. Das Mittel hält sich etwa acht Monate.

Meilenweit mit den Schuhsohlen

Neue oder frisch besohlte Schuhe mit Ledersohlen sollten Sie mit Schmirgelpapier etwas abreiben, damit sie nicht so glatt sind. Wenn sich Ledersohlen nicht so schnell abnutzen sollen, empfiehlt sich ein für diesen Zweck erprobtes Rezept.

dicke Wasserglaslösung
150 g Leinölfirnis

Aus den Zutaten eine Lösung zubereiten. Die Sohlen säubern und erwärmen, anschließend die Lösung mehrmals auftragen.

Schutz gegen Feuchtigkeit

Im Winter weichen Stiefel durch Schnee und Matsch auf, deshalb sollte man sie gegen Feuchtigkeit schützen.

2 EL Bienenwachs
1 EL Schafsfett

Wachs und Fett im Wasserbad schmelzen. Etwas erkalten lassen und die Mischung mit einem Tuch auftragen. Die Stiefel über Nacht stehen lassen. Am nächsten Tag mit einem weichen Wolltuch das Fett abreiben.

Neuer Glanz für Lackleder

Dass Sahne nicht nur ein besonderer Leckerbissen für Schleckermäuler ist, beweist dieses Pflegemittel.

25 ml Leinöl
50 ml Sahne

Das Leinöl und die Sahne miteinander vermischen. Ein weiches Tuch in die Flüssigkeit tauchen und das Lackleder damit reiben, bis es einen schönen Glanz erhalten hat.

Milde Pflege für feine weiße Lederwaren

Ein einfaches Mittel aus natürlichen Zutaten, die in den meisten Küchen vorhanden sind.

1 EL Milch
Eiweiß

Milch und Eiweiß verrühren. Ein helles Tuch mit der Flüssigkeit befeuchten und gleichmäßig auftragen.

Schluss mit Rändern

Wenn man mit diesem einfachen Mittel vorbeugt, bekommen Lederschuhe keine hässlichen Ränder.

etwas Essig
Wasser

Etwas Essig mit Wasser vermischen und die Lederschuhe mit dem kalten Essigwasser abreiben. Anschließend die Schuhe mit Zeitungspapier ausstopfen. Erst, wenn die Schuhe vollkommen trocken sind, eincremen. Wenn man im Winter Schneeränder an den Schuhen verhindern möchte, kann man die Schuhe auch öfters mit ein wenig Milch einreiben.

Der gute Rat

Flecken auf Leder entfernen

- Fleckige Glattlederschuhe bekommt man am einfachsten wieder schön, wenn man sie mit einer Zwiebelhälfte abreibt und danach mit einem weichen Tuch poliert.

Vor Nässe schützen

- 15 ml Glyzerin, 15 ml Obstessig und 70 ml Wasser miteinander vermischt ergeben eine Lösung, die man mit einer Sprühflasche sehr gut zum Imprägnieren von Wildleder verwenden kann.
- Das Oberleder von Schuhen wird wasserdicht, wenn man es mehrmals mit Rizinusöl einreibt.
- Sind Schuhe trotz aller Vorsichtsmaßnahmen doch einmal feucht geworden, legt man klein gehackte Kastanien hinein. So werden die Schuhe wesentlich schneller trocken. Auf keinen Fall darf man die Schuhe direkt an einem Ofen trocknen – das Leder wird sonst spröde und rissig.

Reinigung verschiedener Lederartikel

- Verschmutzte Wildlederhandschuhe wäscht man in einem Gemisch aus lauwarmem Seifenwasser, Salmiakgeist und Stearinsäure.
- Handschuhe aus Nappaleder behandelt man am besten mit ein wenig Rizinusöl.
- Weiße Lederhandschuhe können Sie ganz leicht reinigen, indem Sie etwas Mehl auf die Handschuhe streuen und es nach einigen Minuten einfach wieder abbürsten.
- Farbige Ledergürtel lassen sich sehr gut mit heißem Wasser und Hirschhornsalz reinigen.
- Speckige Kragen und Manschetten an Wildlederjacken lassen sich am besten mit einem Radiergummi abrubbeln.
- Das Pelzfutter in Schuhen wird wieder sauber, wenn ein wenig Talkumpuder hineingestreut wird. Nach ein paar Stunden wird das Pulver dann wieder herausgeschüttelt.
- Rauleder kann man hervorragend mithilfe von gebranntem Magnesium aus der Apotheke behandeln: Das Magnesium auf das Leder aufstreuen, ungefähr 24 Stunden lang einwirken lassen und anschließend nur ausschütteln oder wegbürsten.
- Den Reisestaub von feinen Lederkoffern entfernt man mit einer Lösung aus Milch und Terpentin.

Leder selbst imprägnieren

Vor allem im Winter, bei Matsch und Schnee, setzt Nässe schönen Lederschuhen sehr zu. Durchweichtes Schuhwerk lässt sich aber vermeiden, wenn man das Leder auf natürliche Weise richtig pflegt.

Lange galten Lederschuhe als Luxusartikel für die gehobene Schicht. Ende des 19. Jahrhunderts wurden sie zwar mit der industriellen Fertigung für die Allgemeinheit erschwinglich, blieben jedoch unvermindert wertvoll. Aus Sparsamkeit lernten viele Besitzer, wie man Schuhe reparierte. Außerdem wurde das Leder täglich gepflegt, damit es länger hielt. Sohlen, Absatz und Sohlenrand wurden gründlich gebürstet, ehe man das Oberleder mit Bürste oder Tuch vom Schmutz befreite. Dann wurde dünn Schuhcreme aufgetragen, zum Schluss rieb man das Leder mit einer weichen Bürste oder einem Tuch glänzend. Abends spannte man die Schuhe auf Holzleisten. Besondere Pflege wurde kostbaren Schuhen im Winter zuteil. Zum Schutz vor Kälte und um zu verhindern, dass nass gewordenes Leder hart und rissig wurde, behandelte man sie mit selbst hergestellten Imprägniermitteln.

Schuhe winterfest – so wird's gemacht

80 g Bienenwachs und 30 g gebleichtes Bienenwachs raspeln. Zu etwa 600 ml reinem Terpentin geben und vorsichtig im Wasserbad erhitzen.

30 g Seifenflocken in 600 ml Wasser schütten und so lange erhitzen, bis sich die Flocken aufgelöst haben.

Die Seifenlauge unter kräftigem Rühren mit der flüssigen Wachs-Terpentin-Lösung mischen. Es soll eine gleichmäßige Emulsion entstehen. In eine beschriftete Flasche gießen und fest verschließen.

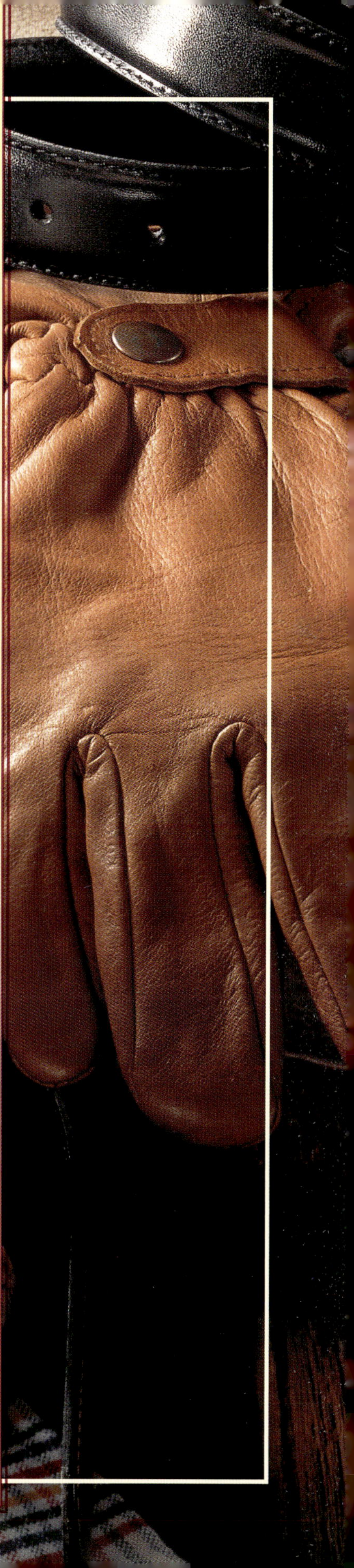

Von Glas bis Gold – edle Dinge pflegen

Zu Großmutters Zeiten war es in bürgerlichen Kreisen üblich, der Braut ein so genanntes Haushaltsbuch zu schenken. Oftmals war dies aber kein gedrucktes Buch, sondern ein in schöner Handschrift geschriebenes und sorgfältig gebundenes Heft, in dem die Mutter der Braut ihre eigenen Erfahrungen und Ratschläge weitergab. In der Einleitung wurden die Hausfrauentugenden erläutert, dann folgten alle wichtigen Themen der Haushaltsführung: richtig Kochen und Backen mit zahlreichen Geheimrezepten, korrekte Kinderpflege, Handarbeiten, Anschaffung und Wartung von Maschinen. Sehr breiten Raum nahmen auch die Themen Waschen, Putzen und Reinigen ein. Gerade auf die Pflege von Gold, Silber, Kupfer, Messing und Zinn wurde viel Sorgfalt verwendet, denn es war der ganze Stolz der Hausfrau, wenn alle ihre kostbaren Gerätschaften schön glänzten und funkelten.

Kaum zu glauben, aber wahr: Eierschalen und Zitronensaft zaubern den schönsten Glanz aufs Glas.

Zum schönen Bild gehört ein gepflegter Rahmen

Bei schweren Gemälden sollten Sie an der Rückseite des Rahmens kleine Klötzchen aus Holz oder Kork anbringen. So wird die Wand geschont und die Zirkulation der Luft gefördert. Dann kann keine Feuchtigkeit in Bild und Rahmen dringen.

Polierte Holzrahmen können Sie mit einem nur wenig angefeuchteten Fensterleder abreiben. Schwieriger sind vergoldete Rahmen zu pflegen. Sie sollten dabei vorsichtig verfahren, weil das Gold nur sehr dünn aufgetragen ist und leicht abgerieben wird.

Schonende Pflege

Dieses Mittel ist sowohl für Bilder- als auch für Spiegelrahmen gut geeignet.

2 EL Salmiakgeist
1/4 l lauwarmes Wasser

Den Salmiakgeist in das Wasser geben, gut vermischen und den Rahmen mit einem Schwamm reinigen.

Für das edelste Material nur das Beste

Nur bei hartnäckigem Schmutz sollten Sie einen Goldrahmen gründlich reinigen.

10 g Salmiakgeist
40 g Seifenspiritus
1 Eiweiß
1 Prise Salz

Salmiak und Spiritus mischen. Einen Wattebausch in die Flüssigkeit tauchen und vorsichtig den Rahmen abtupfen. Anschließend Eiweiß und Salz verrühren und den Rahmen abreiben. Zum Schluss mit einem weichen Tuch blank polieren.

Karaffen und Vasen aus Glas

Gläser für den täglichen Gebrauch sind heute spülmaschinenfest. Kostbare Blei- oder Kristallglaswaren sollten Sie von Hand waschen: mit Seifenwasser säubern, trocknen und mit Fensterleder polieren.

Knifflige Stellen reinigen

Mit diesem Mittel kommen Sie in jedes noch so raffiniert geformte Glas.

Eierschalen
Zitronensaft

Die Menge der Zutaten richtet sich nach der Größe des Gefäßes. Die Eierschalen zerkleinern und den Zitronensaft darüber gießen. Zwei Tage stehen lassen. Dann die Flüssigkeit im Gefäß schwenken.

Ungetrübte Gläser

Einzelne Flecken können Sie mit einer rohen Kartoffel entfernen, bei großflächigen Stellen hilft dieses Mittel.

Wasser
Pottasche
Salmiakgeist

Wasser, Pottasche und Salmiakgeist mischen und in das Gefäß gießen. Einige Stunden stehen lassen, dann ausspülen.

Tee gegen Grünalgen

Wenn ein Blumenstrauß längere Zeit im Wasser steht, entsteht ein Grünalgenbelag.

1 Hand voll schwarze Teeblätter
Essig

Die Teeblätter in die Glasvase geben und mit dem Essig begießen. Die Flüssigkeit schwenken, bis der Belag beseitigt ist.

Flaschenbürsten

Eine Zeit lang waren sie etwas aus der Mode gekommen, doch mittlerweile hat man ihren praktischen Wert wieder entdeckt.

So wird Kupfer blank

In früheren Zeiten hatte jeder gute Haushalt, der etwas auf sich hielt, die Küche mit blitzendem Kupfergeschirr gefüllt. Der Nachteil daran: Auf dem bräunlichen Metall kann sich Grünspan bilden, der gesundheitliche Schäden verursacht. Daher darf Kupfer nicht mit Lebensmitteln direkt in Berührung kommen, das Geschirr muss innen beschichtet sein.

Setzt sich auf Gegenständen aus Kupfer Grünspan an, sollte er möglichst sofort entfernt werden.

Grünspan – muss nicht sein

Polierte Gegenstände aus Kupfer werden mit Öl abgerieben, lackierte mit warmem Wasser und Weinessig. Säure und Fette ergeben mit Kupfer den gefürchteten Grünspan.

Wasser
Salz
Salmiakgeist
Kreide

Wasser, Salz und Salmiak gründlich vermischen. Ein Tuch eintauchen und den Grünspan abreiben. Mit der Kreide blank reiben.

Damit alles glänzt, was Gold ist

Gold läuft mit der Zeit ebenso wie Silber an und bekommt einen schwärzlichen Belag. Ein altes Verfahren, diesen Belag zu beseitigen, bestand darin, das Gold mit Zigarrenasche und einem Flanelltuch abzureiben. Vergoldete Gegenstände legte man in Wasser mit Schmierseife.

Grundsätzlich sollte aller Schmuck, der direkt auf der Haut getragen wird, regelmäßig gereinigt werden, um das Hautfett zu beseitigen.

Schwarzfärbung bei Gold entfernen

Bevor Sie goldene Gegenstände mit den hier angeführten Mitteln reinigen, sollten Sie sicher sein, dass es sich um echtes Gold handelt. Im Zweifelsfall wischen Sie den Schmuck lediglich mit lauwarmem Wasser und einem Fensterleder ab.

11 g Chlorkalk
1 g Salz
18 g lauwarmes Wasser

Chlorkalk und Salz im Wasser auflösen. Mit einer weichen Bürste und der Flüssigkeit die Färbung entfernen.

So wird Goldschmuck schön

Für diesen Schmuckreiniger braucht man weiches Wasser – am besten eignet sich Regenwasser.

25 g Ammoniak
1/2 l weiches Wasser

Die Zutaten in einen Topf geben und den Schmuck hineinlegen. Etwa 10 Minuten kochen lassen. Mit kaltem Wasser abspülen und mit einem Fensterleder gründlich abreiben.

Silber, Messing und Zinn richtig pflegen

Silberbesteck wird am besten in einer Schublade, die mit Samt ausgeschlagen ist, oder in einem Besteckkasten aufbewahrt. Messingbeschläge sollten Sie regelmäßig mit einem Fensterleder abreiben. Geschirr aus Zinn dient heutzutage meist nur noch zu dekorativen Zwecken.

Schönes Silber lieb' ich sehr ...

Ein günstiges und wirksames Hausmittel macht Ihr Silber wieder sauber und blank.

1 l Wasser
4 TL Salz
4 TL Soda

Die Zutaten mischen. Das Silber etwa 10 Minuten hineinlegen und dann gut spülen. Mit einem Fensterleder polieren.

Messing blank reiben

Die Mittel zur Pflege von Kupfer kann man auch für Messinggegenstände nehmen.

einige Tropfen Petroleum
einige Tropfen Spiritus

Beide Zutaten mischen. Ein Tuch eintauchen und das Messing damit abreiben.

Kohl tut Zinn wohl

Nehmen Sie äußere Blätter eines Kohlkopfs.

einige Kohlblätter
grüne Blätter einer Lauchstange

Die Kohlblätter klein hacken. Das Zinn damit abreiben. Mit klarem Wasser abspülen und mit dem Lauch abreiben. Wieder mit klarem Wasser abspülen und mit einem weichen Tuch trockenreiben.

Der gute Rat

Die beste Pflege für Bilder und Glas

- Ein Ölgemälde reibt man vorsichtig mit einer halbierten rohen Kartoffel ab oder tupft es mit frischen Weißbrotkrumen ab.
- Eine andere Möglichkeit Ölgemälde zu pflegen besteht darin, ein weiches Tuch in warme Milch zu tunken und das Bild vorsichtig abzureiben. Zum Schluss wird es mit einem Seidentuch getrocknet.
- Wenn man wertvolles Kristallglas von Hand spült und etwas Ammoniak zugibt, funkelt es wieder wie neu.
- Glas-, aber auch Kunststoffflaschen kann man mit Reis säubern: ein paar Körner und wenige Tropfen Wasser in die Flaschen geben und gut schütteln. Danach gründlich ausspülen.
- Ein Wassersteinansatz an Gläsern lässt sich leicht mit Essig lösen.

Aus Großmutters Trickkiste für Kupfer, Messing, Silber

- Kupfergeschirr wird blank, wenn man es mit einem Tuch poliert, das in Essig getaucht und mit etwas Salz bestreut wurde.
- Messing reinigt man mit einer Paste aus Salz und Essig. Man kann auch Salz und Speiseöl nehmen.
- Wasserhähne, Türklinken oder Stangen aus Messing werden dünn mit Bohnerwachs eingerieben, dann bleiben sie länger blank.
- Trübes Messing wird in Sauerkrautsaft gelegt.
- Messing erstrahlt im alten Glanz, wenn es mit einem in Stearinöl getränkten Tuch abgerieben wird, auf das eine Messerspitze ganz feiner Sand gestreut wurde – danach blank polieren.
- Gold- und Silberschmuck glänzt wieder, wenn er mit Zahnpasta poliert wurde.
- Ein Stück Kreide in der Schmuckschatulle verzögert das Anlaufen des Schmucks.
- Schwarz gewordenes Silber reibt man mit Salmiakgeist ab und poliert es dann.
- Angelaufenes Silbergeschirr kann man auch in Buttermilch legen und danach blank polieren.
- Ist Zinn stark verschmutzt, wird es mit warmem Bier und einer weichen Bürste gereinigt und anschließend gut abgerieben.
- Zur Zinnpflege kann man eine Hand voll Zinnkraut (Ackerschaltelhalm) nehmen: Zinn in eine Schüssel voll Wasser legen, Zinnkraut und 1 TL Essig zugeben und über Nacht stehen lassen. Mit einem Tuch blank reiben.

Frische Düfte im ganzen Haus

Angenehme Luft in allen Räumen trägt viel zu einer heimeligen und entspannenden Atmosphäre bei. Das wussten auch schon unsere Großeltern. Daher hatten die Wohlhabenderen unter ihnen vielfach eigene Kräuterstuben, die unter der besonderen Obhut einer Magd standen. Diese musste darauf achten, dass die Vorräte an getrockneten Blumen und Kräutern immer ausreichten. Meist konnte sie auch Parfüm oder schöne Potpourris für die eleganten Salons herstellen. Außerdem war es die Aufgabe dieser Magd, in den Schlafzimmern und Toiletten duftende Kräuter und Blüten zu verteilen und kleine Sträußchen zu binden, die die Herrschaften auf der Straße vor unangenehmen Gerüchen schützen sollten. Nachdem heute aber kaum noch Hausangestellte beschäftigt werden, sorgt man am besten selbst für frische Düfte in Haus und Wohnung. Omas Rezepte und Tricks kommen da gerade recht! Mit Duftsäckchen, getrockneten Blumenblättern und Kräutern können Sie Ihr Heim in eine angenehm duftende Oase verwandeln. Alles, was Sie dazu brauchen, sind ein paar wohlriechende Pflanzen. Die bekanntesten sind wohl Rose und Lavendel. Ersetzen Sie unnatürliche Raumsprays durch die Kraft der Natur!

Getrocknete Rosenblätter in einem schönen Gefäß bezaubern durch ihren Anblick wie durch ihren Duft.

Frische in die Räume!

Bei „dicker Luft" helfen so genannte Luftverbesserer, die auch gezielt gegen einen bestimmten Geruch, z. B. Tabakrauch, eingesetzt werden. Einen anhaltenden Duft erzeugen Sie mit einem Potpourri.

Hilfe aus Australien

Für die hier verwendeten Eukalyptusblätter müssen Sie nicht zum fünften Kontinent reisen – sie sind in der Apotheke erhältlich.

200 g Eukalyptusblätter
1 l farbloser Essig

Blätter und Essig in ein verschließbares Gefäß geben. Bei Bedarf einige Esslöffel der Mischung erhitzen und im Raum verdampfen lassen.

Gegen dicke Luft

Ätherische Öle sind in einer großen Vielfalt erhältlich. Die Dämpfe des Fichtennadelöls eignen sich außerdem zum Inhalieren bei Erkältungen.

Leinen- oder Baumwolltücher
Fichtennadelöl

Die Tücher mit Öl beträufeln und im Raum an mehreren Stellen aufhängen.

Tabakrauch vertreiben

Auch durch lang anhaltendes Lüften ist Tabakgeruch oft schwer zu beseitigen. Da hilft diese bewährte Essenz.

1 EL Ammoniaksalz
1 EL Lavendelessenz

Ammoniak und Lavendel in einer Schale mischen und im Raum aufstellen, bis der Geruch verschwunden ist.

Potpourri – der duftende „Blumeneintopf"

Ein Potpourri besteht meist aus drei Elementen: aus dem Duft, den Fixiermitteln und dem Füllmaterial. Für den Duft sorgen Öle und Gewürze, die Fixiermittel verhindern, dass der Duft sofort verfliegt, und das Füllmaterial ist für das schöne Aussehen zuständig. Die Rezepte können Sie nach Ihrem Geschmack variieren. Zum Trocknen werden die Blätter oder Blüten auf Zeitungspapier gelegt und – vor Sonneneinstrahlung und Zugluft geschützt – an einen warmen Ort gestellt.

Potpourri aus Sommerdüften

Die Blüten und Blätter können Sie getrocknet kaufen oder selbst trocknen.

200 g Lavendelblüten
120 g Zitronenstrauchblätter
50 g Jasminblüten
1 EL Veilchenwurzelpulver
1 EL gemahlener Zimt
3 Tropfen Lavendelöl

Die Pflanzen und Gewürze mischen, das Duftöl darüber tröpfeln und einige Zeit an einem kühlen Ort durchziehen lassen.

Wem steigt bei diesem herrlichen Arrangement nicht der Duft des Sommers in die Nase?

Der gute Rat

Ungebetene Tiere verjagen oder in die Falle locken

- Ameisen nehmen beim Geruch von Tomatenblättern und frischem Kerbelkraut Reißaus.
- Eine „süße“ Falle für Ameisen besteht aus einem sauberen Schwamm, auf den Zucker gestreut wurde. Binnen kurzem siedeln sich Ameisen darauf an. Der Schwamm wird dann in kochendes Wasser gelegt.
- Ameisenstraßen bestreut man mit Koch- oder Streusalz oder mit Kalk.
- Fliegen kommen nicht ins Haus, wenn auf der Fensterbank Rizinus-, Tomaten- oder Basilikumpflanzen im Topf stehen.
- Der Geruch von aufgehängten Minze- oder Lavendelsträußen hält Fliegen fern.
- Kellerasseln ködert man mit ausgehöhlten Kartoffeln, die dann auf dem Kompost entsorgt werden.
- Küchenschaben treibt man mit Kampfer aus ihren Löchern und Ritzen, danach müssen alle Schlupflöcher sorgfältig verkittet oder ausgefugt werden.
- Man kann ein Tuch in Bier tränken und es an die Stelle legen, wo sich die Schaben aufhalten. Das Tuch dann in kochendes Wasser legen.
- Die Wohnräume bleiben mückenfrei, wenn ein offenes Fläschchen mit Nelkenöl aufgestellt wird.
- Wenn Mäuse vereinzelt im Haus auftauchen, braucht man nicht unbedingt eine Mausefalle. Man legt stattdessen Sträuße von Pfefferminze und Echter Kamille aus oder verteilt Gefäße mit Pfefferminzöl.
- Bei der Verdauung von bitteren Mandeln entsteht giftige Blausäure. Um die Mäuse anzulocken und zu überlisten, werden die Mandeln klein gehackt und mit Mehl und Puderzucker bestreut.

Haus- und Hoftiere von Ungeziefer frei halten

- Hat ein Vogel Milben, dann hängt man ein dickes weißes Tuch an die Käfigwand. Die Milben setzen sich darauf nieder und können entsorgt werden.
- Hat ein Hofhund Ungeziefer, legt man ihm Walnussblätter in sein Lager.
- So befreit man Hund und Katze von Ungeziefer: Man kocht 2 EL Wermut und 1 l Wasser auf, lässt die Mischung einige Stunden zugedeckt stehen und reibt dann das Fell des Tieres tüchtig ein. Anschließend gut nachspülen und zum Schluss auskämmen.

Was bei der Schädlingsbekämpfung zu beachten ist

Sollten Sie ungebetene Gäste aus dem Tierreich haben, stellen Sie zunächst fest, um welche Art es sich handelt. Dann können Sie die Bekämpfung gezielt ausrichten. Einzelne Ameisen oder andere Insekten können Sie mit dem Staubsauger beseitigen, falls Sie den Tieren nicht „zu nahe“ kommen wollen. Tauchen Schädlinge, beispielsweise Schaben, immer wieder auf, empfiehlt es sich, vorbeugende Maßnahmen zu ergreifen. In der Küche sollten alle Lebensmittel fest verschlossen aufbewahrt werden, und alle Ritzen sollten abgedichtet sein, damit sich dort keine Insekten einnisten können.

Stoppt die Ameisen!

Zur Vorbeugung können Sie an allen Wohnungszugängen Gewürznelken auslegen. Haben sich Ameisen schon eingenistet, stellen Sie folgende Falle auf.

½ l Wasser
1 EL Zucker
2 EL Hefe

Den Zucker und die Hefe im Wasser auflösen. In flache Gefäße füllen und in Haus oder Wohnung verteilen.

Hilfe bei hartnäckigem Befall

Pulverförmiges Natron hilft sowohl in einer Trockenmischung, als auch als Lösung, die als Nahrung angeboten wird.

1 EL Natron
1 EL Puderzucker

Die Zutaten mischen und in der Nähe des Eingangs zum Ameisenbau verstreuen. Bei Bedarf wiederholen.

Ameisenhaufen beseitigen

Ameisenhaufen im Garten sollten Sie dulden, denn die Tiere vertilgen viele Pflanzenschädlinge. Im Haus oder in dessen unmittelbarer Nähe sollten Sie Nester aber entfernen.

1 Teil Kampfer
9 Teile Spiritus

Den Kampfer und den Spiritus vermischen. Die Flüssigkeit über den Ameisenhaufen gießen. Haben die Ameisen ihr Nest in einem Hohlraum, können Sie reines Kampferöl hineingießen.

Ein Seil als Fliegenfänger

Mastix ist in Apotheken erhältlich.

50 cm langes Seil
1 Stück Harz
Salatöl
einige Tropfen Mastix

Das Harz schmelzen. Mit etwa halb so viel Salatöl mischen und den Mastix unterrühren. Das Seil damit tränken.

Fallen für Kellerasseln

Kellerasseln sind grau und haben sieben Paar Beine. Sie richten kaum Schaden an, erregen jedoch bei vielen Menschen Ekel.

Holzwolle
Moos
gekochte Kartoffeln
Blumentöpfe

Die Holzwolle und das Moos anfeuchten. Beides mit Resten von gekochten Kartoffeln in die Blumentöpfe füllen. Mit der Öffnung zur Wand im Abstand von 3 cm auf den Boden legen. Wenn Asseln hineingekrochen sind, die Füllung auf den Kompost werfen.

Kräuter gegen Motten

Motten meiden Schränke, die regelmäßig gelüftet werden. Auch Gerüche von bestimmten Kräutern behagen ihnen nicht, darunter beispielsweise Eberraute, Kampferlorbeer, Rainfarn und Waldmeister.

feiner Baumwollstoff
Kräuter

Aus dem Stoff Säckchen nähen. Mit einer beliebigen Mischung aus den oben angeführten Kräutern füllen, mit einem Band verschließen und zwischen die Wäsche- oder Kleidungsstücke legen.

Motten aus Polstern verjagen

Haben sich Motten in Polstern eingenistet, stellen Sie ihnen eine Falle.

1 kleine Pappschachtel
etwas unbehandelte Rohwolle

In die Schachtel mehrere Löcher mit etwa 2 cm Durchmesser schneiden.
Die Wolle oder auch weiche Stoffreste hineinlegen. Nach einer Woche die Falle ausräumen und neu füllen.

Silberfischchen vertreiben

Silberfischchen sind nachtaktive Tiere. Die Tipps sollten daher nachts angewendet werden. Verwenden Sie das Rezept auf S. 200 („Hilfe bei hartnäckigem Befall"), oder probieren Sie folgende Methode aus.

weiße Baumwolltücher
etwas Gipspulver

Die Tücher mit Wasser anfeuchten, Gips darauf streuen und in die befallenen Räume legen. Am nächsten Morgen die Tücher im Freien ausschütteln oder die Tiere in heißem Wasser vernichten.

Fliegenfalle
In diesen raffiniert geformten Glasbehälter gelangen Fliegen zwar durch die enge Öffnung hinein, aber dann nicht wieder heraus.

Dekorative Duftkugeln

Die Duftspender aus Großmutters Zeit erleben heute wieder eine Renaissance. Sie sind hübsch anzusehen und kinderleicht herzustellen.

Wer erinnert sich nicht gern an die Kindheit, als die Familie in der Vorweihnachtszeit beisammensaß und bastelte? Kerzen brannten, und der Duft von Tannennadeln, Weihnachtsgebäck, Orangen, Punsch und Gewürzen erfüllte das ganze Haus. Es war Sitte, am Fest Großeltern, Tanten, Onkel und Freunde zu beschenken, und in vielen Familien wurden diese Geschenke selbst gemacht. Also strickten und stickten die Frauen in der Vorweihnachtszeit, während die Männer schnitzten und sägten. Die Kinder falteten und klebten und zauberten so aus allerlei Gegenständen Figuren. Selbst die Kleinsten machten mit und verzierten Nüsse, Äpfel, Zitronen oder Orangen. Am liebsten bemalten die Kinder Nüsse, aber auch die Herstellung der so genannten Duftkugeln wurde ihnen anvertraut. Bestimmte Früchte wurden dabei mit Gewürzen gespickt, die später in Haus und Wohnung für den typisch weihnachtlichen Duft sorgten. In den letzten Jahren ist diese Tradition wieder in Mode gekommen. Vor allem Orangen, die man mit Nelken spickt, werden zur Herstellung verwendet. Weil sie ihren angenehmen Geruch mehrere Monate lang verströmen, werden sie auch nach der Weihnachtszeit als Duftspender z. B. in Schränke und Schubladen gelegt. Am besten geeignet sind schöne, feste und dickschalige Früchte. In diesem Rezept wird die Orange in Gewürzpulver gewälzt, in eine Papiertüte gelegt und 4–6 Wochen an einem warmen, dunklen Ort gelagert. Auf diese Weise ziehen die Gewürze in die Schale ein und sorgen damit für die erwünschte lang anhaltende Wirkung.

Duftkugeln – so werden sie gemacht

Eine Orange mit zwei Streifen Klebeband umwickeln. Die frei bleibende Schale mit Gewürznelken spicken, wobei man die Löcher mit einer dünnen Stricknadel vorbohren kann.

Muskatnuss, Zimt- und Iriswurzelpulver mischen, Früchte darin wälzen. In eine Papierserviette wickeln und an einem warmen Ort trocknen.

Die Klebestreifen vorsichtig abziehen, die Frucht mit einem Seidenband umwickeln und eine Schlaufe zum Aufhängen binden.

KAKAO

4

KÜCHE

Die leckersten Rezepte…

… für Eingelegtes und Pikantes, für Marmelade und Säfte, für Liköre und Wein, für Brot und süße Leckereien kannte Großmutter in Hülle und Fülle. Mmmh, wie gut das Selbstgemachte schmeckte! Kein Wunder, denn nicht nur beim Kochen und Backen, sondern auch beim Konservieren verließ sich Großmutter weitgehend auf natürliche Zutaten und Hilfsmittel. Ihre besten Rezepte und wichtigsten Techniken und Kniffe werden in diesem Kapitel verraten. Entdecken Sie z. B. wie man

- *Obst, Gemüse und Pilze einkocht, einlegt oder dörrt*
- *Essig und Öl aromatisiert*
- *einen Rumtopf ansetzt*
- *Marzipan selbst herstellt*
- *und Früchte kandiert.*

Trocknen auf natürliche Art

Lange bevor andere Konservierungsarten bekannt waren, verstanden es unsere Vorfahren, Nahrungsmittel in Zeiten des Überflusses durch Trocknen oder Dörren für Mangelzeiten haltbar zu machen. Schon frühe Kulturen beherrschten die einfachen Techniken, und in Texten der Antike wird geschildert, wie z. B. Feigen zerstampft, zu Broten geformt und an der Sonne getrocknet wurden. In der Wärme der Sonne oder eines Ofens trockneten noch unsere Großmütter mit wenig Aufwand ihr selbst angebautes Obst und auch Gemüse.

Leider ist diese Kunst in unserer Zeit etwas in Vergessenheit geraten. Je mehr jedoch im Hinblick auf eine gesunde und vitaminreiche Ernährung Trockenfrüchte wie Aprikosen, Feigen oder Ananas wieder einen Platz in den Regalen der Supermärkte erobern, finden auch getrocknete heimische Früchte und Gemüse wieder Liebhaber. Allerdings sind die im Handel erhältlichen Früchte oftmals durch Schwefeln haltbar gemacht, und über ihre Vorbehandlung ist nichts bekannt. Mithilfe von Großmutters Rezepten können Sie Obst, Gemüse, Pilze und Kräuter ohne Konservierungsmittel trocknen. Der Vorgang ist einfach, erfordert aber etwas Zeit und Geduld. Belohnt werden Sie mit einem Vorrat leckerer Zutaten für Ihre Küche.

Nach dem Dörren nimmt man die Apfelringe von den Bambusstäben und lässt sie im Liegen auskühlen.

Sommerobst – Winterfreude

Wohl jeder kennt Früchtemüsli mit Apfelringen und Dörrpflaumen, die geschätzt werden, weil sie die Verdauung fördern. Doch wer weiß schon, wie leicht diese oder Aprikosen, Pfirsiche, Weintrauben, Birnen oder Quitten selbst zu trocknen sind. Versuchen Sie es doch einmal. Es gelingt bestimmt, wenn die wichtigste Voraussetzung für die Arbeit erfüllt ist: Man benötigt saubere tadellose Früchte. Diese werden in Scheiben oder Stücke zerteilt, auf Tüchern und Trockenrahmen ausgebreitet bzw. auf Stäben und Gittern im Backofen getrocknet. Gut verpackt und trocken und kühl gelagert, hält sich Dörrobst viele Monate. Es sollte sich elastisch und samtig anfühlen und darf auf Druck keine Flüssigkeit abgeben. Die kürzeste Zeit zum Trocknen benötigen Äpfel, etwa 6–12 Stunden, am längsten dauert es bei Pfirsichen: bis zu 38 Stunden.

Apfelringe

Die Temperatur des Backofens sollte von anfangs 40 °C auf 60–70 °C erhöht und gegen Ende wieder abgesenkt werden.

saftige Äpfel
Wasser und Salz
Apfelausstecher und Bambusstäbe

Die Äpfel waschen, schälen und das Kerngehäuse mit dem Apfelausstecher entfernen. Die Früchte in Ringe schneiden. Damit die Scheiben nicht braun werden, auf je 1 l Wasser 1 TL Salz geben und die Ringe sofort hineinlegen. Vor dem Trockenvorgang trockentupfen. Bambusstäbe auf die Breite des Backofens schneiden, dann die Apfelringe aufreihen. In den Backofen hängen und bei leicht geöffneter Tür trocknen lassen.

Aprikosen, Pfirsiche und Pflaumen dörren

Verwenden Sie große Früchte, da das Steinobst während des Dörrens schrumpft.

Pflaumen, Aprikosen, Pfirsiche
Tücher für Backofengitter

Das Obst waschen. Die Pflaumen ganz lassen, die Aprikosen und Pfirsiche halbieren und von den Steinen befreien. Backofengitter mit Tüchern bedecken und das Obst auflegen – Aprikosen und Pfirsiche mit der Schnittfläche nach oben. Trocknen wie die *Apfelringe*.

Apfelausstecher sind unentbehrlich bei der Zubereitung von Apfelringen oder Bratäpfeln. Wahlweise kann man das Gehäuse auch mit einem scharfen Messer ausschneiden.

Aprikosen verlieren beim Dörrvorgang, der bis zu 2 Tage dauern kann, viel Wasser und Volumen.

Birnenviertel

Gut eignen sich Williamsbirnen, die wie die Apfelringe im Backofen zu trocknen sind.

Birnen
Wasser und Essig

Birnen waschen, schälen, vierteln und vom Kerngehäuse befreien. 1 EL Essig auf je 1 l Wasser geben und die Schnitze hineinlegen. Auf mit Tüchern bedeckten Gittern mit der Schnittfläche nach oben rund 6–8 Stunden trocknen.

Multifunktionsherd
Auf dem Kohleherd wurde gekocht und gebacken, und in der Restwärme trocknete das Obst, das an einer Leine über dem Herd hing.

Gemüse und Pilze dörren

Zum Trocknen von Gemüse eignen sich insbesondere Hülsenfrüchte wie beispielsweise Erbsen, Busch- und Stangenbohnen sowie Pilze und Zwiebeln. Wurzelgemüse wie Möhren und Sellerie lassen sich dagegen besser in Kisten mit Sand lagern, und die meisten anderen Gemüse werden durch Tiefgefrieren oder Einkochen konserviert. Gemüse, das getrocknet werden soll, muss bald nach der Ernte verwertet werden.

Erbsen und Bohnen dörren

Weniger bekannt, aber sehr schmackhaft sind die getrockneten Schoten von Hülsenfrüchten.

Busch- und Stangenbohnen
Wasser

Die Busch- und Stangenbohnen von den Enden befreien, anschließend waschen und blanchieren. Dazu das Gemüse in ein Sieb legen. Einen Topf etwa 5 cm hoch mit Wasser füllen, erhitzen und dann das mit einem Tuch bedeckte Sieb über den Dampf setzen. Das Gemüse einige Minuten blanchieren und schließlich kurz in viel Eiswasser abschrecken. Getrocknet werden die Hülsenfrüchte dann wie die *Apfelringe*.

Getrocknete Erbsen und Bohnen kochen

Trockengemüse wie auch Trockenobst sollte grundsätzlich nur bei mittlerer Hitze gekocht werden.

500 g Trockenerbsen oder Trockenbohnen
Wasser
1 TL Natron

Das Gemüse ungefähr 12 Stunden in eine Schüssel mit kaltem Wasser und Natron legen. Danach abtropfen lassen, abspülen und schließlich in Salzwasser weich kochen.

Die praktischen Zwiebelringe

Getrocknete Zwiebelringe sind eine schnell verfügbare Zutat für allerlei Saucen und Suppen.

1 kg mittelgroße Zwiebeln
2–3 l Wasser

Die Zwiebeln abziehen, in 0,5 cm dicke Scheiben schneiden und danach die Ringe teilen. Das Wasser zum Kochen bringen und die Zwiebeln darin ungefähr 30 Sekunden lang blanchieren. Anschließend abtrocknen und im Backofen etwa 3 Stunden trocknen.

Pilze dörren

Als Trockenpilze ganz besonders beliebt sind Steinpilze und Herbsttrompeten.
Am besten ist es, wenn Sie die Pilze nach dem Dörren in kleinen Portionen abpacken. Dann haben Sie schon jeweils die richtige Menge für schmackhafte Braten und Saucen griffbereit.

frisch gesammelte Pilze
lange, dicke Nadel
Bindfaden

Die Pilze säubern und von den Stielen befreien, große Exemplare sollte man in Stücke schneiden. Mit der Nadel auf Bindfäden fädeln, dabei durch die Mitte stechen und nach jedem Pilz einen Knoten knüpfen. Anschließend die Fäden zum Dörren an einen warmen Platz hängen.

Die aromatischen Schätze des Gartens trocknen

Kräuter sind in Küche und Haus vielfältig einsetzbar. Sie finden nicht nur beim Kochen Verwendung, sondern viele besitzen auch Heilkräfte oder schaffen durch ihren Duft eine besondere Atmosphäre im Haus. Unübertroffen sind zwar die frischen Kräuter, doch auch getrocknet behalten sie viel von ihrem Aroma und ihrer Heilkraft. Zum Trocknen erntet man die Pflanzen am besten morgens, sobald der Tau verdunstet ist. Je nach Kraut werden einzelne Blätter auf Tüchern oder ganze Stängel in Bündeln an einem luftigen, doch zugleich dunklen Platz im Haus oder draußen getrocknet.

Kleinblättrige Kräuter

Vor dem Trocknen jeden Kräuterzweig sorgfältig untersuchen und beschädigte oder welke Blüten und Blätter entfernen.

frische Kräuter
2–3 l Wasser
Küchenpapier, Papiertüten

Die Kräuter bündeln. Das Wasser zum Kochen bringen und die Sträuße kurz eintauchen. Abschütteln und auf Küchenpapier abtropfen lassen. Die Bündel in Papiertüten stecken, damit sie nicht einstauben, dann aufhängen.

Der gute Rat

Hilfsmittel beim Dörren

- Einen Trockenrahmen kann man leicht selbst bauen, indem man über einen Holzrahmen locker Schnüre flicht und alles mit einem Fliegennetz überzieht.
- Rahmen oder Backofengitter werden mit einem Tuch aus Gaze oder Mull bedeckt. Zum Schutz vor Insekten und Vögeln breitet man über das Trockengut ein zweites Tuch.
- Zum Lagern von Dörrgut sind Blech- oder Aluminiumdosen ungeeignet. Zu empfehlen sind dagegen Schraubgläser, Plastikdosen, Keramikgefäße, Papiertüten, Mull- oder Leinensäcke. Etiketten mit dem Datum und Namen des Füllguts verschaffen einen Überblick.

Wichtig beim Trocknen von Obst, Gemüse und Pilzen

- Dörrobst und -gemüse müssen mindestens 5 Tage nachtrocknen, bevor sie in geschlossene Gefäße kommen.
- Der Trockenvorgang dauert im Freien oder in Trockenschränken zwar länger als im Backofen, erfordert aber weniger Energie, und der Backofen kann anderweitig verwendet werden.
- Ideal zum Dörren sind Umluftherde, in die man mehrere Bleche mit verschiedenem Trockengut gleichzeitig schieben kann.
- Getrocknete Pilze sollte man entweder zu Würzpulver verarbeiten oder vor der Verwendung 12 Stunden in kaltem Wasser einweichen.
- Geschälte Trockenfrüchte halten besser, wenn man beim Abpacken Zucker zwischen die einzelnen Fruchtschichten streut.

Küchenkräuter

- Die Trockenzeit frischer Kräuter hängt von der Dicke der Stiele und der Luftfeuchtigkeit am Trockenplatz ab.
- Harte Blattstängel und -rippen kann man entfernen, indem man die trockenen Kräuter vorsichtig zwischen den Handflächen reibt und die Stiele dann entfernt.

Obst und Gemüse einmachen

Kaum jemand kann sich mehr vorstellen, wie es einst im Winter war, wenn weder Südfrüchte noch anderes frisch importiertes Obst und Gemüse aus aller Welt den Speiseplan ergänzten. Wer dagegen früher bei Großmutter in die Speisekammer oder in den Keller ging, konnte sich an gut gefüllten Regalen mit wohl geordneten Einmachglasreihen erfreuen. Rot, gelb, grün – alle Farben des Sommers waren dort vertreten, und so manches Essen mit köstlichem Nachtisch wurde mit diesen Schätzen aus dem Keller angereichert. Und doch gibt es das Einmachen erst rund 100 Jahre, seit Johann Weck das Verfahren des Sterilisierens entwickelt hatte. Seine Erfindung ist in „Einwecken" verewigt – dem geläufigen anderen Begriff für das Einmachen. Bis heute ist seine Methode neben dem Einfrieren die einzige, bei der Gartenprodukte ihren Geschmack und das Aussehen bewahren.

Gelbe Pflaumen sind als Konserven selten erhältlich. Legen Sie sich einen Vorrat an. Mit Zimtstangen und Nelken bekommen die Früchte einen aromatischen Geschmack.

Einmachgläser voller Obst

Jeden Frühsommer beginnt die Zeit des Einkochens. Den Reigen eröffnen die ersten Frühkirschen, dann folgen andere Stein- und Kernobstarten und natürlich Beeren. Es kommt nur frisches und unverletztes Obst infrage. Die Utensilien für das Einkochen sind im Fachhandel erhältlich.

Richtig sterilisieren

Vor dem Sterilisieren müssen Geräte, Einmachgläser, -ringe und -verschlüsse gespült und mit kochendem Wasser übergossen werden. Bis zum Gebrauch stülpt man die Gläser auf ein sauberes Tuch. Sterilisiert wird in einem großen Kochtopf, im Backofen, im Schnellkochtopf oder in einem speziellen Sterilisierapparat.

Grundrezept

Dieses Rezept eignet sich beispielsweise für Birnen, aber auch für nahezu alle anderen Obstsorten. Je nach Süße der Früchte variieren die Zuckermenge und, abhängig von der Fruchtbeschaffenheit, die Einkochdauer.

2 kg aromatische Birnen
3–4 l Wasser
200–500 g Zucker

Die Einmachgläser vorbereiten. Die Birnen waschen, schälen, halbieren und vom Kerngehäuse befreien. Wasser aufkochen, darin die Birnen blanchieren, dann in Eiswasser abschrecken und in einem Sieb abtropfen lassen. Die Früchte in Einmachgläser bis etwa 2 cm unter den Rand schichten. In einem Topf 2 l Wasser und Zucker etwa 5 Minuten bei großer Hitze kochen. Über die Früchte gießen, bis diese ganz bedeckt sind. Der Rand der Gläser muss sauber bleiben! Das Glas nach Vorschrift verschließen und etwa 25 Minuten sterilisieren.

Äpfel mit Pfefferminzblättern

Minze und Vanille verleihen den Äpfeln eine besondere frische Note.

2 kg kleine Äpfel
Saft von 2 Zitronen
500 g Zucker
1 Vanilleschote
1/2 Bund frische Pfefferminze

Die Äpfel schälen, halbieren und vom Kerngehäuse befreien. Wasser in einen Topf füllen, die Hälfte des Zitronensafts zugießen und die Äpfel etwa 2 Minuten blanchieren. Dann die Früchte in Eiswasser abschrecken. 1 l Wasser mit dem Zucker aufkochen. Inzwischen die Vanilleschote halbieren und das Mark auskratzen. Mit dem restlichen Zitronensaft zum Sirup geben. Die Minze vorsichtig waschen, trockentupfen und in kleine Stücke teilen. Abwechselnd die Kräuter mit den Äpfeln in die vorbereiteten heißen Gläser bis etwa 2 cm unter den Rand schichten und mit dem heißen Sirup bedecken. Zuletzt die Gläser verschließen und 30 Minuten sterilisieren.

Saftige aromatische Äpfel harmonieren besonders gut mit Pfefferminze. Sie werden von dem Geschmack begeistert sein!

Kirschenentkerner
Je nach Vorliebe kann man Kirschen entkernen oder mit dem Stein einkochen. Sauerkirschen für Kuchen sollten man ohne Stein verwenden.

Der gute Rat

Gefäße und Geräte zum Einmachen

- Neben Gläsern mit Schnappverschluss sind solche mit Schraubdeckel erhältlich.
- Die Gläser dürfen sich beim Sterilisieren nicht berühren. Um den Abstand zu gewährleisten, kann man sie mit Tüchern umwickeln.
- Alle benutzten Geräte und Gefäße müssen peinlich sauber sein. Nach dem Spülen werden sie nicht abgetrocknet, damit keine Flusen an ihnen hängen bleiben.

Allerlei zum Obsteinmachen

- Ganze oder halbierte Früchte behalten ihr Aroma, wenn sie vor dem Sterilisieren mit kochendem Zuckerwasser übergossen werden. Der Zusatz von Zucker ist nicht unbedingt notwendig.
- Reineclauden und Mirabellen werden gewaschen, entstielt und 10 Minuten in Wasser gekocht. Dann nimmt man sie mit einem Schaumlöffel heraus und füllt sie in Gläser. Sie werden luftdicht verschlossen und 10 Minuten bei 100 °C sterilisiert.
- Weiche Früchte wie Brombeeren, Johannisbeeren, Maulbeeren und Himbeeren sollten verlesen und enthülst oder entstielt werden.
- Luftblasen, die beim Einfüllen des Obstes und Wassers entstehen, kann man mit einem Kochlöffelstiel lösen.
- Zum Einmachen wird Rhabarber gesäubert, in 5 cm lange Stücke geschnitten und über Nacht in heißem Sirup eingeweicht.
- Statt mit Zuckersirup können die Gläser auch mit heißem Obstsaft gefüllt werden.

Wissenswertes über das Eingemachte

- Um zu kontrollieren, ob die Gläser luftdicht verschlossen sind, lösen Sie den Verschluss und heben das Glas an den Deckelrändern an. Der Deckel darf sich nicht lösen.
- Einteilige Schraubverschlüsse wölben sich in der Mitte nach innen, wenn sich das Vakuum gebildet hat.
- Die Gläser müssen regelmäßig überprüft werden. Wenn das Eingemachte farblos geworden ist, wenn sich Schaum bildet, Flüssigkeit austritt oder die Ringe nicht passgenau sitzen, verdirbt der Inhalt, und das Glas muss ausgemustert werden.

Der schnelle Weg

Für ganz Eilige gibt es eine weniger aufwändige Einkochmethode, die bei sorgfältiger Arbeitsweise aber ähnlich lange Haltbarkeit zur Folge hat wie das Sterilisieren. Dabei wird das Obst in einer Zuckerlösung gegart und dann heiß in Gläser eingefüllt. Das Obst sollte nicht zu weich werden, weil es in den Gläsern nachgart.

Himbeeren in Sirup

Bewahren Sie Gläser mit dunklen Früchten an einem kühlen dunklen Ort auf.

2 kg Himbeeren
600 g Zucker

Die Beeren waschen und trockentupfen. 1 l Wasser und Zucker aufkochen. Die Beeren darin 4–6 Minuten dünsten. Mit dem Schaumlöffel in Gläser füllen. Abschließend den Sirup nochmals zum Kochen bringen, über die Beeren gießen und verschließen.

Abwechslung auf den Speiseplan bringen im Winter Kirschtomaten in Basilikum.

Gemüse einmachen

Nicht nur süße Früchte, auch Gemüse finden den Weg ins Einmachglas. Hier gilt ebenso: Das Gemüse muss sorgfältig gesäubert, zerkleinert, jedoch zuvor in kleinen Mengen in Salzwasser gekocht werden. Klein geschnittenes Gemüse darf nicht zu dicht gepackt sein, da es sonst gären kann. Das Kochwasser mit den wertvollen Nährstoffen aus den Pflanzen eignet sich gut zum Auffüllen der Gläser.

Schwarzwurzeln

Dieses altbekannte Wurzelgemüse schmeckt als Beilage zu Braten vorzüglich.

2 kg Schwarzwurzeln
Wasser
3 TL Salz

Schwarzwurzeln mit Handschuhen schälen und in Zitronenwasser legen. Wasser und Salz erhitzen. Das Gemüse darin weich kochen, in Gläser füllen und 75 Minuten bei 90 °C sterilisieren.

Kirschtomaten mit Basilikum

Zaubern Sie einen Hauch südliche Atmosphäre auf Ihren Esstisch. Die Menge der Zutaten reicht für ein 1-Liter-Glas.

1 kg Kirschtomaten
je 1 TL Salz und Zucker
frisches Basilikum
5 Knoblauchzehen

Die Tomaten waschen und mit einem Zahnstocher einstechen. Das Glas vorbereiten. Basilikum waschen und die Knoblauchzehen abziehen. Tomaten einfüllen, dazwischen Basilikumblättchen und Knoblauch, Salz und Zucker zufügen. Den Deckel aufs Glas legen, aber nicht verschließen. Das Glas auf ein mit Pappe belegtes Backblech stellen und bei 120 °C im Backofen 45 Minuten erhitzen, dann verschließen und abkühlen lassen.

Knackiges Gemüse behält sein Aroma, wenn es mit Salzwasser übergossen wird. Mit Sahne und Gewürzen verfeinert ergibt es eine schmackhafte Beilage.

Suppengemüse

Mit diesem eingemachten Gemüse haben Sie die Grundzutaten für eine schnelle Suppe.

je 500 g Möhren, Kohlrabi und Stangensellerie
200 g Petersilienwurzel
1 TL Salz
1 großes Bund glatte Petersilie

Möhren und Kohlrabi schälen und waschen. Sellerie waschen, Blätter entfernen. Das Gemüse in 3 cm große Stücke schneiden. Wasser mit Salz aufkochen. Nacheinander jedes Gemüse darin blanchieren, in Eiswasser abschrecken und auf einem Tuch trocknen lassen. Petersilie waschen, in zwei Bunde teilen und zusammenbinden. In jedes Glas ein Bund geben und das Gemüse schichtweise einfüllen. 1 l Wasser mit dem Salz aufkochen, so über das Gemüse gießen, dass oben ein 1 cm breiter Rand bleibt. Gläser verschließen und bei 115 °C eine Stunde sterilisieren.

Eisschüssel mit Blüten

Diese originelle Dekoration wird bei Ihren Gästen sicher große Bewunderung hervorrufen. Sie eignet sich zum Kühlhalten von Früchten, Butter oder Speiseeis.

Für die Herstellung der Eisschüssel brauchen Sie zwei Schüsseln aus Glas oder rostfreiem Stahl – eine kleinere und eine größere. Die beiden Schüsseln werden ineinander gestellt, wobei der Zwischenraum etwa 2,5 cm betragen sollte. Erst nachdem das eingefüllte Wasser gefroren ist, kommen die im Eis eingeschlossenen Blumen, Blätter oder Kräuter zur Geltung. Für die auf dem Foto gezeigten Beispiele wurden einmal blaue und weiße Blüten mit Kräutern gemischt und einmal Rosenblütenblätter mit Kamillenblüten. Entscheidend für die Wirkung ist die Verteilung der Blüten und Blätter im Wasser zwischen den Schüsseln. Auf die Wasseroberfläche legt man besonders attraktive Blüten. Bei der Ablösung der Eisschüssel müssen Sie sehr behutsam sein. Dazu werden die Glas- oder Stahlschüsseln etwas erwärmt. Danach stellt man die Eisschüssel wieder ins Gefrierfach, bis der Tisch gedeckt wird. Ein dekorativer Teller als Untersetzer fängt das Schmelzwasser auf.

Eisschüssel – so wird sie gemacht

In eine große Schüssel eine Hand voll Blüten und etwa 4 cm Wasser geben. Die Schüssel ins Gefrierfach stellen. Sie muss eben stehen.

Eine kleinere Schüssel auf das entstandene Eis stellen und mit einem Gewicht beschweren. Zwischenraum mit Wasser füllen, weitere Blüten oder Blätter in das Wasser geben und gleichmäßig verteilen. Beide Schüsseln ins Gefrierfach stellen.

Wieder herausnehmen und die kleine Schüssel mit einem warmen Tuch auswischen. Die große in lauwarmes Wasser tauchen und umdrehen, damit sich die Eisschale löst. Bis zum Gebrauch ins Gefrierfach legen.

Essiggurken kalt konservieren

Diese Zubereitung ähnelt der Gärung des Sauerkrauts, man verwendet jedoch eine stärker konzentrierte Lösung aus Salz, Essig und Gewürzen.

2 kg Delikatessgurken
2 l Wasser
50 g Salz
1/4 l Essig
15 Dill- oder Fenchelstängel
30 Pimentkörner

Es gibt viele Gurkensorten – fragen Sie beim Kauf nach Einlege- oder Delikatessgurken. Die Ware sollte in jedem Fall möglichst frisch und fest sein.

Die Gurken waschen und abbürsten. Wasser, Salz und Essig mischen. Die Hälfte der Gewürze in ein Gefäß von 4 l Fassungsvermögen geben und die Gurken darauf schichten. Dann die restlichen Gewürze zugeben und die Essig-Salz-Lake darüber gießen. Mit einem umgedrehten Teller beschweren, damit die Gurken ganz von der Flüssigkeit bedeckt sind. 1–3 Wochen gären lassen, dabei täglich den Schaum abschöpfen, bis keine Blasen mehr aufsteigen. Dann 3 Wochen an einem kühlen Ort bei 3–4 °C aufbewahren.

Birnen in Rotweinessig

Kreuzfahrer brachten die saftigen Früchte aus Persien nach Europa. Mittlerweile gehören sie hier zum meistgekauften Obst.

1 unbehandelte Zitrone
600 ml Rotweinessig
1 Stück frische Ingwerwurzel
2 Zimtstangen
1 Lorbeerblatt
1/2 EL Nelken
450 g Zucker
1 kg Birnen

Die Zitrone waschen, trockentupfen und die Schale abziehen. Die Schale mit den anderen Zutaten außer den Birnen in einen Topf geben und bei niedriger Temperatur erhitzen, bis sich der Zucker aufgelöst hat. In der Zwischenzeit die Birnen schälen. Dann in den Essigsud geben und köcheln lassen, bis die Birnen weich sind. Birnen und Zimtstangen in Gläser füllen. Den Saft köcheln lassen, bis er eingedickt ist. Kochend heiß über die Birnen gießen und einen 2 cm breiten Rand lassen. Die Gläser fest verschließen und 20 Minuten sterilisieren.

Köstliches in Öl

Wenn man in alten Kochbüchern schmökert, taucht Öl als Küchenfett kaum auf. Unsere Großmütter setzten Öle weit häufiger als Heilmittel ein, z. B. bei der Behandlung von Darm- und Gallebeschwerden. Erst Mitte der 20er-Jahre ersetzte das Öl nach und nach die Butter in der Küche. Man hatte erkannt, dass pflanzliche Fette gesünder sind als tierische, da sie weniger Cholesterin enthalten. Heute ist vor allem das Olivenöl seines Geschmacks und seiner Bekömmlichkeit wegen sehr beliebt.

Der gute Rat

Genießen Sie Ihr Eingemachtes.

- Sauerkraut wirkt am besten, wenn man es roh isst; dann reinigt es Magen und Darm, stärkt die Nerven und fördert die Blutbildung.
- Zum Trockenkonservieren mit Salz sollte man kein Tafelsalz verwenden. Grobkörniges Meersalz ist ideal, aber teuer. Eine Alternative ist grobes Kochsalz.

Haltbarmachen mit Essig und Öl – so gelingt es bestimmt.

- Beim Einkochen mit Essig keine Aluminiumtöpfe oder solche aus empfindlichen Metallen wie Kupfer und Messing verwenden. Die Essigsäure greift diese Metalle an und setzt gesundheitsschädliche Substanzen frei, die in die Lebensmittel eindringen.
- Gläser mit metallenen Verschlüssen sind für Sauerkonserven ungeeignet.
- Süße Früchte lassen sich am besten einlegen: Birnen, Hagebutten, Himbeeren, Johannisbeeren, Sauerkirschen, Melonen, Zwetschgen, Pflaumen und Trauben.
- Das Öl von aufgebrauchten, mit Kräutern eingelegten Lebensmitteln nicht wegschütten, sondern zum Würzen von Salaten und Gemüse verwenden.

Artischocken in Öl

Verwenden Sie längliche junge Artischocken und kaltgepresstes Olivenöl.

5–8 Artischocken
Saft von 3 Zitronen
3 EL Salz
1 EL schwarze Pfefferkörner
2 Lorbeerblätter
1/2 l trockener Weißweinessig
1 unbehandelte Zitrone
1 l Olivenöl

Die Spitzen der Artischockenblätter abschneiden, die Samenfäden im Inneren mit einem Löffel auskratzen und die Stiele kürzen. Zitronensaft in eine Schüssel mit Wasser geben und die Artischocken hineinlegen, damit sie nicht anlaufen. Salz, Pfeffer, Lorbeerblätter, Essig und 1/2 l Wasser aufkochen. Die Artischocken vierteln, im Sud etwa 20 Minuten kochen. Die Gewürze herausnehmen, ins Glas füllen, dann die abgekühlten Artischocken ausdrücken und dazugeben. Die unbehandelte Zitrone waschen, in Scheiben schneiden, zu den Artischocken geben und mit Öl übergießen. Dunkel und kühl eine Woche stehen lassen.

Dill
Junge Dillblüten verleihen eingelegten Gurken ein feines Aroma, die fein gefiederten Blätter würzen Fischgerichte und frische gemischte Salate.

Neben Kochbirnen sind alte Sorten wie Bergamotte oder Wittenberger Glockenbirne gut für die leckeren Birnen in Rotweinessig (siehe S. 218) geeignet.

Saftiges Tomatenketchup

Aus frischen Tomaten selbst gemachtes Ketchup schmeckt würziger als fertig gekauftes und ist weniger süß. Nur Mut – die Herstellung lohnt sich!

Der Name Ketchup leitet sich vom malaiischen Wort *kĕchap* ab und bedeutet ursprünglich „gewürzte Fischtunke". Heute versteht man darunter eine säuerliche Sauce aus Tomaten oder Tomatenmark mit Gewürzen. Von Asien kam sie im 18. Jahrhundert nach Europa und gelangte von dort in die Vereinigten Staaten, wo sie zur beliebtesten Fertigsauce aufstieg. Mancher Gourmet rümpft beim Gedanken an Tomatenketchup die Nase – zu Unrecht, denn selbst gemacht ist es eine Delikatesse! Für die Sauce gibt es nicht nur *ein* Rezept, sondern viele, und neben Tomaten kann man auch anderes Gemüse und sogar Obst sowie die unterschiedlichsten Gewürze verwenden. Essig sorgt für den gewünschten säuerlichen Geschmack, während trockener Rotwein Ketchup verfeinert. Vor der Zubereitung größerer Mengen müssen die Einmachgläser sterilisiert werden. In diesem Fall hält Ketchup 4–5 Monate.

Tomatenketchup – so wird's gemacht

4 Lorbeerblätter, 16 Pfefferkörner, 2 EL Senfkörner, 1 TL Kümmel in einen Topf legen, mit 1/4 l Apfelessig übergießen. Bis kurz vor dem Sieden erhitzen. Durch ein Sieb schütten.

4 kg Tomaten in Viertel schneiden. Ohne Wasser bei kleiner Hitze kochen, bis sich die Schale löst. Durch ein Sieb rühren. 500 g Zwiebeln mit etwas Wasser weich kochen und pürieren. Dann mit 500 g Zucker, 150 g Salz, 200 ml Öl und 200 ml Essig bei schwacher Hitze unter Rühren kurz köcheln lassen.

Die Tomatensauce hinzufügen, unter Rühren zum Kochen bringen und den Würzessig unterrühren. Etwa 30 Minuten zu einer dicken Masse köcheln lassen und in Einmachgläser füllen.

Hausgemachter Sirup

Sirup besteht aus einer konzentrierten Lösung von Frucht- bzw. Pflanzensaft und Zucker. Geeignet sind Obstarten wie Johannisbeeren, Brombeeren, Stachelbeeren und Erdbeeren sowie Kräuter wie Pfefferminze und Waldmeister. Die Früchte oder Kräuter werden roh entsaftet, dann stellt man den Saft bis zur Gärung warm. Man kann sie aber auch kochen und durch ein Tuch abseihen.

Da Himbeeren schnell verderben, sollte man sie so bald wie möglich nach der Ernte oder dem Kauf essen oder verarbeiten.

Himbeersirup

Genießen Sie an heißen Tagen eine erfrischende „Berliner Weiße" mit Himbeersirup.

1,2 kg Himbeeren
1 kg Zucker
20 g Zitronensäure

Die Himbeeren zerdrücken und in ein Gefäß füllen. Mit einem Tuch bedecken und über Nacht an einem kühlen Ort stehen lassen. Die Beeren auf ein Tuch geben und den Saft ausdrücken. Zucker und Säure dazurühren. Die Masse in einem Topf 10 Minuten kochen lassen. In Flaschen füllen und verschließen.

Rhabarbersirup

Wer die Säure des Rhabarbers mildern will, gibt am besten etwas Ingwer zum Saft.

15 Rhabarberstängel
Zucker

Rhabarber schälen, waschen, in 2 cm lange Stücke schneiden und 6–8 Minuten in 1 l Wasser kochen lassen. In ein Tuch geben und ausdrücken. Den Saft abwiegen, gleich viel Zucker zugeben und 15 Minuten kochen. Schaum abschöpfen und den Saft in Flaschen füllen.

Pfefferminzsirup

Pfefferminzsirup mit Wasser verdünnt schmeckt Kindern besonders gut.

1 Bund frische Pfefferminze
Zucker
nach Belieben grüne Lebensmittelfarbe

Die Blätter waschen, in einem Topf mit Wasser bedecken und 30 Minuten köcheln lassen. Durch ein Tuch abseihen. $^1/_2$ l Saft mit 350 g Zucker mischen. In einen Topf gießen und 15 Minuten köcheln lassen. In Flaschen füllen und nach Belieben Lebensmittelfarbe zugeben.

Kaffeesirup

Dieses alte Rezept stammt aus Italien.

400 g frisch gemahlener Kaffee
$^1/_2$ l Wasser
450 g Zucker

Kaffee und Wasser in einem Topf aufkochen und 20 Minuten kochen lassen. Durch ein Tuch abseihen. Flüssigkeit und Zucker in einen Topf geben und köcheln lassen, bis der Sirup dick wird, dabei den Schaum abschöpfen. In Flaschen füllen.

Marmelade, Gelee und Fruchtmus

Es gibt viele Menschen, für die ein Frühstück ohne selbst gemachte Marmelade oder Konfitüre einfach undenkbar ist. Und Hand aufs Herz – geht es Ihnen nicht auch so, dass Ihnen selbst die teuerste Marmelade nicht so gut schmeckt wie die hausgemachte? Selbst hergestellte Marmelade ist fruchtiger und nicht überzuckert. Vielleicht spielt auch eine Rolle, dass Großmutters Marmelade ein Inbegriff der guten alten Zeit ist. Das lässt sich auch statistisch belegen: Während Anfang dieses Jahrhunderts in einer Familie im Durchschnitt rund 70 Gläser Mus, Gelee und Marmelade jährlich gefüllt wurden, zogen Ende der 80er-Jahre lediglich zwei Drittel der Haushalte Selbstgemachtes vor. Bestimmte Obstsorten, z. B. Qitten, werden vornehmlich zu Gelee eingekocht, aus anderen, z. B. Pflaumen, wird nur Mus hergestellt. Der Name Marmelade stammt aus dem Portugiesischen und bedeutet dort Quittenmus. Im Handel darf man heute diesen Namen nur für Produkte aus Zitrusfrüchten benutzen, während den anderen der Name Konfitüre vorbehalten ist. Früher machte man den Unterschied und er wird hier beibehalten –, dass Marmelade aus weich gekochtem Obst bestehen muss, Konfitüre jedoch noch ganze Obststücke enthält.

Nur reife und tadellose Früchte, wie diese Erd- und Stachelbeeren, eignen sich für Marmelade und Konfitüre.

Marmeladen und Konfitüren selbst herstellen

Marmelade- und Konfitürekochen ist nicht schwierig. Doch die Rezepte gelingen nur, wenn Sie sich wirklich genau daran halten. Vor allem sollten Sie das Obst sorgfältig auswählen. Für die Verarbeitung werden hauptsächlich Geräte und Utensilien gebraucht, die in jeder Küche vorhanden sind. Wenn Sie größere Mengen herstellen wollen, lohnt sich der Kauf eines Einkochtopfs. Auf jeden Fall sollte der Topf einen dicken Boden haben, damit der Inhalt nicht anbrennt. Nützlich ist zudem ein Zuckerthermometer, mit dem Sie den exakten Gelierpunkt feststellen können.

So ist es richtig: Der Topf ist hoch genug, damit die kochende Obstmasse bei der Herstellung von Pektinkonzentrat nicht über den Rand hinausspritzen kann.

So gelingt das Gelieren

Um die Fruchtmasse zum Gelieren zu bringen, brauchen Sie entweder Pektin oder Gelierzucker, der aus Pektin und Zucker besteht. Pektin ist flüssig und als Pulver erhältlich. Richten Sie sich beim Pektin und beim Gelierzucker immer nach den Mengenangaben des Herstellers. Sie können Pektinkonzentrat aber auch selbst zubereiten.

Pektinkonzentrat

Pektin ist in unterschiedlicher Menge in den Obstsorten erhalten. Unreifes Obst hat den höchsten Pektingehalt.

1 kg unreife Äpfel, grüne Stachelbeeren, Quitten, hellrote Johannisbeeren
1/4 l Wasser

Das Obst waschen, entstielen und klein schneiden. Bei einem Elektroherd die Platte vorheizen, da das Pektin schnell hohe Temperaturen erreichen muss, sonst zerfällt es. Obst und Wasser in einem Topf rasch zum Kochen bringen. Bei mäßiger Hitze 30 Minuten köcheln lassen. Unter Rühren bei mittlerer Hitze auf die Hälfte eindicken. Durch ein Sieb streichen und sofort in Gläser füllen. 10 Minuten in kochendem Wasser sterilisieren. Pektinkonzentrat nach Bedarf anderen Früchten beimengen.

Himbeermarmelade

Diese überaus aromareiche Marmelade lässt sich sehr schnell zubereiten.

3 kg Himbeeren
3 kg Zucker

Die Beeren auslesen und nur wenn nötig mit klarem Wasser übersprühen. In einen Topf geben und langsam kochen, bis sich Saft bildet. Bei schwacher Hitze köcheln lassen, bis die Beeren weich sind. Den Zucker vorsichtig unterrühren und sprudelnd bis zum Gelieren kochen. Um die Gelierfähigkeit zu testen, etwas Marmelade mit einem Holzlöffel aus dem Topf nehmen, auf eine Untertasse geben und abkühlen lassen. Bildet sich eine Haut, die sich bei der Berührung zusammenzieht, ist der Gelierpunkt erreicht. Sonst die Marmelade weiter kochen lassen.

Brombeermarmelade

Nehmen Sie für die Zubereitung einen breiten Topf, das Obst kocht dann schneller.

3 kg Brombeeren
200 ml Wasser
300 ml Pektinkonzentrat
3 kg Zucker

Die abgetropften Beeren mit dem Wasser in den Topf geben und bei geringer Hitze langsam kochen, bis sie weich sind. Pektin und Zucker unter Rühren bis zum Auflösen der Früchte hinzufügen. Schnell, sprudelnd bis zum Gelieren kochen.

Erdbeerkonfitüre

Sie können ein Drittel der Erdbeeren durch Pektinkonzentrat ersetzen.

1 kg Erdbeeren
800 g–1 kg Zucker
3 EL Zitronensaft
Pektin für 2 kg Marmelade

etwa 15 Minuten köcheln lassen. Unter Rühren langsam 300–500 g Zucker, Pektin und den Zitronensaft zugeben. Die Konfitüre bis zum Gelieren weiterkochen und in Gläser füllen.

Pfirsichkonfitüre mit Süßdolde

Probieren Sie zur Abwechslung eine Marmelade mit Kräutern aus.

1 kg Pfirsiche
450 g Zucker
Saft von 2 Zitronen
4–6 Süßdoldenblätter

Die Pfirsiche abziehen und dann in Spalten schneiden. Mit dem Zucker und dem Saft in einen Topf geben. Bei schwacher Hitze kochen, bis sich der Zucker auflöst. Sprudelnd kochen lassen, bis der Gelierpunkt erreicht ist. Jeweils ein Süßdoldenblatt in ein Glas legen und die Konfitüre einfüllen.

Die Süßdolde wächst unter Hecken, in Wäldern und auf schattigem Grasland. Die Blätter verleihen Eingemachtem, Konfitüren sowie Likören und Branntweinen Süße und ein anisartiges Aroma.

Verschließen Sie Gläser mit Schraubverschluss sofort nach dem Einfüllen der heißen Konfitüre. Gläser ohne Verschluss lassen Sie etwas abkühlen und decken sie mit einseitig befeuchtetem Zellophanpapier zu.

Essig und Öl aromatisieren

In alten Rezeptbüchern stößt man immer wieder auf Estragon-, Kräuter- oder Himbeeressig. Häufig steht bei den Rezepten der Vermerk „für Fieberkranke“, oder man findet die Anleitung für die Zubereitung im Kapitel „Krankenküche“. Wie wichtig andererseits das Verfeinern von Speisen schon damals war, zeigt ein altes Rezept über Fliederessig: „Die Beeren werden ohne alle Steine in eine weite Flasche gepflückt, diese mit gutem Essig gefüllt und 14 Tage am besten in die Sonne gestellt. Dann wird der Essig filtriert und in kleinen Flaschen aufbewahrt. Er ist bei mancherlei Fischgerichten ein vorzügliches Würzmittel.“ Daran erkennt man, dass in der Küche die Koch- und die Heilkunst gleichermaßen gepflegt wurden. Heute findet man in Kochbüchern nur selten Hinweise auf die gesundheitsfördernde Wirkung von aromatisiertem Essig oder Kräuteröl. Gleichwohl ist z. B. kaltgepresstes Öl ein Jungbrunnen für jedermann.

Schön anzusehen und schmackhaft: würziger Kräuteressig, aromatischer Zitronen-Limetten-Essig und erfrischender Himbeeressig.

Was beim Aromatisieren von Essig zu beachten ist

Alle aromatischen Essige sollte man nicht länger als 3 Monate aufbewahren. Bei der Zubereitung ist wichtig, dass alle Geräte, die zum Einsatz kommen, tadellos sauber sind. Die Flaschen müssen beim Einfüllen des Essigs trocken sein. Am besten verschließt man sie mit einem sauberen Korken. Zum Aromatisieren benötigt man einen Topf, eine Schüssel, Mulltücher, ein Sieb und einen Trichter. Vergessen Sie nicht, die Flaschen mit Etiketten zu versehen. Zum Gelingen ist die Verwendung eines guten Weinessigs notwendig.

Zitronen-Limetten-Essig

Dieser mit Zitrusfrüchten gewürzte Essig gibt der holländischen Sauce frisches Aroma.

600 ml Weißweinessig
1 unbehandelte Limette
2 unbehandelte Zitronen

Den Essig in einem Topf aufkochen. Die Limette und eine Zitrone waschen und abschälen. Die Schalen in eine Schüssel geben, den kochenden Essig darüber gießen, zudecken und 3 Tage stehen lassen. Die zweite Zitrone abschälen. Den Essig durch ein Sieb gießen, in eine Flasche füllen und die Zitronenschale zugeben

Estragonessig

Nehmen Sie für den Essig nach Möglichkeit nur frische, junge Estragonblätter.

Estragonblätter und Estragonzweige
etwa 1 l Weißweinessig

Ein 1-l-Glas zur Hälfte mit Estragonblättern füllen. Das Glas mit Weißweinessig auffüllen, verschließen und 4 Wochen stehen lassen. Dann durch ein Tuch abseihen. Je einen Estragonzweig in Flaschen geben und mit Essig übergießen.

Mit Estragon wird ein klassischer Kräuteressig zubereitet. Er eignet sich besonders für die Verfeinerung von Saucen zu Fisch, Geflügel und als Salatdressing.

Rosmarinessig

Der aromatische Rosmarinessig ist hervorragend für Salatsaucen geeignet.

etwa 7 große Rosmarinzweige
600 ml Weißwein- oder Apfelessig

Rosmarin waschen, einen Zweig beiseite legen. Von den restlichen Zweigen die Blätter abzupfen und klein hacken. Den Essig in einem Topf aufkochen. Die zerkleinerten Rosmarinblätter in eine Schüssel legen, den Essig dazugeben, die Schüssel zudecken und 3 Tage stehen lassen. Dann den Essig mit einem Sieb abseihen, den Rosmarinzweig in eine Flasche geben und anschließend den Essig eingießen.

Wiegemesser sind bewährte Hilfen zur schonenden Zerkleinerung von Kräutern. Die Form dieses vor rund 90 Jahren hergestellten Geräts blieb seither fast unverändert.

Pfefferminzessig

Früher reinigte man nach der Verwendung die Essigflaschen mit Senfmehl und warmem Wasser, um den Essiggeruch zu beseitigen.

2 Hand voll junge Minzeblätter
1 l Weißweinessig

Die Blätter vorsichtig mit klarem Wasser abspülen, trockentupfen und in eine Schüssel legen. Den Essig in einem Topf zum Kochen bringen und über die Blätter gießen. Zudecken und 2 Stunden ziehen lassen. Den Essig abseihen, dabei die Blätter ausdrücken. In Flaschen füllen. Mindestens 8 Tage kühl stellen.

Minze ist vielseitig verwendbar. Die Blätter werden Fleischsaucen zugefügt, würzen Desserts und Getränke. Aus ihnen wird auch einer der beliebtesten Kräutertees hergestellt.

Himbeeressig

Wenn man dem Essig vor dem Einfüllen pro Liter 500 g Zucker zugibt, wirkt er fiebersenkend.

2 l Rotweinessig
500 g Himbeeren

Die Himbeeren sorgfältig verlesen und mit einer Gabel zerdrücken. Das Püree in eine Schüssel geben und mit dem Essig übergießen. Die Schüssel bedecken und 12 bis 14 Tage an einen warmen Ort stellen. Danach den Essig durch ein Tuch abseihen und in Flaschen füllen.

Mit Sellerie oder Estragon aromatisierter Essig wurde schon in der „guten alten Zeit" zur Verfeinerung von Salatsaucen eingesetzt.

Der gute Rat

Nur der richtige Essig trägt zum Gelingen bei.

- Der Weinessig muss einen Säuregehalt von mindestens 5 % aufweisen und klar sein.
- Zu empfehlen sind Essige, die mit Weinen aus biologischem Anbau hergestellt wurden.
- Dillessig wird genauso zubereitet wie Estragonessig, nur muss er nach 14 Tagen abgeseiht werden.

Noch einige Tipps für aromatisierte Öle

- Geeignet sind Öle ohne Eigengeschmack, z. B. mildes Olivenöl, Soja-, Weizenkeim- oder Sonnenblumenöl.
- Einen frischen Rosmarinzweig in eine Flasche geben, mit kaltgepresstem Olivenöl übergießen, 14 Tage stehen lassen und dann das Öl abgießen.
- Olivenöl keinesfalls in den Kühlschrank stellen, da es verdickt und seine Farbe ändert.
- Kräuteröle kann man auch mit getrockneten Kräutern zubereiten.

Würzige Öle selbst herstellen

Durch die vielseitige Verwendung der Küchenkräuter hat das Kochen an Kreativität gewonnen. Auch Öl können Sie mit geschmackvollen Zusätzen versehen und so vielen Speisen ein besonderes Aroma verleihen. Die Zubereitung würziger Öle ist ganz einfach. Sie brauchen gutes, kaltgepresstes Öl, frische Kräuter und Gewürze. Man benötigt die gleichen Geräte wie bei der Herstellung aromatisierter Essige.

Thymianöl

Verwenden Sie das Öl zum Würzen von Salaten oder als Badeöl bei Erkältungen.

200 g frische Thymianzweige
1 l Oliven- oder Sonnenblumenöl

Die Thymianzweige waschen, trockentupfen und die Blättchen abzupfen. Die Blättchen auf dem Brett leicht mit einer Gabel andrücken. In eine Flasche geben, zudecken und 2 Wochen stehen lassen. Dann durch ein Sieb abseihen und in eine Flasche füllen.

Knoblauchöl

Das Öl lässt sich vorzüglich zum Bestreichen von Fisch, Fleisch und Gemüse verwenden.

2 Knoblauchzehen
je 1 Zweig Thymian und Rosmarin
1 kleine getrocknete rote Chilischote
1/2 l Olivenöl

Die beiden Knoblauchzehen abziehen und mit der breiten Messerseite so lange drücken, bis etwas Flüssigkeit austritt. Den Knoblauch in eine Flasche geben. Den Thymian mit Wasser übersprühen und trockentupfen. Mit der Chilischote zum Knoblauch geben. Das Öl hinzugießen, verschließen und vor dem Gebrauch noch eine Woche stehen lassen.

Basilikumöl

Das Einlegen in Olivenöl ist die einzige Methode, das Aroma von Basilikum zu erhalten.

150 g Basilikum
1 l Olivenöl

Das Basilikum kurz mit Wasser übersprühen und trockentupfen. Dann in eine Flasche geben und mit einem Holzlöffel fest drücken. Das Öl in einem Topf bei schwacher Hitze auf 40 °C erhitzen. Anschließend gießt man das Öl auf die Blätter, verschließt die Flasche und lässt sie 3–4 Wochen stehen. Das Öl innerhalb von einigen Wochen verbrauchen. Will man Basilikumöl länger aufbewahren, sollten die Blätter entfernt werden, da sie nach einiger Zeit schleimig werden. Das Öl durch ein Sieb filtern, erneut in eine Flasche füllen und verschließen.

Sie können auch mehrere Knoblauchzehen in Öl einlegen und sie danach zum Kochen verwenden. Das erspart Ihnen das Auspressen.

Köstlicher Eierlikör

Eierlikör wird nicht nur gerne getrunken, er findet auch Verwendung in Desserts und Backwaren.

Rezepte zur Herstellung von Eierlikör, der in der Zeit des Wirtschaftswunders zum Lieblingslikör der Deutschen aufgestiegen war, findet man schon in alten Kochbüchern. Ursprünglich stammt das Getränk aus den niederländischen Kolonien. Dort verwendete man zur Herstellung pürierte Avocados (und deshalb steht auf mancher Eierlikörflasche auch heute noch *Advokaat*). In der Heimat mussten die Holländer jedoch auf diese Früchte verzichten, also griffen sie auf ein altes Getränk aus Eiern zurück, das sie mit Alkohol verfeinerten. Wer Eierlikör selbst herstellen will, sollte einige Dinge beachten. Ganz wichtig: Es dürfen nur frische Eier verwendet werden, für 1 l Likör mindestens 240 g Eigelb. Alle Zutaten müssen bei der Verarbeitung Zimmertemperatur haben. Innerhalb von 3 Monaten sollte eine angebrochene Flasche aufgebraucht sein. Als Alkohol kann Wodka verwendet werden, ein Schuss Kirschwasser oder ein wenig Schlagsahne verfeinert den Geschmack.

Eierlikör – so wird er gemacht

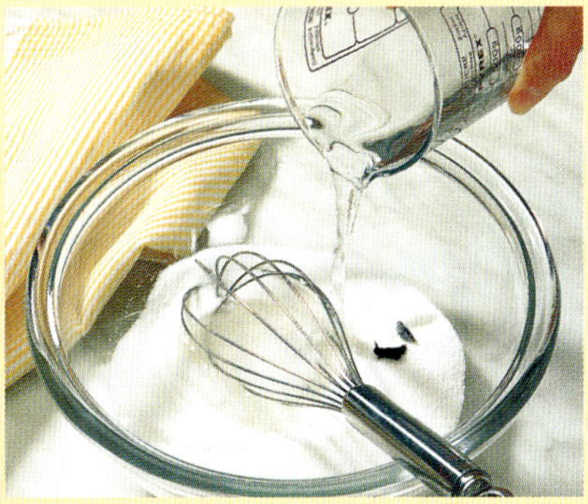

Das ausgeschabte Mark einer Vanilleschote mit 300 g Zucker in 220 ml warmem Wasser auflösen und abkühlen lassen.

In einer Schüssel 15 Eigelb glatt rühren und durch ein Haarsieb passieren. Die Zuckerlösung portionsweise unter ständigem Rühren mit der Eigelbmasse mischen. Dann ein Eiweiß einrühren.

230 ml 90%igen Weingeist mit 110 ml Wasser mischen und unter den Liköransatz rühren. Den Eierlikör in eine Flasche abfüllen, fest verschließen und kühl aufbewahren.

Weine, Liköre und Schnäpse

Lieben Sie etwas Besonderes? Wie wäre es mit einem Pfirsichwein, einem Hagebuttenlikör oder Pflaumen in Armagnac? Bald werden Sie diese Delikatessen nicht mehr allein genießen wollen, sondern sie auch Ihren Gästen vorsetzen. Heute ist die Herstellung süßer aromatischer Weine und Spirituosen zur Liebhaberei geworden, einst hatte sie einen praktischen Nutzen. Die Erzeugung von Likören reicht bis ins 12. Jahrhundert zurück. In Klöstern und Apotheken hatte man erkannt, dass Alkohol die als Heilmittel verwendeten Früchte und Kräuter konserviert und deren Substanzen aufnimmt. Man gab etwas Zucker zu, um den oft bitteren Geschmack der Kräuter zu mildern. Von diesen Likören genehmigten sich die Mönche nicht nur zur Heilung ein Gläschen. Etwa 300 Jahre später kam das Schnapsbrennen auf, während die Weinherstellung ein Erbe der alten Römer ist.

Es ist Tradition, zur Weihnachtszeit Punsch zu trinken. Auf Weihnachtsmärkten wird er als willkommene Erwärmung angeboten.

Wein und Punsch leicht selbst hergestellt

Nur wenn man frische Kräuter und Gewürze sowie gute Weine verwendet, kann man auch qualitätsvolle Kräuter- und Fruchtweine selbst herstellen. Für Kräuterweine eignen sich am besten trockene Weißweine. Es empfiehlt sich, mit kleinen Mengen anzufangen; auf diese Weise können Sie unbesorgt die verschiedenen Rezepte ausprobieren.

Pfirsichwein

Der Wein hält sich im Kühlschrank, allerdings nicht länger als 2 Wochen.

6 reife Pfirsiche
1 l Weißwein
200 g Zucker
175 ml Branntwein

Die Pfirsiche schälen, halbieren und entsteinen. Den Wein in einen Topf gießen, die Pfirsiche zugeben. Alles erhitzen, bis die Früchte weich sind, aber nicht kochen. Dann zudecken und über Nacht stehen lassen. Die Pfirsiche entfernen, den Wein durch eine Filtertüte gießen, Branntwein zufügen und den Zucker darin auflösen. In Flaschen füllen und verkorken. Im Kühlschrank aufbewahren.

Schwarzer Johannisbeerwein

In diesem Rezept werden die Beeren einem Gärungsprozess ausgesetzt.

2 kg reife schwarze Johannisbeeren
1 l Rotwein
150 g Zucker
2–3 Schnapsgläser Obstbranntwein

Die Johannisbeeren waschen und mit einer Gabel von den Stielen abstreifen. Mit dem Rotwein in eine Schüssel geben und ein Tuch lose darüber legen. Dann 3–4 Tage stehen lassen. Alles durch ein Tuch seihen und die Beeren ausdrücken. Den Zucker im Wein auflösen und den Branntwein zugießen. In Flaschen füllen.

Wie wäre es einmal zur Abwechslung mit einem Pfirsichwein zum Dessert?

Deutscher Punsch

An langen Winterabenden können Sie diesen Wein pur oder mit Sodawasser genießen.

180 g Zucker
300 ml Wasser
Schale von 1 Zitrone und 1 Orange
2 Zimtstangen
6 Gewürznelken
1 Flasche Weißwein
1 Flasche Rotwein
3 Schnapsgläser Weinbrand

Zucker, Wasser, Zitronen- und Orangenschalen sowie Gewürze in einem Topf erhitzen und dabei umrühren, bis sich der Zucker aufgelöst hat. Bei schwacher Hitze dann 30–40 Minuten köcheln lassen. Wein und Weinbrand hinzugießen, nochmals erhitzen und servieren.

Korkmaschine
Beim Einführen des Korkens in den Flaschenhals drückt die Korkmaschine den Korken zusammen und presst dabei die Luft heraus. So wird die Flasche luftdicht verschlossen.

Fruchtkonfekt und kandierte Früchte

Fruchtkonfekt ist sehr preiswert und zudem gesund. Statt gekauftem Trockenobst können Sie die Früchte auch selbst trocknen (siehe S. 271). Die Herstellung kandierter Früchte ist zeitraubend, aber problemlos. Man benötigt einen Topf mit dickem Boden und nach Möglichkeit ein Zuckerthermometer mit Gitterschutz, damit das Glas nicht zerspringt.

Erfreuen Sie sich an einem liebevoll verzierten Fruchtkonfekt, das garantiert in keinem Laden erhältlich ist.

Weißes Fruchtkonfekt

Bewahren Sie das Konfekt in einem mit Pergamentpapier ausgelegten Behälter auf.

300 g Dörrobst
1 EL Orangenlikör
40 g geröstete geschälte Mandeln
100 g weiße Kuvertüre
geröstete Mandel- und Pistazienstifte
Schokoladenraspel
Mandel- oder Nussöl zum Bepinseln

Ein Blech oder Tablett mit Alufolie auslegen und mit dem Mandel- oder Nussöl bepinseln. Die Früchte, am besten Backpflaumen, getrocknete Aprikosen oder Datteln, längs einschneiden, entkernen, innen mit einigen Tropfen Likör beträufeln und mit Mandeln füllen. Die Kuvertüre im Wasserbad erhitzen, bis sie schmilzt. Die Früchte mit einer großen Pinzette herausgreifen, die untere Hälfte in die Kuvertüre tauchen und etwas trocknen lassen. Die Mandel- und Pistazienstifte sowie die Schokoladenraspel getrennt auf einen Teller geben und das Konfekt eindrücken. Danach zum Trocknen auf das Blech oder Tablett legen. Das Konfekt 5–6 Stunden kühl stellen, dann in Pralinenhütchen legen. In einen Behälter füllen und verschließen.

Kandiertes Obst

Dieses Rezept gelingt nur, wenn die Temperatur des Zuckersirups genau eingehalten wird.

Obst, z. B. Ananas, Erdbeeren, Kirschen, Nektarinen oder Zitrusfrüchte
1 l Wasser
1 kg Zucker

Das Obst waschen, abtropfen lassen oder trockentupfen. Größere Früchte in Stücke oder Scheiben schneiden. Trauben und Kirschen mit einer Nadel einstechen. Das Wasser mit dem Zucker kochen lassen, bis die Lösung Fäden zieht und auf 105 °C erhitzt ist. Das Obst in ein Sieb geben und über eine Metallschüssel hängen. Die Zuckerlösung so über die Früchte gießen, dass sie überzogen werden. Zugedeckt 24 Stunden stehen lassen. Danach die Lösung nochmals auf 105 °C erhitzen. Früchte erneut mit der Lösung bedecken. Den Vorgang nach jeweils 24 Stunden insgesamt 5-mal wiederholen. Beim letzten Mal die Lösung auf 108 °C erhitzen, die Früchte damit übergießen und auf einem Gitter trocknen lassen.

Fruchtlutscher

Wenn Sie andere Fruchtsäfte als Orangensaft dafür verwenden, müssen Sie auch andere Lebensmittelfarben nehmen.

100 ml frisch gepresster Orangensaft
250 g Zucker
3 TL Traubenzucker
1/2 TL Zitronensäure
Lebensmittelfarbe
etwa 8 Holzspießchen
Mandel- oder Nussöl zum Bepinseln

Den Saft mit Zucker, Traubenzucker, Zitronensäure und einigen Tropfen Lebensmittelfarbe in einem Topf bei schwacher Hitze erwärmen. Die Masse unter Rühren auf 150 °C erhitzen, dabei die Temperatur mit dem Zuckerthermometer kontrollieren. Sobald die Temperatur erreicht ist, den Topf in ein großes Gefäß mit kaltem Wasser stellen, damit sich die Masse nicht weiter erhitzt. Die Masse mit einem Löffel in Form von Kreisen auf das Blech gießen. Sofort die Holzspießchen eindrücken und etwas Zuckermasse darauf träufeln. Die Lutscher erkalten lassen.

Marzipan für viele Zwecke

Die Rohmarzipanmasse ist vielfach nutzbar: Man kann aus ihr Marzipankartoffeln, -brote und -früchte formen, sie für Füllungen und Torten verwenden oder mit allerlei Zutaten daraus Konfekt herstellen. Damit Marzipan den typischen Geschmack erhält, braucht man bittere Mandeln – sie sind in Drogerien erhältlich. Allerdings ist Vorsicht geboten: In großen Mengen verzehrt, können bittere Mandeln tödlich wirken. Wenn Sie Kinder haben, sollten Sie die Bittermandeln durch Bittermandelaroma ersetzen. Die Mandeln müssen ganz fein gerieben werden.

Marzipan

Diese berühmte Köstlichkeit hat in Lübeck und Königsberg eine lange Tradition aufzuweisen.

250 g süße Mandeln
30–40 g bittere Mandeln oder
3–4 Tropfen Bittermandelaroma
125–150 g Puderzucker
2–3 EL Rosenwasser

Die süßen und eventuell die bitteren Mandeln in einer Schüssel mit kochendem Wasser überbrühen. Nach 2 Minuten die Schalen abziehen, die Mandeln auf einem Tuch ausbreiten und 24 Stunden trocknen lassen. 3- bis 4-mal mit der Mandelmühle zerkleinern. Zwischen den Gängen jeweils auf einem Tablett ausbreiten und 10 Minuten ins Gefrierfach legen. Puderzucker und Rosenwasser unter die Mandeln kneten, bis ein fester, aber geschmeidiger Teig entsteht. Die Masse zu kleinen Ziegeln formen und sorgfältig in Alufolie verpacken. Mindestens 5–6 Tage kühl stellen.

Süßes aus Äpfeln, Mandeln und Schokolade

Damit die Leckereien gelingen, muss man die Mengenangaben genauestens befolgen – nur so erreicht die Konfektmasse die erforderliche Dichte. Und sparen Sie nicht an den Zutaten, denn aus Billigschokolade, die oft mehr Zucker als Kakao enthält, kann nun mal kein exquisites Konfekt entstehen. Wichtig: Nachdem die Süßigkeiten erkaltet sind, müssen sie unbedingt in fest verschließbaren Behältern gelagert werden. Am besten eignen sich Dosen, die man mit Pergamentpapier auskleidet, damit die Zucker- oder Schokoladenhülle nicht klebrig wird. Legen Sie bei selbst gemachten Mandelsplittern auch zwischen die Lagen Pergamentpapier. Zur Zubereitung brauchen Sie einen Topf mit dickem Boden, für die Liebesäpfel außerdem ein Zuckerthermometer. Zum Umrühren nehmen Sie einen Holzlöffel.

Liebesäpfel schmecken nicht nur sehr lecker, man kann sie auch zu einem hübschen Geschenk verpacken.

Liebesäpfel

Am besten eignen sich mittelgroße säuerliche Äpfel, z. B. Golden Delicious.

4 Äpfel
4 Holzspießchen
4 EL Zucker
400 g Würfelzucker
50 ml Wasser
1 TL Lebensmittelfarbe nach Belieben
1 TL Vanilleessenz
1 TL Essig

Die Äpfel waschen, gut abtrocknen und von den Stielen befreien. In jeden Apfel anstelle des Stiels ein Holzspießchen stecken. Einen großen Teller mit dem Zucker bestreuen. Würfelzucker, Wasser, Lebensmittelfarbe, Vanilleessenz und Essig im Topf zum Kochen bringen, bis die Lösung auf 150 °C erhitzt ist. Den Topf sofort in eine Schüssel mit kaltem Wasser stellen. Die Äpfel nacheinander so lange in den Sirup tauchen, bis sie damit dick überzogen sind. Anschließend die Äpfel mit dem Spießchen nach oben auf den Teller mit Zucker legen. Abkühlen und trocknen lassen.

Mandelsplitter

Reichen Sie Mandelsplitter als Beilage zum Nachmittagstee oder -kaffee.

100 g Vollmilchschokolade
100 g Mandelstifte

Ein großes Brett mit Alufolie bedecken. Die Schokolade zerbröckeln und im Wasserbad erhitzen, bis sie geschmolzen ist. Die Mandelstifte ohne Fett in einer Pfanne unter Rühren rösten. Etwas abkühlen lassen. Unter die Schokolade rühren. Mithilfe von zwei Teelöffeln Häufchen auf das Brett setzen und kühl stellen.

Der gute Rat

Gebrannte Mandeln

Wenn die Mandeln geröstet werden, erhalten sie einen intensiveren Geschmack.

250 g ungeschälte Mandeln
250 g Würfelzucker
5 EL Wasser
1/2 TL Zimt
Mandel- oder Nussöl zum Bepinseln

Die Mandeln auf einem Blech im Backofen bei 200 °C (Gas Stufe 4) rösten, bis sich die Schale löst. Im Topf Zucker und Wasser zuerst bei schwacher Hitze, dann bei starker Hitze unter ständigem Rühren kochen. Wenn die Masse anfängt, bröckelig zu werden, die Mandeln zugeben. Weiter erhitzen. Mit dem Holzlöffel umrühren, bis die Mandeln den Sirup angenommen haben. Anschließend den Topf von der Kochstelle entfernen, Zimt zufügen und rühren, bis die Mandeln trocken sind. Die Masse wieder erwärmen, bis sie glänzt. Ein Blech mit Öl bepinseln. Mandeln darauf legen und mit einer Gabel voneinander lösen.

Gebrannte Mandeln schmecken noch viel besser, wenn sie so hübsch wie hier dekoriert werden.

Weitere leckere Sachen für Schleckermäuler

- Für Marzipankartoffeln wird die Marzipanmasse zu kleinen Kugeln geformt und in Kakao gewälzt.
- So wird Königsberger Marzipan hergestellt: Unter die Marzipanmasse wird 1 EL Orangenlikör gemischt. Die restliche Masse bis auf ein Viertel wird portionsweise zwischen Klarsichtfolie ausgerollt und zu Herzen ausgestochen. Die restliche Masse formt man zu dünnen Röllchen und klebt diese mit Eiweiß auf die Ränder. Die Röllchen werden eingekerbt und mit Eigelb bestrichen. Den Backofen auf 200 °C (Gas Stufe 4) vorheizen und das Konfekt darin 4 Minuten backen, bis die Ränder hellbraun sind.
- Für Marzipankonfekt verknetet man 200 g Rohmasse mit 100 g Puderzucker und schneidet alles in 3 gleiche Stücke. Unter einen Teil wird Kakao gemischt, in den zweiten je 4 Tropfen rote Speisefarbe und Kirschwasser, in den dritten je 4 Tropfen gelbe Speisefarbe und Zitronenessenz. Sie werden einzeln zwischen Klarsichtfolie ausgerollt, ohne Folie übereinander gelegt und festgerollt. Dann 1,5 cm breite Rechtecke ausschneiden.
- Für kandierte Rosenblütenblätter nimmt man 20 stark duftende, ungespritzte Blütenblätter, übersprüht sie und tupft sie ab. Den Backofen auf 50 °C vorheizen, dann 2 Eiweiß steif schlagen. Die Blütenblätter darin eintauchen und auf das Blech legen. Mit 80 g grobem Zucker bestreuen, das Blech in den Backofen schieben und ihn ausschalten. Die Blüten darin 20 Minuten trocknen lassen. Dann nimmt man sie heraus, lässt sie abkühlen und füllt sie in einen Behälter.

Einige Ratschläge zum Gelingen der Leckereien

- Mandeln sollten möglichst frisch sein und vor allem frisch gemahlen werden, damit sie ihr volles Aroma entfalten können.
- Pralinenhütchen aus Papier und Metall gibt es in gut sortierten Supermärkten.
- Konfekt ist empfindlich gegen Wärme, deshalb im kühlen Zimmer oder Kühlschrank aufbewahren.
- Zum Verschenken der Mandelsplitter in der Weihnachtszeit wickelt man sie in Goldpapier oder -folie.
- Kandierte Früchte eignen sich zur Dekoration von Torten und als Beilage zu Desserts.

Brot backen wie anno dazumal

Brot spielt in unserem Land eine wichtige Rolle, weil es nach wie vor eines der Grundnahrungsmittel ist. Die Geschichte seiner Herstellung reicht viele Jahrtausende zurück. Vorgänger war der Brei aus Wasser und grob gemahlenen Getreidekörnern. Später kam man darauf, den Brei zu Teig zu verdicken und diesen an der Sonne zu dörren, am Feuer zu rösten und schließlich auf Steinen zu backen. Noch bis weit ins 20. Jahrhundert hinein wurde, besonders auf dem Land, Brot in der Familie gebacken. Vollkornbrot galt lange als das Brot der armen Leute im Gegensatz zum „feineren", hellen Weißbrot. Heute wird Vollkornbrot wieder geschätzt, weil man den hohen Nährwert der Kleie erkannt hat. Es enthält sämtliche Bestandteile des Korns, wozu auch die Schalenteile gehören. Fast ein Drittel des Brotverbrauchs im nördlichen Europa entfällt auf das Roggenbrot, da Roggen im Gegensatz zu Weizen auch in rauerem Klima heranreift. Dafür enthält Weizenmehl mehr Eiweiß als Roggenmehl. Das Mehl wird in Typeklassen eingeteilt. Mehl mit niedriger Typezahl ist meist heller, allerdings auch arm an Mineralstoffen und Vitaminen.

So locker wird das Brot, wenn es vor dem Backen mehrfach im Warmen aufgeht.

Den Sauerteig vorbereiten

Einen Sauerteig anzusetzen ist eigentlich einfach – vorausgesetzt, Sie beginnen damit 3 Tage vor dem Brotbacken. Für Sauerteig eignet sich jedes Mehl, es sollte aber immer eine Sorte sein, die auch im Brot verwendet wird. Grundsätzlich besteht Sauerteig nur aus Mehl und Wasser, aber Zusätze wie Buttermilch, gekochte Kartoffel oder Zucker können für den Gärungsvorgang hilfreich sein. Ein schnelleres Verfahren ist das Ansetzen des Sauerteigs mit Hefe.

Sauerteig ohne Hefe

Füllen Sie einige Löffel des Teigs in ein verschließbares Gefäß für die nächsten Brote.

400 g Roggenmehl
400 ml lauwarmes Wasser
3 EL Buttermilch

100 g Mehl, 100 ml Wasser und Buttermilch in einem Steingutgefäß verrühren und zugedeckt bei 25–28 °C über Nacht stehen lassen. Morgens dem Brei 100 g Mehl und 100 ml Wasser hinzufügen und wieder zugedeckt warm stellen. Am Abend umrühren. Am nächsten Morgen 200 g Mehl und 200 ml Wasser untermischen. Abends erneut umrühren. Am nächsten Tag ist der Sauerteig fertig.

Sauerteig mit Hefe

Als Backschrot bezeichnet man das aus dem ganzen Korn bestehende Mahlprodukt.

10 g Hefe
1/4 l handwarmes Wasser
150 g Roggenbackschrot

Die Hefe in eine Schüssel bröckeln, Wasser hinzugießen und die Hefe darin auflösen. Mehl beigeben, verkneten und den Ansatz zugedeckt 3 Tage warm stellen.

Einfaches Roggenbrot

Roggenbrot wird in den meisten Fällen mit Sauerteig zubereitet.

1 kg Roggenmehl
30 g Sauerteig
600 ml warmes Wasser
Salz

Zwei Drittel des Mehls mit dem Wasser verkneten. Sauerteig und Salz zufügen und zu einem glatten, festen Teig verkneten. Dick mit Mehl bestreuen und zugedeckt gären lassen, bis der Teig nicht mehr wächst. Ein Brot formen und in die Backform legen. Wieder aufgehen lassen und mit lauwarmem Wasser bestreichen, damit es nicht aufreißt. Den Backofen auf 250 °C vorheizen, das Brot erneut mit Wasser bestreichen und etwa 45 Minuten backen. Ob das Brot gar ist, kann man hören: Es klingt hohl, wenn man auf die Unterseite klopft. Mit Wasser bestreichen, umdrehen und auskühlen lassen.

Ein Sauerteigansatz: Deutlich sieht man die Blasen auf der Oberfläche, die beim Gärungsprozess entstehen.

Brot und Brötchen aus Hefeteig zubereiten

Für Roggen- und Mischbrot werden zur Lockerung des Teigs Sauerteig oder Hefe und Sauerteig genommen. Bei Teigen aus Weizenmehl verwendet man Hefe. Am besten eignen sich Hefewürfel, die man in Bäckereien und Supermärkten erhält. Hefeteig kann man gut einen Tag im Kühlschrank aufbewahren.

Das Korn sitzt in den Ähren des Getreides. Es besteht aus der Schale und dem Mehlkörper, der wiederum Eiweiß und Stärke enthält. Die Schale enthält Zellulose.

Kastenweißbrot

Zum Backen dieses Weißbrots benötigen Sie eine Kastenform.

380 g Weizenmehl Type 405
200 ml lauwarmes Wasser
25 g Hefe
1 Prise Zucker
5 g Salz
20 g Butter zum Einfetten

Stellen Sie etwa 20 g Mehl zum Bemehlen der Arbeitsfläche und zum Kneten beiseite. Hefe und Zucker in 75 ml Wasser auflösen. 80 g Mehl unterrühren. Den Vorteig 30 Minuten gehen lassen, bis sich die Masse verdoppelt. Danach das restliche Mehl in eine Schüssel geben und in der Mitte eine Vertiefung formen. Das Salz im restlichen Wasser auflösen. Den Vorteig in die Vertiefung geben und das Salzwasser zugießen. Das Ganze verkneten, bis sich Blasen bilden. Den Teig zu einer Kugel formen, mit Mehl bestreuen und 30–40 Minuten gehen lassen. Die Arbeitsfläche mit Mehl bestreuen und mit bemehlten Händen den Teig kurz durchkneten. Eine Minute stehen lassen, dann erneut etwa 5 Minuten durchkneten. Nun den Backofen auf 200 °C (Gas Stufe 4) vorheizen. Die Kastenform einfetten, den Teig einfüllen, mit lauwarmem Wasser bepinseln und zugedeckt 15 Minuten gehen lassen. Das Brot auf die mittlere Backofenschiene schieben, nach 10 Minuten auf 180 °C (Gas Stufe 3) zurückstellen und danach etwa 35 Minuten backen. Anschließend abkühlen lassen.

Milchbrot

Das mit Milch zubereitete Milchbrot ist eine feinere Variante des Kastenweißbrots.

500 g Mehl
30 g Butter
25 g Hefe
7 g Salz
20 g Zucker
150 ml Milch

Das Mehl in eine Schüssel geben und in der Mitte eine Vertiefung formen. Hefe mit Zucker in Milch auflösen, in die Vertiefung gießen und mit etwas Mehl bedecken. Gehen lassen, bis die Oberfläche rissig wird. Mit den restlichen Zutaten zu einem glatten Teig verkneten. Weiter zubereiten wie in *Kastenweißbrot* beschrieben.

Vollkornbrot

Frisch gemahlene Getreidekörner enthalten noch die meisten wertvollen Nährstoffe.

250 g Weizen
250 g Dinkel
1 Päckchen Trockenhefe
1 gehäufter TL gemahlener Kümmel
1/2 EL Salz
1/2 l lauwarme Buttermilch
100 g Kürbiskerne
Fett für die Form
4 EL Milch

Weizen und Dinkel fein mahlen, mit Salz, Hefe und Kümmel mischen und Öl und Buttermilch zugießen. Durchkneten, bis der Teig Blasen wirft. Bei Zimmertemperatur zugedeckt 1 1/4 Stunden gehen lassen, bis sich der Teig verdoppelt. Die Kürbiskerne unter den Teig mischen. Eine Kastenform einfetten, den Teig einfüllen, mit Milch bepinseln und weitere 15 Minuten gehen lassen. Auf die mittlere Backofenschiene schieben. Bei 200 °C (Gas Stufe 4) 1 1/4 Stunden backen. Nach 10 Minuten herausnehmen und abkühlen lassen.

Ausgesprochen lecker und gesund ist das Weizenvollkornbrot.

Kartoffelbrot

Kartoffeln sind ein sehr gesundes, an Vitaminen und Mineralstoffen reiches Nahrungsmittel.

1 kg mehlige Kartoffeln
1 1/2 Würfel Hefe
125 ml lauwarme Milch
1 1/2 TL Zucker
500 g Mehl
1 1/2 TL Salz

Die Kartoffeln waschen, schälen und reiben. In ein Sieb geben und abtropfen lassen. Mit einem Löffel zusätzlich noch Flüssigkeit ausdrücken. Die Hefe und den Zucker in der Milch auflösen. Den Vorteig an einem warmen Ort zugedeckt gehen lassen, bis sich Blasen bilden. Die Kartoffeln in eine Schüssel geben. Vorteig, Mehl und Salz zugeben. Den Teig gut durchkneten. Zugedeckt an einem warmen Ort gehen lassen. Die Arbeitsfläche mit Mehl bestreuen und darauf den Teig etwa 5 Minuten durchkneten. Den Backofen auf 150 °C (Gas Stufe 2) vorheizen. Eine Kastenform ausfetten, den Teig einfüllen und glatt streichen. Erneut an einem warmen Ort zugedeckt etwa 15 Minuten gehen lassen. In den Backofen auf die zweite Schiene von unten schieben. 20 Minuten backen, dann bei 200 °C (Gas Stufe 4) weitere 40 Minuten backen. Das Brot nach 10 Minuten aus der Form nehmen und auf einem Gitter auskühlen lassen.

Schneidemaschine

Diese alte Brotschneidemaschine ist heute noch in manchen Haushalten zu finden. Allerdings lässt sich frisches Brot damit schwer schneiden.

Leinsamenbrötchen

Die Samen liefern nicht nur das Leinöl, sondern sie sind auch für die Ernährung wertvoll.

150 g Magerquark
200–250 ml Wasser
50 g Leinsamen
1 EL Sonnenblumenöl
1 TL Salz
250 g Weizenmehl Type 405
250 g Weizenvollkornmehl Type 1700
1 Würfel Hefe
1/2 TL Zucker
Leinsamen zum Bestreuen

Den Quark abtropfen lassen und 100 g abwiegen. 100 ml Wasser zum Kochen bringen, die Leinsamen damit übergießen und 5 Minuten zugedeckt quellen lassen. Sonnenblumenöl, Salz und Mehl in eine Schüssel geben. Im restlichen lauwarmen Wasser Hefe und Zucker auflösen. Quark und Leinsamen in die Schüssel geben. Alles zu einem lockeren Teig kneten. Zugedeckt an einem warmen Ort gehen lassen, bis sich der Teig verdoppelt. Inzwischen 2 Backbleche mit Backpapier auslegen. Den Teig nochmals durchkneten und 16 Brötchen auf die Bleche setzen. Mit Wasser bepinseln und mit Leinsamen bestreuen. Erneut den Teig etwa 15 Minuten gehen lassen. Dann die Brötchen bei 200 °C (Gas Stufe 4) 25–30 Minuten backen, bis sie mittelbraun sind.

Selbst gebackene Leinsamenbrötchen schmecken nicht nur frisch gut, man kann sie auch einfrieren und viel später verzehren.

Korinthenbrötchen

Durch Zugabe von Korinthen lassen sich Brötchen verfeinern.

3 EL Sonnenblumenöl
1 TL Salz
500 g Weizenmehl Type 550
200–250 ml lauwarme Milch
1 Würfel Hefe
1 TL Zucker
2 Eier
250 g Korinthen

Sonnenblumenöl, Salz und Mehl in eine Schüssel geben. Danach Milch, Hefe, Zucker und die Eier gut verrühren und in die Mehlmischung gießen. Das Ganze verkneten, bis sich der Teig vom Schüsselrand löst. Die Korinthen zugeben. Den Teig zugedeckt etwa 30 Minuten gehen lassen. Die Arbeitsfläche mit etwas Mehl bestreuen, den Teig darauf etwa 5 Minuten durchkneten, zu einer Rolle formen und in 12–16 Stücke teilen. Jedes Teigstück mit bemehlten Händen zu Brötchen formen. 2 Bleche mit Backpapier auslegen, die Brötchen darauf legen, mit Milch bepinseln und dann an einem warmen Ort zugedeckt etwa 30 Minuten gehen lassen. Inzwischen den Ofen auf 180 °C (Gas Stufe 2–3) vorheizen. Die Brötchen auf der mittleren Backofenschiene 25–30 Minuten backen, bis sie mittelbraun sind.

Der gute Rat

Allerlei Wissenswertes rund ums Brot

- Brote können Sie in Kastenformen oder als runde Laibe auf dem Blech backen.
- Vollkornbrotteige sollten nicht zu trocken sein, das fertige Brot wird sonst zu bröckelig.

Tipps zum Umgang mit Brot und Brötchen

- Am längsten hält sich Brot frisch, wenn man es in einem möglichst luftdichten Brotkasten oder Steinguttopf aufbewahrt.
- Brotbehälter sollten einmal wöchentlich mit Essigwasser ausgewischt werden, damit sich kein Schimmel bildet.
- Brötchen vom Vortag bestreicht man mit reichlich Wasser und backt sie etwa 10 Minuten bei 150 °C (Gas Stufe 1) auf.
- Brot und Brötchen lassen sich sehr gut einfrieren und halten sich 2–6 Wochen.
- Man friert Brot möglichst frisch, jedoch ausgekühlt ein, dann schmeckt es nach dem Auftauen am besten. Aufgetautes Brot kann nicht wieder eingefroren werden.
- Brot sofort wegwerfen, auch wenn es nur an einer Stelle sichtbar von Schimmel befallen ist.

Die Korinthenbrötchen schmecken am besten, wenn man sie noch lauwarm mit Butter bestrichen isst.

Erdnussbrötchen

Sie können das Currypulver auch aus je 1 TL Kurkuma, Safranfäden, Kreuzkümmel und gemahlenem Koriander, je 1/2 TL Ingwer- und Kardamompulver selbst mischen.

500 g Weizenvollkornmehl
1 Päckchen Trockenhefe
1/2 EL Salz
200 ml Wasser
300 g Magerjoghurt
1–2 TL Currypulver
150 g grob gehackte Erdnusskerne

Mehl, Hefe und Salz in einer Schüssel vermischen. Wasser mit Curry und Joghurt vermengen, lauwarm erhitzen und zur Mehlmischung geben. Alles verkneten, bis sich der Teig vom Schüsselrand löst. Den Teig zugedeckt bei Zimmertemperatur etwa 1 1/4 Stunden gehen lassen, bis er sich verdoppelt hat. Die Arbeitsfläche mit Mehl bestreuen und den Teig darauf etwa 5 Minuten durchkneten. Ein Backblech mit Backpapier auslegen. Mit bemehlten Händen 12 Brötchen formen, auf das Blech legen und 15 Minuten gehen lassen. Dann bei 180 °C (Gas Stufe 2–3) etwa 45 Minuten backen.

5

GARTEN

Aus eigener Ernte…

… stammten zu Großmutters Zeit meist die Früchte, das Gemüse und die Kräuter, die in der Küche Verwendung fanden. Zu den Schätzen aus dem Garten zählten aber auch Blumen, die zu dekorativen Sträußen oder Gestecken verarbeitet wurden. In diesem Kapitel erhalten Sie dazu pfiffige Anleitungen und Tipps. Außerdem erfahren Sie, wie Sie einen Garten dazu bewegen können, dass er reiche Ernte abwirft. Auf natürliche Weise erreichen Sie dies durch

- *Kompostieren und gezieltes Düngen oder Mulchen*
- *Mischkultur und geschickten Fruchtwechsel*
- *den Anbau robuster Obst- und Gemüsesorten*
- *sanfte Schädlingsabwehr.*

Auf den Boden kommt es an

Boden ist nicht gleich Boden, das hat jeder Hobbygärtner schon erfahren – meist leidvoll. Denn oft entspricht die Bodenbeschaffenheit nicht den Wünschen des Gartenbesitzers, da die wenigsten Gemüse- und Obstsorten auf gewöhnlicher Feldkrume die erhofften Erträge bringen. Diese Sorten sind anspruchsvoller als Wild- oder viele Feldpflanzen. Wirklich fruchtbarer Boden sollte viel Humus enthalten, und er muss leicht und krümelig sein. Lehmig verdichtete Böden sind, ebenso wie sandige oder kieshaltige Böden, für den Anbau von Pflanzen eher schlecht geeignet. Aber wie stellt man fest, welche Art von Boden man im Garten zur Verfügung hat? Man muss nicht gleich ein professionelles und teures Labor zu Rate ziehen – meist genügt es, sich die Erde genauer anzuschauen und die so genannte Schlämmprobe zu machen. Will man dann die Qualität des Bodens verbessern, gibt es zwei einfache und zugleich wirksame Maßnahmen: das Mulchen und die Gründüngung. Beide sind schon seit dem Mittelalter bekannt und wurden in Klostergärten erfolgreich angewendet. Und auch mit Kompost lässt sich der Boden verbessern.

Die einfache Methode der Schlämmprobe bringt es an den Tag. Von links: sandiger Lehmboden, reiner Sandboden, humusreicher Sandboden.

Welchen Boden habe ich im Garten?

Der Charakter eines Bodens lässt sich an der Feinheit der einzelnen Bodenteilchen bestimmen: Ein leichter Boden hat mehr grobkörnige Anteile, er besteht zu einem hohen Prozentsatz aus Sand. Dieser setzt sich wiederum aus Gesteinskörnchen zusammen, die noch mit bloßem Auge zu erkennen sind. Ein schwerer Boden dagegen ist sehr feinkörnig, was auf seinen hohen Gehalt an Ton und Lehm zurückzuführen ist. Lehmteilchen sind nicht mehr mit bloßem Auge zu erkennen, sie fühlen sich rau an und lassen sich gut formen. Ton ist fein, weich oder fettig glänzend.

Pflanzen wachsen am besten auf einem Boden, der Sand und Lehm zu ungefähr gleichen Anteilen enthält und Regenwasser und Nährstoffe im richtigen Verhältnis speichert. In einem Boden mit hohem Tonanteil sind die feinen Bestandteile so dicht gelagert, dass er zu wenig wasserdurchlässig ist und kaum Nährstoffe an die Pflanzen abgibt. Zu viel Sandanteil bedeutet, dass Wasser und Nährstoffanteile wenig gespeichert werden. Eine alte Bauernweisheit besagt deshalb zu Recht, dass sandhaltiger Boden mit humusreicher Erde zu verbessern ist, schwerer Boden dagegen mit Sand.

Schlämmen bringt die Wahrheit ans Licht

Reine Sand-, Lehm- oder Tonböden sind selten. In welchem Mischungsverhältnis sie jeweils vorliegen, zeigt dieses Verfahren.

1 Glas Wasser
1 Hand voll Erde

Eine Hand voll Gartenerde in das Glas Wasser geben und gründlich umrühren Ungefähr 12 Stunden warten, bis sich die Bestandteile gesetzt haben. Dann kann man Folgendes erkennen: Da Sand über die größten Körnchen verfügt, setzt dieser sich zuerst am Boden des Glases ab. Danach folgt Lehm. Ton ist wesentlich leichter und feiner und setzt sich erst danach ab. Humus, als leichtester Bestandteil, bildet die oberste Schicht oder schwimmt sogar teilweise. Bei einer optimalen Bodenzusammensetzung sind die Anteile an Lehm und Sand in etwa gleich, und die Humusschicht ist stark ausgeprägt (siehe auch Bild links).

Vogelmiere
Wo die Vogelmiere zu finden ist, kann man davon ausgehen, dass der Boden locker, humus- und nährstoffreich ist.

Der früher häufiger als Ackerunkraut auftretende Klatschmohn bevorzugt kalkhaltige Böden mit mittlerem Stickstoffgehalt.

Was Klatschmohn und Löwenzahn verraten

Man kann sich über die Beschaffenheit des Bodens auch klarer werden, wenn man sich die natürlich vorkommenden Pflanzen in seinem Garten etwas genauer ansieht. Da jede Pflanzenart eine Vorliebe für einen bestimmten Standort hat, kann man sie als so genannte Zeigerpflanzen für den Boden betrachten. So gedeihen auf trockenen Böden nur solche Pflanzen, die tief wurzeln oder aber gut Wasser

Huflattich
Huflattich siedelt sich auf tonigem und lehmigem Boden an. Er ist eine sehr widerstandsfähige, als Wildkraut kaum auszurottende Pflanze.

speichern könnnen. Auf feuchten Böden dagegen wachsen Pflanzen, die nicht mit dem Wasser haushalten können und faulnisfeste Wurzeln haben.

Lehmigen Boden zeigen Ackerhahnenfuß, Ackerkratzdistel, Breitwegerich, Gänsefingerkraut und Löwenzahn an.

Lockerer Humusboden wird gern besiedelt von Vogelmiere, Ackersenf, Erdrauch und Melde.

Einen hohen Stickstoffgehalt verraten Brennnessel, Schwarzer Nachtschatten und Franzosenkraut.

Mit magerem Sandboden nehmen Feldthymian und Vogelknöterich vorlieb.

Ist der Boden kalkarm, dann gedeihen Feldehrenpreis, Hundskamille, Hederich.

Kalkreichen Boden lieben Ackerwinde, Klatschmohn, Schneckenklee und Echter Gamander.

Bodenpflege für einen guten Start

Wenn man weiß, welche Art von Boden man besitzt, kann man den Boden verbessern und fehlende Anteile zumischen. Nährstoffe sind in der Natur sehr begehrt, daher fehlen sie in den meisten Böden. Nun muss man nicht gleich zum Kunstdünger greifen. Es ist besser, man vertraut auf die Kräfte der Natur und versucht es mit Gründüngung oder Mulchen.

Der grüne Daumen der Natur

Unter Gründüngung versteht man das Säen und spätere Einarbeiten bestimmter Grünpflanzen in den Boden. Dies hat mehrere Vorteile: In der Wachstumszeit der Düngepflanzen wird der Boden vor starken Temperaturschwankungen, vor Austrocknung und vor Unkraut geschützt. Zudem wird er durch die intensive Durchwurzelung gelockert und gelüftet.

Haben die Pflanzen eine gewisse Höhe erreicht, werden sie abgeschnitten und einfach liegen gelassen. Wenn sie verrottet sind, hackt oder pflügt man sie unter. So bildet sich Humusmaterial, das den Boden verbessert und Nährstoffe abgibt.

Zur Gründüngung eignen sich besonders Arten aus der Familie der Hülsenfrüchtler. Sie binden, mittels Knöllchenbakterien, die in ihren Wurzeln leben, Stickstoff aus der Luft. Damit erhält man eine preiswerte und gleichzeitig ökologische Stickstoffdüngung. Gründüngung sollte immer dann ausgebracht werden, wenn ein Beet nicht wieder sofort angesät oder bepflanzt wird. Das ist vor allem im Frühherbst sinnvoll, wenn schon ein großer Teil der Beete abgeerntet ist.

Buchweizen beispielsweise ist für sandige Böden gut geeignet. Man sät im Frühjahr und Sommer und arbeitet die Pflanzen im Spätsommer ein. Inkarnatklee gehört zu den Hülsenfrüchtlern und ist stark Stickstoff bindend (Aussaat im Frühjahr oder Spätsommer). Phazelia, auch Bienenweide genannt, bietet zusätzlich Insekten reichlich Nahrung (Aussaat von April bis Anfang September). Im Winter verrotten die frostempfindlichen Pflanzen.

Viel Mulch, viel Schutz

Durch Mulch werden zu starke Temperaturschwankungen in den oberen Bodenschichten verringert, die Verschlämmung durch den Regen verhindert und ebenso die Austrocknung. So bleibt der Boden unter einer Mulchdecke feucht und krümelig, was wiederum hilft, Wasser zu sparen. Auch das Unkraut hat weniger Chancen sich anzusiedeln. Zum Mulchen verwendet man alles, was im Garten anfällt, z. B. Grasschnitt, Laub, Grünabfall von Blumen- und Gemüsebeeten – am besten fein geschnitten oder gehäckselt.

Kompost – das Gold des Gärtners

Kompost stammt wortgeschichtlich aus dem Lateinischen und bedeutet „Zusammengesetztes". Genau darum handelt es sich auch im Garten: Aus allen Arten von pflanzlichen Abfällen, die im Haushalt und im Verlauf eines Jahres im Garten anfallen, wird der Komposthaufen zusammengetragen. Was dann etwas lapidar Verrottung genannt wird, bedeutet für zahllose Bodenorganismen harten Arbeitseinsatz, an dessen Ende nährstoffreiche Humuserde entsteht. Sterile Sandböden und feste Tonböden vermag der Kompost in fruchtbares Land zu verwandeln, ausgelaugten Böden gibt er neue Kraft. Er ist das effektivste Mittel zur Bodenverbesserung. Damit die kleinen Helfer der Natur möglichst gute Arbeitsbedingungen haben, sollte man einige Grundregeln beachten und mit Großvaters spezieller Kräuterzugabe etwas Anschub leisten.

Das A und O des Kompostierens

Der Kompost sollte im Halbschatten liegen, sodass er nicht austrocknet. Damit Regenwürmer zuwandern können, setzt man ihn direkt auf den Mutterboden. Alles organische ungekochte Material, das in Küche und Garten anfällt, außer Fleischreste, kann kompostiert werden. Grobe oder sperrige Zugaben wie Zweige und Heckenschnitt zerkleinert man.

Wichtig ist eine lockere Schichtung des Komposthaufens, denn die Verrottung braucht Sauerstoff. Setzt man den Haufen hin und wieder um, wird er auch weiterhin gut durchlüftet. Sehr feuchte Abfälle kleben zusammen und faulen, daher sollten sie mit trockenen Anteilen gemischt werden. Der Kompost ist reif, wenn er dunkelbraun und krümelig geworden ist.

Bis zu zwei Jahre kann es dauern, bis ein Komposthaufen zu gutem Humus geworden ist. Man kann den Verrottungsvorgang beschleunigen, wenn man eine Mischung verschiedener Kräuter zusetzt. So kann der Kompost im Frühsommer schon in 6 Wochen, im Herbst in 3 Monaten oder im Winter nach 5 Monaten reifen.

Kräuterkraft für den Kompost

Ein altes Rezept für den Kompost nutzt auch einige als Heilkräuter bekannte Pflanzen.

Kräutermischung
Eichenrinde
etwas Honig
6 TL Milchzucker

Blätter und Blüten folgender Kräuter und Heilpflanzen sammeln, am besten vormittags: Baldrian, Brennnessel, Kamille, Löwenzahn und Schafgarbe. Im Backofen bei 35 °C langsam trocknen, dann die einzelnen Kräuter sehr fein vermahlen und getrennt aufbewahren. 6 Tropfen Honig mit 6 TL Milchzucker vermischen. Von jedem Kraut und von der gemahlenen Eichenrinde je 1 TL mit der Honig-Milchzucker-Mischung vermengen. Im Schnitt reicht diese Menge für etwa ein Jahr aus. Für den Anfang gibt man 2 TL dieses Gemischs in 1/2 l Regenwasser und lässt das Ganze 24 Stunden ruhen. Mit einer Stange 5 Löcher in den Komposthaufen bohren und in jedes Loch 6 EL der Kräuterflüssigkeit gießen. Die Löcher wieder mit feiner Erde füllen und etwas feststampfen. Bei Bedarf wiederholen.

Kräutermischungen beschleunigen die Kompostrotte: Die krautigen Pflanzenteile haben einen hohen Anteil an Mineral- und Nährstoffen, der wie ein Enzym wirkt.

Düngen, stärken, Schädlinge abwehren

Düngen und naturgemäße Schädlingsabwehr wollen gelernt sein – denn die optimalen Mittel zum besten Zeitpunkt an die richtige Stelle zu bringen, erfordert einige Erfahrung. Daher teilte früher ein Gärtner das Wissen um den besonders wirkungsvollen Dünger nur mit wenigen Eingeweihten. Heutzutage gibt es in den entsprechenden Fachgeschäften eine riesige Auswahl an Düngemitteln. Denn die Nachfrage ist groß – jeder Hobbygärtner weiß, dass Pflanzen für das Wachstum und zur Ausbildung von Blüten und Früchten Nährstoffe benötigen, die sie über die Blätter und Wurzeln aufnehmen. Fehlen diese Nährstoffe, bleiben die Pflanzen klein, sie blühen schlecht und bilden kaum Früchte aus. Auch Krankheiten und Schädlinge haben dann meist leichtes Spiel mit ihnen. Doch bevor man zum chemischen Rundumschlag ausholt, sollte man zuerst auf die Kräfte der Natur bauen. Aus vielen Kräutern lassen sich Tees, Brühen und Jauchen herstellen, mit denen man auf natürliche Weise düngen oder Schädlinge abwehren kann. Schließlich sollte man sich natürliche Verbündete suchen – Marienkäfer, Raubmilben, Igel und Vögel sind die besten Schädlingsbekämpfer. Unterstützen Sie sie mit einem „natürlich“ gestalteten Garten.

Kräuter und Knoblauch *aus* dem Garten, ja das kennt man. Aber Kräuertees oder eine Knoblauchkur *für* den Garten, das wird erst heutzutage wieder entdeckt.

Brühen, Jauchen und Tees

An die 30 Pflanzenarten eignen sich zur Herstellung stärkender, düngender oder schädlingsabwehrender Mittel. Die Kräuter können auf vier verschiedene Arten zubereitet werden, wobei man Kaltwasserauszug, Tee, Brühe und Jauche unterscheidet. Da die Arten der Zubereitung bei den verschiedenen Rezepten gleich bleiben, werden sie hier nur einmal im Detail erklärt. Grundsätzlich braucht man ein Litermaß, ein grobes und ein feines Sieb sowie eine Schöpfkelle.

Die fertigen Mittel werden entweder über die Pflanzen versprüht – mit einem Pumpzerstäuber oder einer Pflanzenschutzspritze – oder direkt auf die Erde gegossen. Um Verbrennungen an den Pflanzen zu vermeiden, müssen die Mittel meist verdünnt werden (1:10), in manchen Fällen kann aber auch eine stärkere Konzentration erforderlich sein.

Kaltwasserauszug

Manche Pflanzen enthalten Wirkstoffe, die beim Erhitzen zerstört würden. Daher muss man sie mit kaltem Wasser herauslösen.

Pflanzen
1 kleiner Topf
1 l kaltes Wasser
1 Stein

Die Pflanzenteile zerkleinern, mit kaltem Wasser übergießen und mit einem Stein beschweren. Je nach Pflanzenart 1–24 Stunden ziehen lassen, danach abseihen.

Teeaufguss

Ein Aufguss ist die einfachste und schnellste Methode, um aus Blüten und Blättern ein wirksames Mittel zu gewinnen. Damit sich die wichtigen ätherischen Öle beim Aufgießen nicht verflüchtigen, sollte man das Aufgussgefäß zudecken.

Pflanzen
1 emaillierter Kochtopf
1 l siedendes Wasser

Die zerkleinerten Pflanzen in den Topf geben und das siedende Wasser darüber gießen. Zugedeckt 15 Minuten ziehen lassen, abseihen.

Brühe

Bei manchen Pflanzen muss man etwas mehr Aufwand betreiben.

Pflanzen
1 Eimer (5 l)
1 emaillierter Kochtopf
Wasser

Die Pflanzen zerkleinern, im Eimer mit kaltem Wasser übergießen und 24 Stunden ziehen lassen. Dann im Kochtopf zum Sieden bringen und 15–30 Minuten auf kleiner Flamme köcheln. Brühe abkühlen lassen, durchsieben.

Jauche

Gegen die Geruchsentwicklung kann man etwas Gesteinsmehl zugeben.

Pflanzen
Plastikeimer (10 l)
Wasser

Die zerkleinerten Pflanzen in den Eimer mit Wasser geben. Täglich durchrühren. Nach 3–4 Tagen setzt die Gärung ein. Dunkle Farbe und das Nachlassen der Schaumbildung zeigen nach 10–14 Tagen eine reife Jauche an: Die Feststoffe haben sich abgesetzt, und der Überstand kann abgeschöpft werden.

Spritzgeräte
Mit Hildebrandschen Spritzen brachten einst die Gärtner ihre Mittel an die Pflanzen.

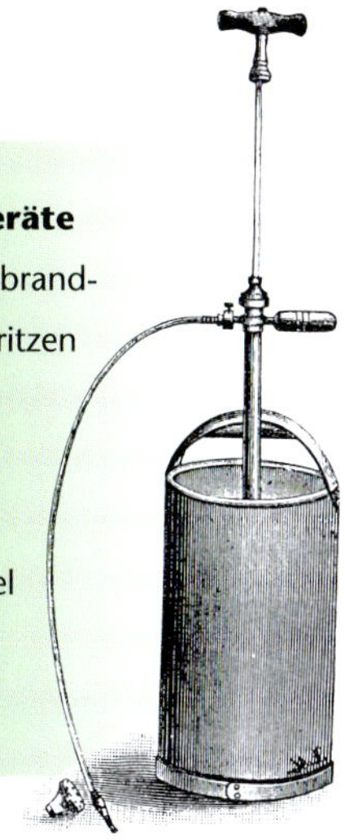

Kraft durch Beinwell

Jauche mit Beinwell ist ein vorzüglicher und sehr kaliumreicher Dünger, den besonders Tomatenpflanzen mögen.

1 kg Beinwellkraut
10 l Wasser

Die Blätter des Beinwells zerkleinern und zur Jauche ansetzen. Als Bodendünger 1:10 verdünnt verwenden.

Anstelle von frischen Brennnesseln kann man auch getrocknete verwenden, die Wirkstoffe bleiben erhalten.

Brennnesseln zur Düngung

Wer bisher nur „brennende" Erfahrungen mit dieser Pflanze gemacht hat, sollte umdenken – Brennnesseljauche versorgt die Pflanzen mit einer Extra-Portion Stickstoff!

1 kg Brennnesseln
10 l Wasser

Die Jauche möglichst mit Brennnesseln ansetzen, die kurz vor der Blüte stehen. Die fertige Brennnesseljauche 1:10 verdünnt auf dem zu düngenden Boden ausbringen.

Teestunde für Pflanzen

Manch einer schwört auf Kamillentee, wenn es um allerlei Wehwehchen bei Menschen geht – aber Kamille wirkt auch stärkend auf viele Pflanzen.

20 g Kamillenblüten (getrocknet)
1 l Wasser

Den Tee 1:5 verdünnt auf die Pflanzen und den umgebenden Boden spritzen.

Schafgarbe zur Stärkung

Dieses Mittel stärkt die Pflanzen im Kampf gegen Pilze und Insekten.

200 g Schafgarbenblüten
1 l Wasser

Aus den Schafgarbenblüten einen Auszug bereiten und 1:10 verdünnt spritzen.

Ackerschachtelhalm gegen Pilze

Gegen echten und falschen Mehltau und andere Pilze wirkt diese Brühe.

500 g Ackerschachtelhalmkraut
5 l Wasser

Aus dem Ackerschachtelhalmkraut eine Brühe herstellen und möglichst bei Sonne im Verhältnis 1:5 verdünnt spritzen. 3 Tage hintereinander anwenden.

Brennnesseln gegen Blattläuse

Mit einem Kaltwasserauszug aus Brennnesseln lassen sich Blattläuse bekämpfen.

200 g Brennnesseln
2 l Wasser

Den Kaltwasserauszug einen Tag an der Sonne stehen lassen. Abgießen und 1:5 verdünnt spritzen.

Tipps zur Verwendung von Jauchen

- Keine Metallfässer zur Zubereitung von Jauchen verwenden, da Metall durch die Gärungsprodukte angegriffen wird.
- Frische Kräuter kann man auch durch getrocknete ersetzen. Statt 1 kg Frischgewicht verwendet man 100 g Trockengewicht.
- Zum Ansetzen von Jauchen empfiehlt es sich, Regenwasser zu verwenden.
- Beim Ausbringen der Jauche sollte der Boden nicht zu trocken sein.
- Jauchen sollten nicht bei praller Sonne ausgebracht werden, weil sonst Verbrennungen an den Pflanzen drohen. Am besten arbeitet man frühmorgens oder spätabends.
- An einem sonnigen Platz verläuft der Gärungsprozess in der Jauche schneller.
- Zum Düngen können auch gemischte Kräuterjauchen angesetzt werden.
- Brennnesseljauche und Schachtelhalmbrühe können gemischt werden.
- Die beiden Beinwellarten *Symphytum officinale* und *Symphytum peregrinum*, beide gut für eine kaliumreiche Jauche, können leicht im Garten angebaut werden.

Kapuzinerkresse gegen Blutläuse

Blutläuse an Apfelbäumen lassen sich mithilfe von Tee von Kapuzinerkresse bekämpfen. Er muss sehr konzentriert angesetzt werden.

200 g Kapuzinerkresse
1 l Wasser

Aus der Kapuzinerkresse einen Tee bereiten. Mit dem unverdünnten Tee die Ansammlungen der Blutläuse mit einem Pinsel bestreichen.

Meerrettich – extra scharf!

Tee vom Meerrettich wird bei Steinobst gegen Blütenfäule und die so genannte Monilia-spitzendürre eingesetzt.

500 g Meerrettichblätter
1 l Wasser

Gegen Blütenfäule den fertigen Meerrettichtee 1:5 verdünnen und in die Blüte spritzen. Gegen Monilia 1:1 verdünnen und auf die Blätter und den Boden spritzen.

Den Milben keine Chance geben!

Rainfarntee wirkt allgemein gut gegen Ungeziefer, vor allem aber gegen Spinnmilben an Gemüse oder auch gegen Milbenbefall an Erdbeeren.

300 g blühender Rainfarn
1 l Wasser

Der Tee aus Rainfarn wird 1:3 verdünnt gespritzt. Rainfarntee ist sehr wirksam, er enthält aber auch Inhaltsstoffe, die sogar für den Menschen giftig sind. Daher sollte man vorsichtig damit umgehen und ihn nur im Notfall einsetzen.

Fruchtwechsel und Mischkultur

Gute Vorgänger und schlechte Nachbarn – auch Pflanzen haben ihre Vorlieben und Abneigungen, was das Zusammenleben mit anderen Pflanzen angeht. Das wussten auch schon unsere Großeltern. Zu diesem Wissen gehörte zudem, dass man auf einem Feld nicht jedes Jahr dieselben Pflanzen anbauen sollte, weil sonst der Boden „müde" wurde. Heutzutage versteht man genauer, warum der Fruchtwechsel notwendig ist: Jede Pflanze entnimmt dem Boden bestimmte Nährstoffe. Wenn man mehrere Jahre hintereinander auf dem gleichen Beet dieselbe Pflanzenart anbaut, dann fehlen im Lauf der Zeit genau diese Anteile, die auch mit Düngergaben kaum ausgeglichen werden können. Andererseits finden wirtsspezifische Krankheitserreger einen idealen Nährboden und vermehren sich explosionsartig. Schließlich geben die Pflanzen über ihre Wurzeln Stoffe ab, die ab einer gewissen Konzentration das Wachstum hemmen. Bei einer Mischkultur ergänzen sich verschiedene Pflanzen auf einem Beet.

Erbsen gehören zu den so genannten Schwachzehrern, die sich sehr genügsam geben, während Tomaten dem Boden sehr viele Nährstoffe entziehen.

„Bäumchen, wechsle dich" im heimischen Garten

Für einen planvoll durchgeführten Fruchtwechsel empfiehlt es sich, einen Gartenkalender anzulegen. Darin kann man notieren, welche Pflanzen man in welchem Jahr auf welchem Beet ausgebracht hat und welche dann im nächsten Jahr jeweils dran sind. Der Garten wird dabei oft in drei Bereiche geteilt, sodass eine Gemüsesorte frühestens im vierten Jahr wieder an dieselbe Stelle kommt. Besonders empfindliche Gemüsearten sollten sogar nur alle 6 Jahre an derselben Stelle gepflanzt werden, entsprechend mehr Einzelbeete muss man dann anlegen.

Nach ihrer Eigenschaft, dem Boden eher mehr oder eher weniger Nährstoffe zu entnehmen, werden die Pflanzen in Starkzehrer, Mittelzehrer und Schwachzehrer eingeteilt. Auf einem gut gedüngten Beet werden im ersten Jahr Starkzehrer, im zweiten Jahr Mittelzehrer und im dritten Jahr Schwachzehrer gepflanzt. Danach müssen dem Boden über Gründüngung, Mulchen und Kompost wieder reichlich Nährstoffe zugefügt werden. Dann kann der Zyklus von neuem beginnen.

Mit einer gut aufeinander abgestimmten Fruchtfolge werden die Nährstoffe des Bodens am besten genutzt, ohne dass der Boden ausgelaugt wird. Außerdem kann man so schädlichen Bodenpilzen oder Fadenwürmern, die sich auf eine Wirtspflanze spezialisiert haben, das Leben schwer machen.

Die dem Boden viel abverlangen – die Starkzehrer

Zu den Starkzehrern gehören Tomaten, Kartoffeln, Wirsing, Blumen- und Rosenkohl, Sellerie, Lauch, Mais, Gurken, Zucchini und Kürbis. Die Beete für diese Pflanzen werden bereits im Herbst mit Kompost und organischem Dünger – etwa einer Mischung aus Horn-, Blut- und Knochenmehl – vorbereitet.

Wer eine so reiche und herrliche Tomatenernte einfahren will, muss gut düngen und dem „roten Gemüse" beim Fruchtwechsel den ersten Platz einräumen.

Die Fraktion der goldenen Mitte – die Mittelzehrer

Als Mittelzehrer werden Kopfsalat, Möhren, Rettich, Radieschen, Kohlrabi, Spinat, Mangold, Paprika, Rote Bete und Zwiebeln bezeichnet. Für sie reichen Kompost und eventuell etwas organischer Dünger oder Pflanzenjauchen aus.

Die Lebenskünstler unter den Pflanzen – die Schwachzehrer

Die bescheidenen Schwachzehrer sind beispielsweise Erbsen, Buschbohnen, Feldsalat, Winterportulak, Kresse und viele Kräuter. Sie geben sich mit mäßigen Mengen Kompost und Pflanzenjauche zufrieden, die bei Kräutern oft nur sehr sparsam verwendet werden dürfen.

Hopfen
Die jungen Triebe sind saftig, knackig und aromatisch. Die Blüten enthalten die beim Bierbrauen verwendeten Bitterstoffe.

Vitamine und Wohlgeschmack

Sie schmecken gut, enthalten viele wertvolle Aufbaustoffe und sind dennoch in Vergessenheit geraten: Karde und Löwenzahn mit ihren verdauungsfördernden Bitterstoffen, der mineralstoffreiche Mangold, die aromatische Pastinake oder der an Vitamin C reiche Portulak.

Karde

Die Karde oder Kardendistel ist mit der Artischocke verwandt und war im vorigen Jahrhundert ein weit verbreitetes Gemüse. Im Gegensatz zur Artischocke verwendet man nicht die Blütenknospen, sondern die Blattstiele. Sie werden in etwa 7 cm lange Stücke geschnitten und in Salzwasser gekocht. Um eine Braunfärbung zu verhindern, wird dem Kochwasser Essig oder Zitronensaft sowie Mehl zugesetzt. Nach dem Garen kann man sie als Suppe, Gratin, Gemüsebeilage oder als Salat weiter zubereiten. Die Karde wird Anfang Mai in warme, nährstoffreiche Böden gesät. Eine ausgewachsene Pflanze hat einen Platzbedarf von etwa 80 x 80 cm.

Gartenmelde

Die Gartenmelde war einst als „Spinat" geschätzt. Im Vergleich zu diesem ist ihr Geschmack intensiver und würziger; zudem enthält sie weniger Oxalsäure. Ganz junge Blätter können auch als Salat zubereitet werden. Die Gartenmelde kann das ganze Jahr über ausgesät werden. Sobald die Pflanzen Rosetten entwickeln, kann man die Blätter pflücken. Bei Herbstaussaat ist eine Ernte schon im Frühjahr möglich. Die Gartenmelde stellt kaum Ansprüche an Klima und Boden und gedeiht auch im Halbschatten. Gut gedüngte, lockere und bewässerte Böden fördern die Bildung größerer und zarterer Blätter.

Hopfensprossen

Eine Delikatesse früherer Zeiten sind Hopfensprossen. Die jungen Triebe werden im Frühjahr, wenn sie 10 cm lang sind, über dem Boden abgeschnitten und als Salat oder wie Spargel zubereitet. Der Hopfen wird im Frühjahr oder im Herbst gepflanzt. Bei Herbstpflanzung kann bereits im Frühjahr geerntet werden.

Kürbis

Das attraktivste und bunteste Gemüse der Gärten des vorigen Jahrhunderts war sicherlich der Kürbis. So vielfältig wie seine Form ist auch die Verwendung. Aus dem Fruchtfleisch kann man Beilagen, Gratins, Suppen, Kuchen sowie Desserts oder Konfitüren zubereiten. Die frostempfindlichen Kürbisse werden im April in Töpfe gesät und ab Mitte Mai in nährstoffreichen, humosen Boden ausgepflanzt. Die Pflanzen lieben Wärme und brauchen ausreichend Wasser, damit sich große Früchte heranbilden. Ende August bis Anfang Oktober sind diese je nach Sorte erntereif.

Löwenzahn

Zu den gesündesten Frühlingssalaten zählen junge Löwenzahnblätter. Aus ihnen kann man auch delikates Bleichgemüse zubereiten. In Großmutters Küche fehlte nie der Honig aus Löwenzahnblüten, und in Essig eingelegte Knospen ergaben einen pikanten Kapernersatz. Die mehrjährige Kulturpflanze wird im Frühjahr direkt im Freiland ausgesät, und ab September können die Blätter geschnitten werden. Löwenzahn ist anspruchslos und gedeiht in jedem Gartenboden.

Löwenzahnblüten-Siruphonig

Aus den leuchtend gelben Blütenköpfen des Löwenzahns lässt sich ein würziger honigartiger Sirup zubereiten.

250 g Löwenzahnblüten
750 ml Wasser
1 kg Zucker
1 Zitrone

Die Zitrone in Scheiben schneiden, mit den Blüten 20 Minuten bei schwacher Hitze kochen, danach abseihen und die Blüten sowie die Zitrone auspressen. Den Zucker in die heiße Flüssigkeit rühren und 15 Minuten sanft kochen lassen. In Marmeladegläser füllen und verschließen. Kühl und trocken aufbewahrt, ist der „Löwenzahnblütenhonig" über ein Jahr haltbar.

Mangold

Von diesem Gemüse, das früher in keinem Hausgarten fehlte, gibt es zwei Sorten: Blatt- und Stielmangold. Mit seinen großen Blättern und den feuerroten oder weißen Stielen ist der Stielmangold auch eine äußerst dekorative Pflanze. Die Blätter werden wie Spinat zubereitet. Die Stiele haben einen leicht nussigen Geschmack und werden mit Bechamelsauce oder gratiniert serviert.

Mangold wird Ende April in humosen Boden gesät. Während der Wachstumszeit muss er mit Nährstoffen und Wasser versorgt sein. Mit dem Schneiden der Blätter kann ab Juli bei einer Blatthöhe von 10–15 cm begonnen werden. Die Pflanze verträgt halbschattige Lagen und ist sehr widerstandsfähig. In manchen Gegenden ist der Mangold winterhart und treibt im Frühjahr wieder aus, doch sobald die ersten Blüten erscheinen, ist er nicht mehr genießbar.

Gedämpfter Mangold

Mangold, Großmutters Sommerspinat, ergibt ein feinwürziges Gemüsegericht.

750 g Mangold
1 kleine Zwiebel
2 Stängel Majoran
4 EL Olivenöl
Salz
frisch gemahlener Pfeffer
geriebene Muskatnuss
200 g Sahne

Mit Sirup von Löwenzahnblüten lassen sich köstliche Mischgetränke und Desserts zaubern.

Den Mangold waschen, Blätter und Stiele in Streifen schneiden. Majoran waschen, trockentupfen und hacken. Gehackte Zwiebeln in heißem Öl glasig werden lassen. Mangold und Majoran zugeben, kurz anbraten. Etwas Wasser hinzufügen und bei schwacher Hitze 10 Minuten dünsten lassen. Die Sahne einrühren und mit Salz, Pfeffer und Muskat abschmecken.

Nachtkerze

Nachtkerzenwurzeln, auch Rapontikawurzeln genannt, waren eine Spezialität vergangener Zeiten. Die bis zu 18 cm langen, fleischigen und rötlichen Wurzeln haben einen feinen Geschmack. Man kocht sie in Salzwasser und serviert sie kalt als Salat oder als Gemüse mit einer weißen Sauce. Die Pflanze wird von April bis Ende Mai direkt ins Beet gesät. Sie stellt keine besonderen Bodenansprüche und gedeiht sogar in Sandböden. Ab Herbst und über den ganzen Winter bis ins Frühjahr können die Wurzeln geerntet werden.

Nachtkerze
Mit ihren gelben, trichterförmigen Blüten ist die Nachtkerze eine überaus dekorative Pflanze, die nachts einen süßen Duft verströmt.

Pastinake

Die Pastinake, ein Wurzelgemüse mit gelben Blüten, war schon im Altertum als Wiesen- und Kulturpflanze bekannt. Ihr würziger, süßlich aromatischer Geschmack erinnert an eine Mischung aus Möhre, Sellerie und Petersilie. Sie wird roh als Salat, gekocht in Suppen oder Eintöpfen, als Püree oder Gratin gegessen. Im zeitigen Frühjahr wird sie im humosen, lockeren Boden ausgesät. Die Pastinake ist frostunempfindlich, daher kann man sie noch im Winter ausgraben. Im Herbst geerntete Wurzeln werden in Erde, Sand oder Torf an einem kühlen Platz gelagert.

Portulak

Schon die alten Ägypter schätzten den Portulak als Gemüse und als Heilpflanze. Er hat einen nussartigen, säuerlich erfrischenden Geschmack. Man kann ihn roh als Salat oder gekocht als Spinat oder in der Suppe verzehren. Die Blütenknospen können als Kapernersatz verwendet werden. Der Portulak liebt Wärme, deshalb sät man ihn erst Ende Mai bis Ende Juni an sonniger Stelle dünn aus. Sandböden und Sommertrockenheit verträgt er sehr gut. Die Blätter und die Triebspitzen werden geerntet, bevor die Blütezeit einsetzt.

Der gute Rat

Bleichen von Gemüse

- Durch Bleichen erhält man zartes Gemüse, außerdem kann man so die Bildung von Bitterstoffen verringern.
- Über kleinere Pflanzen wie etwa Löwenzahn werden Tontöpfe gestülpt.
- Größere Pflanzen, z. B. Karde oder Staudensellerie, werden zusammengebunden. Zusätzlich können sie mit einer Manschette aus Stroh oder Pappe umwickelt werden.
- Endiviensalat bleicht man, indem man einige Tage vor der Ernte einen Teller auf die Köpfe legt.
- Blumenkohl bleibt schön weiß, wenn man ein großes Kohlblatt auflegt.
- Junge Kürbispflanzen lässt man unter einer Glasglocke anwachsen.
- Wenn man unter die heranwachsende Kürbisfrucht einen alten Dachziegel oder ein Brett legt, schützt man diese gegen Bodenfeuchte und verhindert so die Bildung von Faulstellen.

Das nussig würzige Aroma der Rauke harmoniert gut mit gehobeltem Parmesan.

Rauke (Rucola)
Die Rauke zeichnet sich durch ein eigenartiges, nussig scharfes und etwas bitteres Aroma aus. Die interessante Gemüse- und Salatpflanze wird von März bis Anfang September ausgesät. Nach ungefähr 6 Wochen können schon die Blätter geschnitten werden.

Rauke mit Parmesan

Schnell und einfach lässt sich diese aromatisch würzige Vorspeise zubereiten.

350 g Rauke
2 EL Balsamessig
4 EL Olivenöl
Pfeffer aus der Mühle
Salz
2 EL Pinienkerne
2 EL frisch gehobelter Parmesan

Die Rauke putzen, waschen und abtropfen lassen. Aus Essig, Öl, Pfeffer und Salz eine Marinade bereiten. Die Pinienkerne in einer Pfanne kurz rösten. Den Parmesan und die Pinienkerne über die Rauke geben und die Marinade darüber gießen.

Rüben
Auf Großmutters Speiseplan standen im Frühling Mairübchen, und im Spätherbst und Winter gab es Teltower Rübchen sowie Herbstrüben. Mairübchen ähneln den Radieschen und werden roh gegessen oder kurz in Butter gedünstet. Die Herzblätter bereitet man wie Spinat zu.

Im zeitigen Frühjahr wird ins Freiland in nährstoffreichen Boden gesät, den man bis zur Ernte gleichmäßig feucht halten soll. Mairübchen werden im Mai und Juni geerntet, wenn sie einen Durchmesser von etwa 5 cm erreichen. Herbstrüben und Teltower Rübchen werden von Ende Juli bis Anfang August gesät und ansonsten wie Mairübchen kultiviert. Nach der Ernte im Oktober und November werden sie am besten im Keller in Sand eingeschlagen. Herbstrüben können als Püree, Suppe oder Gemüsebeilage zubereitet oder wie Sauerkraut eingelegt werden.

Schwarzwurzel
Die Schwarzwurzel ist ein feines, zart würziges Wintergemüse mit Nussaroma, das als Salat, Gratin oder als Gemüsebeilage mit einer Bechamelsauce zubereitet wird.

Schwarzwurzeln werden von März bis April oder im August gesät. Sie brauchen lockere und humusreiche Böden. Je nach der Zeit der Aussaat werden die Wurzeln im Oktober oder im darauf folgenden Frühjahr ausgegraben.

Winterkresse
Die Winterkresse heißt auch Barbarakraut, da sie noch am 4. Dezember, dem Barbaratag, geerntet wird. Die säuerlich herben Blätter mit kresseähnlichem Geschmack ergeben einen würzigen Wintersalat, der viel Vitamin C enthält. Sie eignen sich gut zum Beimischen zu anderen Salaten, als pikanter Brotbelag und für Suppen.

Topinambur
Der Topinambur, auch Erdbirne oder Erdsonnenblume genannt, sieht der Sonnenblume sehr ähnlich. Er erreicht wie diese eine Höhe von 2–3 m, ist aber ausdauernd und frosthart. Man verwertet die hellbraun oder violett gefärbten Knollen. Beim Garen entwickeln sie einen nussigen, artischockenähnlichen Geschmack. Man kann sie als Rohkost, Gratin, Püree oder als Gemüsebeilage zubereiten, aber auch paniert und ausgebacken schmecken sie köstlich. Die Knollen werden im Frühjahr etwa 10 cm tief in den Boden gelegt und nach dem Austrieb angehäufelt.

Winterkresse
Die Blätter der Winterkresse sind auch im Winter noch grün. Sie ergeben einen wohlschmeckenden, appetitanregenden Salat.

Meisenknödel für die Winterfütterung

Nicht alle Vögel ziehen im Herbst in den Süden. Für die gefiederten Wintergäste können wir sorgen, vor allem bei Eis und Schnee.

Sobald der Winter naht, stellen viele Menschen ein Futterhäuschen auf. Schließlich bereitet es viel Freude, die gefiederten Gesellen von der warmen Stube aus zu beobachten. Für das Füttern gelten allerdings ein paar Regeln. Es ist nur sinnvoll bei andauernd hohem Schnee oder bei starker Vereisung. Bei milder Witterung dagegen sind die heimischen Vögel gut selbst in der Lage, sich ihr Futter zu suchen. Entscheidend ist stets, was gefüttert wird. Während Essensreste und salzhaltiges Brot völlig ungeeignet sind, ist gegen handelsübliches Vogelfutter nichts einzuwenden. Im Futterhaus kann es aber mit dem Kot der Vögel in Berührung kommen, wodurch sich Krankheiten leichter ausbreiten. Diese Gefahr besteht nicht bei den hier vorgestellten Meisenknödeln, die aufgehängt werden.

Meisenknödel – so werden sie gemacht

250 g gehärtetes Pflanzenfett in einem Topf zerlassen. Je 170 g Haferflocken, gehackte Nüsse, Weizenschrot, Pflanzensamen und gehackte Rosinen in einer Schüssel mischen. Etwa 5 EL beiseite stellen. Den Rest mit dem flüssigen Fett übergießen und abkühlen lassen.

Wenn das Fett fest zu werden beginnt, mit angefeuchteten Händen Kugeln formen und eine Schnur durch die Mitte ziehen.

Die restliche Körnermischung auf Zeitungspapier legen und die Kugeln darin wälzen. An der eingezogenen Schnur aufhängen.

Großmutters Kräutergarten

Ein Garten ohne Kräuterecke wäre zu Großmutters Zeiten undenkbar gewesen, denn die aromatischen Pflanzen, die uns durch ihren wundervollen Duft und teilweise auch durch die Farbe ihrer Blüten erfreuen, fanden im Alltag eine vielseitige Verwendung. Ihre Duft- und Wirkstoffe wurden zu Aufgüssen und Cremes zur Körperpflege eingesetzt, und zu Kränzen oder Sträußen gebundene Kräuter waren ein beliebter traditioneller Raumschmuck. In der Küche dienten sie zur Verfeinerung einer Vielzahl von Speisen, und als grüne Hausapotheke waren sie unentbehrlich dank ihrer medizinischen Eigenschaften, Leiden zu lindern und Leib und Seele zu erfrischen. Mit Recht heißt es, gegen jede Krankheit sei ein Kraut gewachsen. Lavendel und Zitronenmelisse etwa verhelfen zu einem guten Schlaf, Pfefferminze wirkt bei Kopfschmerzen, Fenchel bei Blähungen, Kamille und Ringelblume lindern Entzündungen, während Salbei, Thymian und Ysop die Verdauung anregen. Duftendes frisches Grün für Salate, für Kräuterquark oder für die berühmte Frankfurter Grüne Sauce – Kräuter sind der Inbegriff für Wohlgeschmack und gesunde Kost.

Kräuter bereichern nicht nur durch ihr Aroma den Geschmack von Speisen, sie sind auch reich an Vitaminen und Spurenelementen.

Anbau und Verwertung altbewährter Kräuter

Ein Kräutergarten sollte schon aus praktischen Gründen nah am Haus liegen, damit der Weg zur Küche möglichst kurz ist. Ideal sind sonnige Standorte, da die meisten Kräuter ihr Aroma und ihre heilkräftigen Wirkstoffe nur bei Wärme voll entwickeln können. Einjährige Kräuter zieht man jedes Jahr neu, denn sie sterben im Herbst ab. Zweijährige Kräuter blühen im zweiten Jahr und sterben dann ebenfalls ab. Ausdauernde Kräuter sind frosthart und treiben jährlich wieder aus. Wer nicht selbst aussäen will, kann die Kräuter als Jungpflanzen in Gärtnereien kaufen.

Basilikum

Basilikum, auch Königskraut genannt, verströmt bereits bei zartester Berührung einen warmen würzigen Duft. Es passt besonders gut zu Tomatengerichten, Salaten und kalten Saucen. Als Heilkraut wirkt es krampflösend und beruhigend auf Magen und Darm. Basilikumblätter sollten möglichst frisch verwendet werden, da sie beim Trocknen und beim Kochen ihre Aromastoffe größtenteils verlieren.

Das einjährige Kraut wird im Frühjahr in Töpfen auf der Fensterbank ausgesät. Basilikum ist das wärmebedürftigste aller Kräuter, daher gedeiht es am besten, wenn man es ab Mitte Mai in großen Töpfen mit nährstoffreicher Erde auf der Terrasse oder an einer sonnigen Hauswand vor Regen geschützt kultiviert. Vorsicht ist an heißen Tagen geboten: Man darf das Gießen nicht vergessen, denn die Pflanze benötigt sehr viel Wasser.

Bohnenkraut

Vom Bohnenkraut gibt es eine einjährige und eine ausdauernde Art. Das ausdauernde Bohnenkraut auch Winter- oder Bergbohnenkraut genannt, ist winterhart und bildet einen niedrigen, verholzten Strauch. Sein würzig pfeffriges Aroma ist stärker als das des einjährigen Bohnenkrauts. Beide Arten passen zu Lamm- und Schweinefleisch, zu Bratkartoffeln, Hülsenfrüchten und Eintöpfen. Dank der verdauungsfördernden Eigenschaften des Bohnenkrauts werden vor allem schwer verdauliche Gerichte bekömmlicher.
Beide Arten werden Ende März in Töpfen oder ab Mai direkt an einem sonnigen Standort gesät. Kurz vor der Blüte im Juli bis August ist die beste Erntezeit.

Borretsch

Borretsch verleiht Salaten ein unverwechselbares Aroma. Ebenso verfeinert er Kräuterquark, grüne Saucen und Brotaufstriche. Borretschblätter sollten stets frisch und fein gehackt zugesetzt werden. Die hübschen blauen Blüten verwendete man früher zum Verzieren von Speisen oder kandiert als Konfekt. Den einjährigen Borretsch kann man von April bis Juli aussäen. Etwa 8 Wochen nach der Aussaat kann man die ersten jungen Blättchen pflücken.

Dill

Mit seinem zarten Geschmack ist der Dill ein unentbehrliches Gewürzkraut. Er verleiht Gurkensalat, Kräuterbutter, Kräuterquark, Grüner Sauce sowie Fisch ein feines Aroma. Dillkraut wird am besten frisch verwendet und erst nach dem Kochen zugesetzt. Dillsamen eignen sich zum Einlegen von Gurken und für die Zubereitung von Kräuteressig. Als Heilkraut wirkt Dill beruhigend und entkrampfend.

Man sät jedes Jahr neu ab April bis Juni an einem sonnigen Platz in humosem Boden aus und sorgt für gleichmäßige Feuchtigkeit. Dillkraut kann den ganzen Sommer über bis in den Herbst hinein geschnitten werden.

Borretsch
Der Pflanze wurde im Mittelalter die Fähigkeit zugeschrieben, die Trübsal zu vertreiben, Menschen fröhlich zu stimmen und ihnen Mut zu schenken.

Fenchel
Fenchel ist eine alte Heil- und Gewürzpflanze. Das zarte Fenchelgrün verwendet man zu Salaten, Fisch und Saucen. Die Samen sind ein beliebtes Einmach- und Brotgewürz, aber auch Fisch und Fleisch lassen sich damit würzen. Fencheltee ist ein wirksames Mittel gegen Blähungen und Bauchschmerzen und wird vor allem Kindern verabreicht. Fenchel ist in milden Gegenden eine ausdauernde Staude und wird im April an einem warmen, sonnigen Standort ausgesät. Er blüht erst im zweiten Jahr in der Zeit von Juli bis September.

Frisch und aromatisch schmeckt eine kalte Sauce aus mehreren Kräutern und Zitrone.

Johanniskraut
Johanniskraut wird ausschließlich zu Heilzwecken verwendet. Man erntet das ganze Kraut, das in Öl angesetzt oder als Tee getrocknet wird. Die von vielen kleinen Drüsen durchsetzten Blätter enthalten ein rotes Öl, das die Nerven beruhigt, schlaffördernd und antidepressiv wirkt.

Johanniskraut ist ein ausdauerndes Gewächs und gedeiht in sonniger Lage auf trockenen Böden. Es kann im Frühjahr direkt gesät werden. Seine Blüte- und Erntezeit reicht von Mitte Juni bis August.

Kräutersauce

Die kalt gerührte Kräutersauce ist eine köstliche Beigabe zu Salaten, gegrilltem oder kaltem Fleisch, Fisch und in der Schale gebackenen Kartoffeln. Sie wird aus einer Mischung aus möglichst vielen Kräutern hergestellt. Geeignet sind etwa Basilikum, Dill, Fenchelgrün, Borretsch, Kapuzinerkresse, Petersilie, Knoblauchgrün, Pimpinelle und Thymian.

3 EL gehackte frische Kräuter
175 ml Olivenöl
2 EL Zitronensaft
1/4 TL geriebene Zitronenschale
2 Tropfen Tabasco
Salz
Pfeffer aus der Mühle

Kräuter, Olivenöl, Zitronensaft, Zitronenschale und Tabasco mit dem Stabmixer vermischen. Danach mit Pfeffer und Salz abschmecken und 3 Stunden ziehen lassen. Gekühlt ist die Sauce 2 Tage haltbar.

Kamille
Die Kamille, das wohl bekannteste Heilkraut, wird u. a. bei Entzündungen und Erkältungen empfohlen. Ein Aufguss aus Blüten eignet sich für Gesichtsdampfbäder, zum Inhalieren und für Augenbäder. Man sammelt die Blütenköpfchen an trockenen Sommertagen. Kamille wird im März oder April an einem sonnigen Standort ausgesät. Sie bevorzugt humusreichen lehmigen Boden.

Kapuzinerkresse
Blätter und Blüten der Kapuzinerkresse enthalten Vitamin C und haben eine antibiotische Wirkung. Ihr leicht scharfes, erfrischendes Aroma passt gut zu Salaten oder Kräuterquark. Knospen und unreife Samen eignen sich als Kapernersatz. Die frostempfindliche Kapuzinerkresse kann ab Mai im Freiland in humusreichem

Boden ausgesät werden. Sie gedeiht in der Sonne und im Halbschatten bei gleichmäßig feuchtem Boden.

Knoblauch

Knoblauch ist ein Universalgewürz mit zahlreichen heilenden Eigenschaften: Er wirkt z. B. keimtötend, blutdrucksenkend, schleimlösend und hilft auch bei Arteriosklerose. Die jungen Blätter können im Frühjahr wie Zwiebelgrün oder Schnittlauch verwendet werden.

Knoblauchzehen steckt man im Herbst oder im März etwa 5 cm tief in die Erde.

Lavendel

Lavendel, der blaue Zauber in Großmutters Kräutergarten, verleiht nicht nur eine südländische Atmosphäre, sondern ist auch vielseitig einsetzbar. Als Gewürz passt er zu gebratenem und gegrilltem Fleisch, vor allem zu Lammfleisch. Als Heilpflanze, etwa als Tee, hilft Lavendel gegen Unruhe, Krämpfe und Blähungen, während ein Lavendelbad entspannend und schlaffördernd wirkt. Duftsäckchen aus Lavendelblüten vertreiben Motten.

Lavendel wird im März in Töpfe gesät und im Mai an einem sonnigen und trockenen Standort ausgepflanzt. Die Pflanze bevorzugt einen kalkhaltigen Boden. Die Blütezeit reicht je nach Sorte und Standort von Ende Juni bis Anfang August.

Petersilie

Petersilie zählt zu den bekanntesten Würzkräutern überhaupt. Sie aromatisiert Suppen, Eintöpfe, Fleisch-, Geflügel-, Fisch-, Gemüsegerichte und Salate. Die appetitanregende und blutreinigende Wirkung der Petersilie schätzte man bereits im Altertum.

Das Würzkraut kann man im März ins Freiland säen. Ein gleichmäßig feuchter und humusreicher Standort verhilft zu üppigem Wachstum. Petersilie ist zweijährig und frosthart. Wird sie im Winter mit Reisig bedeckt, kann man bereits im zeitigen Frühjahr frisches Grün ernten.

Pimpinelle

Die gefiederten Blätter der Pimpinelle haben einen gurkenähnlichen, leicht bitteren Geschmack. Man verwendet sie klein gehackt zu Salaten, Frischkäse, Kräuterbutter und Eierspeisen. Sie ist ein wichtiger Bestandteil der Frankfurter Grünen Sauce.

Die mehrjährige Pflanze kann ab März im Freiland gesät werden. Die zarten Blätter pflückt man von Frühjahr bis Herbst.

Ringelblume

Die Ringelblume ist in der Volksmedizin wegen ihrer wundheilenden Eigenschaften seit alters bekannt. Man verwendet sie meist in Tee- oder Salbenzubereitungen. Ihre orangegelben Blütenblätter färben Butter oder Käse, und auch für Salate sind sie eine attraktive Dekoration.

Die einjährige Pflanze ist anspruchslos hinsichtlich Boden und Standort. Man sät im März ins Freiland. Haben Ringelblumen im Garten Samen gebildet, so vermehren sie sich immer wieder von selbst.

Rosmarin

Das intensive Aroma des Rosmarins harmoniert zu Gegrilltem, Bratkartoffeln, Tomaten und Hülsenfrüchten. Das ätherische Öl des Rosmarins stärkt den Kreislauf und wirkt stimulierend auf die Verdauung und das Nervensystem.

Das wärmeliebende Kraut ist nur in extrem geschützten Lagen winterhart. Am besten kultiviert man es in Töpfen auf der Terrasse oder auf dem Balkon in voller Sonne. Im Winter stellt man den Rosmarin an einen kühlen, aber hellen Platz im Haus und gießt nur mäßig. Rosmarin benötigt einen mageren, durchlässigen Boden.

Rosmarin
Der blauviolett blühende Rosmarin wird auch zur Schmerzlinderung bei Rheuma angewendet. Sein ätherisches Öl ist Bestandteil von Einreibemitteln und Massageölen.

Mit Salat garnierter Kräutercamembert ist ein bekömmliches und zugleich würziges Gericht.

Kräutercamembert

Ein delikater Serviervorschlag zu knusprigem Bauernbrot oder Pellkartoffeln ist der mit Kräutern vermischte Camembert.

200 g Camembert
50 g weiche Butter
1 EL Sahne
fein gehackte Kräuter:
1 TL Dill
1 TL Fenchelgrün
1 TL Petersilie
1 TL Pimpinelle
1 TL Kapuzinerkresse
1 TL Zitronenmelisse
Ringelblumenblüten zum Dekorieren

Den Camembert mit einer Gabel zerdrücken, Butter, Sahne und Kräuter dazumischen. Von den Ringelblumen Blütenblätter abzupfen und den Käse damit dekorieren. Auf Salatblättern servieren.

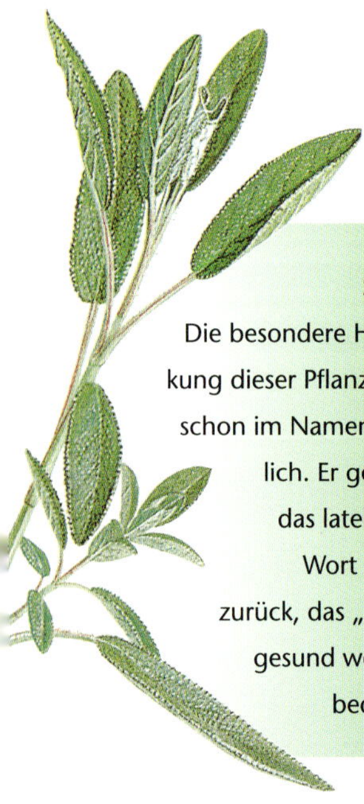

Salbei

Die besondere Heilwirkung dieser Pflanze wird schon im Namen deutlich. Er geht auf das lateinische Wort *salvare* zurück, das „heilen, gesund werden" bedeutet.

Salbei

Der aromatische Salbei würzt Geflügel-, Lamm- und Schweinebraten sowie Fischsuppen. Als vielseitige Heilpflanze regt er u. a. die Verdauung an.

Den ausdauernden Salbei kann man das ganze Jahr über pflücken, da er auch im Winter seine Blätter nicht abwirft. Man sät im März in Töpfen auf der Fensterbank und pflanzt ab Mai ins Freiland.

Thymian

Thymian würzt Fleisch, Geflügel, Pizza, Kartoffeln und Hülsenfrüchte. Er regt die Verdauung an, wirkt desinfizierend, hustenlindernd und krampflösend. Thymian ist ein kleiner, mehrjähriger verholzter Strauch. Man sät im März in Töpfe oder ab Mai ins Freiland.

Echte Pfefferminze

Pfefferminze zeichnet sich durch starken Geruch und scharfen Geschmack aus. Man verwendet sie frisch oder getrocknet zu Saucen, Wild, Kalb- und Lammfleisch, Fisch, Salaten, Obst und zu Longdrinks. Pfefferminze bekämpft Blähungen, Kopfschmerzen und Erkältungen. Sie wird nicht gesät, sondern durch Ausläufer oder Stecklinge im April oder Mai vermehrt. Sie gedeiht auf feuchtem, lehmig humosem Boden in halbschattiger Lage. Ihre Blätter kann man den ganzen Sommer ernten.

Ysop

Ysop ist ein kleiner Strauch mit blauen, manchmal auch rosa oder weißen Blüten. Er hat einen herben, minzeartigen Geschmack. Ysop verwendet man zu Salaten, Saucen, Eintöpfen, Bohnen- und Kartoffelgerichten sowie zu Kräuterlikören. Er wirkt u. a. verdauungsfördernd. Man sät Ysop im März in Töpfe und pflanzt ihn im Mai an einem sonnigen Standort aus.

Zitronenmelisse

Das fein gehackte Gewürzkraut eignet sich als Zutat für Kräutersaucen, Kräuterquark, Salate, Desserts und Mixgetränke, denen es ein angenehmes Zitronenaroma verleiht. Aus Melissenblättern zubereiteter

Tee beruhigt Herz und Nerven. Die Pflanze wird im April ins Freiland in humusreichen Boden gesät. Die Blätter können den ganzen Sommer über geerntet werden.

Kräuter-Aufgesetzter

Weingeist, angesetzt mit einer Mischung verschiedener Kräuter wie Basilikum, Kamille, Melisse, Minze, Salbei, Rosmarin, Thymian, Lavendel und Ysop, ergibt einen köstlichen Likör mit verdauungsfördernder Wirkung.

200 g frische Kräuter
1 l Weingeist (90 %)
1 unbehandelte Zitrone
1 kg Zucker
1 l Wasser

Die Kräuter waschen, abtrocknen lassen, in ein helles verschließbares Gefäß geben, mit dem Weingeist übergießen und an einem hellen Ort 12 Tage ziehen lassen. Die Zitrone waschen, die Schale abreiben, dem Kräutergeist zugeben und erneut 2 Tage ziehen lassen. Zucker mit Wasser aufkochen und den Schaum abschöpfen. Nach dem Erkalten mit dem Kräuteralkohol vermischen. Nochmals 2 Tage verschlossen stehen lassen, dann durch ein Tuch gießen. In Flaschen abfüllen, verschlossen lagern.

Dieser aromatische Kräuterlikör unterstützt die Verdauung vor allem nach schweren, fetten Speisen.

Der gute Rat

Rund um das Aroma von Kräutern

- Die meisten Kräuter entwickeln ein kräftigeres Aroma, d. h. einen höheren Gehalt an ätherischen Ölen, wenn man sie nur äußerst sparsam düngt. Es reicht, etwas reifen Kompost oberflächlich einzuarbeiten.
- Kräuter wie Thymian, Bergbohnenkraut, Lavendel und Ysop brauchen sonnige Standorte und einen trockenen, mageren Boden, damit sich das Aroma bildet.
- Glattblättrige Petersiliensorten sind aromatischer als die krausblättrigen. Dafür eignen sich die krausen Sorten gut zum Dekorieren.
- Kräuter sind empfehlenswert bei salzarmer Diät, da durch ihr Aroma das Salz sparsamer verwendet werden kann.
- Die Blüten von Fenchel und Dill können als aromatische Dekoration von Salaten verwendet werden.

Kultur der Kräuter

- Bohnenkraut ist ein so genannter Lichtkeimer, daher dürfen die Samen nur dünn mit Erde bedeckt werden.
- Borretsch sollte mehrmals gesät werden, wenn man jederzeit junge Blätter ernten möchte. Alte Blätter sind rau und zäh.
- Dill sät sich leicht von selbst wieder aus, wenn er einmal zum Blühen und Fruchten gekommen ist.
- Petersilie ist mit sich selbst unverträglich, sie muss deshalb jedes Jahr an einem anderen Platz gesät werden.
- Da Petersilie sehr lang zum Keimen braucht, kann man sie auch zunächst in Töpfen vorkultivieren.
- In Töpfen auf der Fensterbank kann man kleinwüchsige Kräuter wie Rosmarin, Thymian, Schnittlauch oder Petersilie züchten.
- Thymian und Bergbohnenkraut sind auch dekorative Gewächse für Steingärten.
- Regelmäßiger Rückschnitt im zeitigen Frühjahr sichert Lavendel, Thymian und Ysop buschigen Wuchs.
- Mehrjährige Kräuter wie Fenchel, Zitronenmelisse, Pfefferminze, Pimpinelle schneidet man im Herbst über dem Boden ab.

Bunter Blütenkranz

Aus Blüten und Kräutern lässt sich ganz leicht ein hübscher Kranz stecken, der so herrlich duftet wie ein Sommergarten. Er eignet sich als Geschenk genauso wie als Tischschmuck.

Kränze haben eine lange Tradition, und vielerorts gibt es noch den schönen Brauch, einen Kranz als Willkommensgruß an die Haustür zu hängen. Das Binden oder Stecken von Kränzen ist meist einfacher, als man glaubt. Den so genannten Unterbau gibt es beim Blumenhändler oder im Bastelladen fertig zu kaufen. Beim Binden werden um einen Drahtring als Kranzunterlage Zweige gewunden. Dann befestigt man einzelne Blumen- und Pflanzenbüschel von außen nach innen am Kranz. Das Stecken von Kränzen ist die Gestaltungsvariante, die hier gezeigt wird. Dazu steckt man Blütenköpfe mit kurzen Stielen und Kräuterzweige in einen Kranz aus Trockensteckschaum. Besonders zum Stecken eignen sich runde Blüten, etwa von Ringelblume, Arnika oder Kamille, sowie Kräuter wie Zitronenmelisse, Lorbeer, Basilikum und Rosmarin.

Blütenkranz – so wird er gemacht

Die Stiele von Blüten kurz schneiden oder kurzstielige Blumen kaufen. Von den Kräutern kleine Zweige abschneiden.

Damit die Pflanzen frisch bleiben, den Steckschaum einige Zeit in Wasser legen. Blüten und Kräuter in den Kranz stecken, dabei darauf achten, dass sie gleichmäßig verteilt sind.

Mit Bändern verzieren, die farblich zu den Blüten passen. Soll der Kranz als Tischdekoration dienen, eine flache runde Schale mit Wasser füllen und den Kranz darauf legen.

Ein „Hollerbusch“ fehlte einst in keinem Bauerngarten, und er wuchs dort keineswegs nur zur Zierde. Die erste Ernte musste er schon im späten Frühjahr über sich ergehen lassen, wenn Großmutter einige zarte Blütenstiele für eine wohlschmeckende Süßspeise pflückte. In Teig gewendet und ausgebacken waren die Dolden ein Genuss. Einen weiteren Teil der Blüten trocknete Großmutter für schweißtreibenden Tee bei Erkältungen. Waren schließlich die tiefschwarzen Holunderbeeren ganz ausgereift, kochte sie daraus Saft, Suppe oder Mus.

den. Mit Wasser, Saft und abgeriebener Schale der Zitrone aufkochen und etwa 30 Minuten köcheln lassen, bis das Fruchtfleisch zerfällt. Die Masse passieren und mit dem Zucker unter Rühren weitere 30–60 Minuten köcheln lassen, bis die Masse anfängt, rot und dick zu werden. Abkühlen lassen und auf einem geölten Backblech 3 cm dick ausstreichen. Im Backofen bei 50 °C trocknen. Vom Blech lösen, in Rauten schneiden und mit Zucker bestäuben. Gut trocknen lassen und dann in einer Dose aufbewahren.

Schwarzer Holunder

Aus den Blüten lassen sich ein aromatischer Sirup, prickelnder Sekt oder wohlschmeckende Pfannkuchen zubereiten, aus den Beeren Saft, Wein und Marmelade. Beeren, Blüten und Blätter helfen gegen so manche Alltagsbeschwerden. Holunder gedeiht fast überall, doch an nährstoffreichen, halbschattigen bis sonnigen Standorten trägt er am besten.

Hollerküchle

Diese typisch bayerische Spezialität wird vorzugsweise mit dunklem Bier zubereitet.

12 Holunderblütendolden
200 g Dinkel- oder Weizenmehl
1 Prise Salz
1/4 l dunkles Bier
3 Eier
Fett zum Ausbacken
2 EL Puderzucker

Aus Eiern, Dinkel- oder Weizenmehl, Salz und Bier einen Teig herstellen. Das Fett in einer Pfanne erhitzen. Die Blütendolden am Stiel festhalten, kurz in den Teig tauchen und ausbacken. Vor dem Servieren die Hollerküchle mit Puderzucker bestäuben.

Obst auf kleinem Raum gezogen

Sowohl Apfel- als auch Kirschbäume bilden als Hochstamm sehr große Kronen aus und benötigen viel Raum. Weniger ausladend sind kleinere Halb- und Niederstämmchen mit Stammhöhen von 1–1,4 m bzw. unter 1 m, und auch Spalierbäume sparen Platz. Nahezu alle Kern- und Steinobstarten eignen sich für Spaliere. An begünstigten warmen Südwänden pflanzt man Aprikosen oder Pfirsiche, an Südwest- bzw. Südostseiten Pflaumen und Mirabellen, Ost- und Westmauern bieten Birnen und Süßkirschen noch genügend Sonne. Äpfel brauchen einen luftigen Platz, man zieht sie als freies Spalier im Garten. An einem sorgfältig gepflegten Spalier wachsen besonders schöne und schmackhafte Früchte.

Obstbaumschnitt

Wichtiges Utensil für den Hobbygärtner, der ein Spalier ziehen will, ist das Gartenmesser. Damit lassen sich saubere und glatte Schnitte führen, die leicht und schnell vernarben.

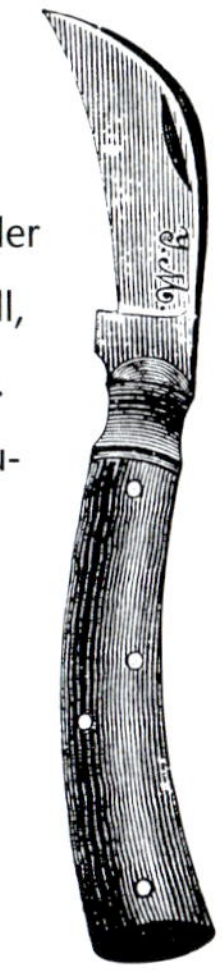

Reicher Früchtesegen

„Große Fruchtbarkeit in der Jugend macht die Bäume im Alter unfruchtbar. Es ist einer der schlimmsten Fehler, dass man junge Obstbäume zu früh tragen und sich erschöpfen lässt." (Aus einem alten Gartenbuch)

Zu allen Zeiten beschäftigte die Obstbauern, wie man die Fruchtbarkeit von Obstgehölzen steigern und erhalten kann. So steht in alten Bücher auch, dass „übermäßiges Tragen in einem Jahre Unfruchtbarkeit im Folgenden zur Folge hat". Als Gegenmaßnahme wird empfohlen, zu dichten Fruchtbesatz durch Ausbrechen auszudünnen. „Die bleibenden Früchte werden nicht nur größer und dadurch wertvoller, auch die Knospen für das nächste Jahr bilden sich besser aus."

Duftende Blütenzier aus dem Garten

Ein nostalgischer Blütentraum aus gefüllten Rosen, zierlichen Nelken und reinweißen Madonnenlilien – das war Großmutters Blumengarten. Die üppige Fülle bunter wohlriechender Blüten zauberte eine unvergleichliche Stimmung herbei. Dazu trugen typische Bauerngartenblumen wie Stockrose, Schwertlilie oder Goldlack ebenso bei wie alte Bourbonrosen, Damaszenerrosen und Albarosen mit ihrem betörenden Duft und ihren unvergleichlichen Farben. Sie sind zwar etwas in Vergessenheit geraten, finden jedoch wieder mehr Liebhaber, da sie meist recht robust sind und den Winter besser überstehen als neuere Sorten. Großmutters besondere Liebe galt den Duftpflanzen, die sie in ihrem Garten erntete und aus denen sie Köstlichkeiten für Gaumen und Auge zubereiten konnte. Im Haus schuf Großmutter mit Topfblumen ein romantisches Flair – mit der duftenden Gardenie, der porzellanartigen Wachsblume, der samtigen Drehfrucht oder dem exotischen großblütigen Ritterstern.

Augenschmaus und willkommenes leckeres Geschenk ist das selbst gemachte Rosengelee.

Alte Rosen

Mit verschwenderischer Fülle, geheimnisvollen Farben und unbeschreiblichem Duft betört die Rose seit Jahrtausenden die Menschen. Unzählige Züchter versuchten sich in der Kunst, neue Rosen zu schaffen. An die 6000 Rosensorten verzeichnete man im Jahr 1870, ihre heutige Zahl vermag man schon nicht mehr zu nennen. Doch ein ganz besonderer Reiz geht von den alten Rosen aus. Sie sind anspruchsloser, widerstandsfähiger und auch frostbeständiger als ihre modernen Nachkommen. Ein humusreicher lockerer Boden und ausreichende Versorgung mit Kompost oder organischem Dünger sorgen für üppiges Wachstum und reichen Flor. Die günstigste Zeit, Rosen zu pflanzen, sind Frühjahr und Herbst. Zum Schutz vor Austrocknung und Wind werden die Triebe das ganze Jahr über ungefähr 15 cm hoch angehäufelt.

Bourbonrose

Aus einer zufälligen natürlichen Kreuzung entstand um 1817 auf der Insel Bourbon im Indischen Ozean eine neue Rose, die Bourbonrose *(Rosa bourboniana)*. Sie blüht von Juni bis September, allerdings mit Blühpausen. Die Farbskala ihrer großen, dicht gefüllten Blüten reicht von Weiß über Rosa bis Purpurrot. Sonnige warme Lagen an Säulen und Mauern sind ideale Standorte. Die Sorte 'Souvenir de la Malmaison' aus dem Garten der Kaiserin Josephine ist eine robuste Sorte mit zartrosa Blüten und fruchtigem Duft.

Damaszenerrose

In der Gegend von Damaskus fanden die Kreuzritter im 13. Jh. die so genannte Damaszenerrose *(Rosa × damascena)*, die sie nach Deutschland brachten. Die Sorte 'Jacques Cartier' verströmt mit ihren seidigen Blüten einen betörend schweren Duft. Der tiefrosa blühende Strauch kann 1,5 m hoch werden und übersteht Kälte ausgesprochen gut.

Rosengelee

Am besten eignen sich Blütenblätter einer stark duftenden Sorte und selbst hergestellter Saft aus Frühäpfeln.

125 g Rosenblütenblätter
500 ml Apfelsaft
500 g Zucker

Marmeladengläser vorbereiten und in jedes Glas einige frische Rosenblätter legen. Apfelsaft und Zucker unter Rühren erwärmen, bis sich der Zucker gelöst hat, restliche Rosenblätter hinzufügen und aufkochen. Heiß in die Gläser füllen und verschließen.

Gallische Rose

Die Gallische Rose *(Rosa gallica)* ist die Urmutter der Gartenrosen, die aus den Gärten des alten Rom nach Deutschland kam. Aus der Apothekerrose (*Rosa gallica* var. *officinalis*), einer Hybride, wird Rosenöl und Rosenwasser gewonnen.

Gallicarosen gehören zu den anspruchslosesten Rosensorten, die in nahezu jedem Boden gedeihen.

Weiße Rose

Zu den kräftigsten und gesündesten Rosen zählen die weißen Rosen *(Rosa alba)* oder Albarosen. Sie bilden dichte, robuste Büsche und gedeihen auch in kälteren und höheren Lagen. Aus den süß duftenden Blüten reifen große Hagebutten.

Die Sorte 'Felicité Parmentier' trägt weißrosa, stark duftende schwere Blütenbälle, die die Zweige überhängen lassen. Sie kann aufgrund ihrer Winterhärte auch in rauen Lagen gepflanzt werden.

Rosenokuliermesser

Okulieren nennt man das Versetzen von triebfähigen „Augen" von einer Edelrose auf einen Wildstamm.
Es geht am besten mit einem scharfen Okuliermesser.

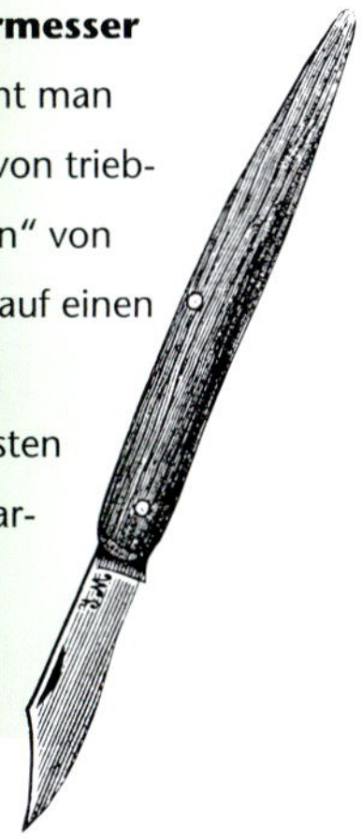

Großmutters Duftpflanzen

Zu jeder Jahreszeit verströmten süß duftende Pflanzen ihren Geruch in Großmutters Garten und Haus. Viele gibt es heute noch, einige sind in Vergessenheit geraten.

Duftwicken
Mit ihren Ranken erklimmt die Wicke *(Lathyrus odoratus)* Mauern, Zäune und Spaliere. Schon im 17. Jh. kultivierte man die aus Sizilien stammende Kletterpflanze. Von Juni bis September erscheinen die Blüten in Weiß, Gelb, Rosa, Rot oder Violett. Man sät die einjährige Duftwicke von April bis Ende Mai direkt ins Freiland.

Levkojen
Levkojen *(Matthiola incana)* sind einjährige Sommerblumen, die ab Februar unter Glas vorgezogen werden sollten. Ihre meist gefüllten Blüten leuchten von Mai bis August in vielen zarten Tönen und bereichern üppige Sommersträuße mit ihrem Duft. Die Pflanzen bevorzugen Sonne oder Halbschatten und schätzen nährstoffreichen Boden.

Nelken
Die Schönheit und den würzigen Duft der Nelken liebte man schon im klassischen Altertum. Besonders stark duften die Federnelken *(Dianthus plumarius)*, sie eignen sich gut zum Einzuckern. Nelken bevorzugen sonnige Plätze in Rabatten und Steingärten. Dort pflanzt man sie am besten im Frühjahr.

Veilchen
Einer der ersten Blüher ist im Frühjahr das Duftveilchen *(Viola odorata)* mit seinen blauvioletten Blüten. Unter Laubbäumen, auf feuchtem humusreichem Boden fühlt es sich besonders wohl. Man pflanzt es im Frühjahr oder vermehrt es durch Samen und Ausläufer im Herbst.

Blumige Duftspender

Man lässt die ausgewählten Blüten auf einem Küchentuch an einem schattigen, luftigen und warmen Ort trocknen.

1 l getrocknete Blüten
25 g gemahlene Veilchenwurzel
1 TL gemahlene Würzmischung (Zimt, Nelken, Kardamom, Sternanis)
1 EL ganze Gewürze (Nelken, Zimt, Piment)

Blüten in eine Schale geben, mit der Veilchenwurzel als Fixiermittel bestreuen und mit den Gewürzen mischen.

Blühende Zierde des Bauerngartens

Vielerorts zählen Bauerngärten zu den Schmuckstücken im Dorf und zeugen vom Fleiß der Gärtner und Gärtnerinnen. Neben den Gemüse- und Kräuterbeeten gehört zu einem Bauerngarten auch die Blütenfülle charakteristischer Blumen wie Madonnenlilie, Pfingstrose oder Stockrose.

Goldlack
Der gelb oder rostrot blühende Goldlack *(Cheiranthus cheiri)* belebt mit seinem starken Duft im Frühjahr jeden Bauerngarten. Man zieht ihn an einem sonnigen Platz in windgeschützter Lage. Günstigste Aussaatzeit ist der Juni, die Blüten erscheinen im darauf folgenden Frühjahr.

Kaiserkrone
Die Kaiserkrone *(Fritillaria imperialis)* ist ein majestätischer Frühjahrsblüher, dessen Krone aus gelben oder roten Glocken bis zu 1 m hoch aus dem Beet ragt. Man pflanzt das Liliengewächs im Herbst an einem sonnigen Standort mit lockerem, gut durchlässigem Boden.

Gartenschere
Unentbehrlicher Helfer aller Hobbygärtner ist die Gartenschere. Sie sollte stets scharf und gut geölt sein, dann geht das Schneiden leicht von der Hand.

Alte Kochbücher verfügten über ein nahezu unerschöpfliches Repertoire an Rezepten mit den verschiedensten Blüten. Schon im Mittelalter waren gezuckerte Blüten in gehobenen Kreisen groß in Mode. Kandierte Veilchen oder auch andere Blüten sind leckere Dekorationen für Desserts, Obstsalate, Eis, Torten, Gebäck und Konfekt. Lösen Sie dazu 300 g Zucker in $^1/_8$ l kochendem Wasser auf und lassen Sie 50 Veilchenblüten einen Tag in der Lösung ziehen. Mit der Gabel herausfischen und auf Pergamentpapier erstarren lassen. Die knusprig kandierten violetten Blüten zaubern köstliche Blütenträume auf den Tisch.

Gießwasser
Viele Pflanzen wie z. B. die Gardenie und die Kamelie vertragen keinen Kalk im Gießwasser. Hängt man ein Säckchen mit Torf rund 24 Stunden in die Gießkanne, wird das Wasser enthärtet.

Madonnenlilie
Die schneeweiße, süß duftende Madonnenlilie *(Lilium candidum)* gilt seit je als Sinnbild der Reinheit. Ihre Knollen setzt man im August, wobei zu beachten ist, dass die Pflanztiefe nur 3 cm betragen darf. Wenn mit Kompost gedüngt wird, muss er gut verrottet sein, da die Zwiebeln sonst leicht verfaulen.

Pfingstrose
Die dicht belaubte Pfingstrose *(Paeonia officinalis)* kann bis zu 80 cm hoch werden. Außer der klassischen, tiefrot gefärbten Sorte gibt es auch noch rosa und weiße Zuchtformen. Pfingstrosen gedeihen auf nährstoffreichem Humusboden an sonnigem bis halbschattigem Standort. Sie können durch Teilung des Wurzelstocks leicht vermehrt werden. Die günstigste Zeit dafür ist September bis Oktober. Pfingstrosen dürfen höchstens 3 cm mit Erde bedeckt sein, sonst blühen sie nicht.

Schwertlilie
Aus dem Mittelmeerraum stammt die Schwertlilie *(Iris germanica)*, die als vielseitige Heilpflanze fester Bestandteil mittelalterlicher Klostergärten war. Schwertlilien schätzen lockere, durchlässige und trockene Böden in voller Sonne. Man vermehrt die Stauden, indem man den Wurzelstock nach der Blüte Ende Juni teilt.

Stockrose
Mannshohe Blütenkerzen mit leuchtenden rosenähnlichen Blüten entwickelt die zweijährige Stockrose *(Alcea rosea)*. Die Farbpalette reicht von Weiß über Zartgelb und Rosa bis hin zu einem dunklen Rot. Im Juni und Juli werden die Pflanzen in Töpfchen vorgezogen und im Herbst an einer nährstoffreichen und warmen, windgeschützten Stelle ausgepflanzt.

Zimmerpflanzen

Großmutter hegte ihre Zimmerpflanzen mit viel Liebe, und sie dankten es mit reichlichem Blütenflor und erfüllten die gute Stube mit ihrem Duft. Ohnehin sind die beliebtesten Pflanzen von anno dazumal meist leicht zu pflegen. Damit die Pflanzen gesund bleiben, sollten aber die Ansprüche der Arten beachtet werden.

Gardenie (Jasminrose)
Die weiß blühende Gardenie *(Gardenia jasminoides)* verströmt einen intensiven jasminartigen Duft. Ihr Blütenflor entwickelt sich an hellen Standorten ohne direkte Sonne und fern der Heizung. Die Raumluft sollte stets 18–20 °C betragen.

Jasmin
Unermüdlich treibt der kletternde Jasmin *(Jasminum officinale)* vom Sommer bis in den Herbst hinein stark duftende, zierliche weiße Blüten. Voraussetzung dafür ist nährstoffreiche Erde, ein heller und nicht zu warmer Standort. Nach der Blüte sollte Jasmin zurückgeschnitten werden.

Wachsblume
Ein dankbarer Dauerblüher ist die Wachsblume *(Hoya carnosa)*. Ihre porzellanartigen, rosaweißen, sternförmigen Blüten verströmen einen angenehmen Duft. Die Kletterpflanze liebt einen hellen Standort sowie mäßige Düngergaben.

Ritterstern
Ritterstern *(Hippeastrum)*, auch Amaryllis genannt, war zu Großmutters Zeiten die beliebteste Blühpflanze zur Winterzeit. Die exotisch anmutenden riesigen Blüten in Weiß, Rosa oder Rot grenzen schon an ein kleines Wunder, entsprießen sie doch recht unscheinbaren, fast kugelförmigen Zwiebeln. Die Zwiebeln werden Ende Dezember bis zur Hälfte in einen schma-

len Topf gesetzt, der mit einer 4 cm dicken Drainageschicht versehen wurde. Rittersterne gedeihen an einem hellen bis vollsonnigen Standort, sie wollen mäßig gegossen und alle 2 Wochen gedüngt werden. Ab August ist das Gießen und Düngen zu vermindern und einzustellen, sodass die Blätter einziehen. Bis Dezember die Zwiebel völlig trocken halten.

Drehfrucht

Drehfrucht-Pflanzen (*Streptocarpus*-Hybriden) treiben aus den Blattrosetten samtige trompetenförmige Blüten. Ihre Farbvarianten reichen von Weiß über Rosa zu strahlendem Rot, von Hellblau über Zartlila zu einem tiefen Dunkelviolett. Für anhaltenden Blüherfolg ist Helligkeit ohne direkte Sonne optimal. Man gießt mäßig und düngt alle 2 Wochen.

Frühlingsboten

Schon Urgroßmutter erfreute sich an Hyazinthen und Narzissen auf dem Fensterbrett, wenn draußen noch Schnee und Eis regierten.

Hyazinthenzwiebeln
Einheitserde
Sand
Töpfchen
abdeckbare Kiste

Die Zwiebeln Anfang September bis Mitte Oktober in Töpfe stecken, die mit Sand vermischte Einheitserde enthalten. Die Töpfe im Garten oder auf dem Balkon in eine Kiste stellen, die mit Sand und Torf gefüllt wird. 8–10 Wochen draußen lassen und gleichmäßig feucht halten. Zum Antreiben die Töpfe herausnehmen und 8 Tage kühl und dunkel stellen. Wenn die Triebe etwa 15 cm lang sind, die Töpfe ins Helle stellen. Narzissen wie Hyazinthen vorkultivieren, aber nicht abdunkeln.

Der gute Rat

Zimmerpflanzen

- **Viele Zimmerpflanzen lassen sich durch Stecklinge vermehren. Man schneidet dazu Triebspitzen von Mutterpflanzen und steckt sie in spezielle Vermehrungserde.**
- **Um die Wasserverdunstung bei Stecklingen einzudämmen, stülpt man ein Glas über das Gefäß.**
- **Gardenien, Hibiskus und Kamelien leiden leicht an Knospenfall, weshalb sie nach dem Knospenansatz möglichst am gleichen Platz stehen bleiben sollten.**
- **Gardenien bleiben niedrig und buschig, wenn man sie nach der Blüte zurückschneidet.**
- **Abgeblühte Dolden der Wachsblume nicht entfernen, da sich auch an alten Trieben neue Blüten bilden.**
- **Abgestorbene Pflanzenteile von Topfpflanzen müssen regelmäßig entfernt werden, da sie leicht faulen oder verschimmeln.**
- **Lüftet man im Winter bei Minusgraden Wohnräume zu lange, nehmen viele Zimmerpflanzen Schaden: Blätter oder Triebe können dadurch absterben.**
- **Will man Zimmerpflanzen im Sommer ins Freie stellen oder Kübelpflanzen aus dem Winterquartier holen, müssen sie langsam der Sonne ausgesetzt werden. Es empfiehlt sich, sie zuerst im Schatten aufzustellen und dann mit Morgen- oder Abendsonne an die Strahlung zu gewöhnen.**
- **Blattläuse an Zimmerpflanzen bekämpft man mit Brennnesselbrühe. 100 g Blätter in 1 l Wasser 24 Stunden ziehen lassen und die Jauche aufsprühen.**

Schnittblumen

- **Reifes Obst verströmt ein Gas, das Schnittblumen welken lässt. Daher darf man Obstschalen nicht zu Blumensträußen stellen.**
- **Die Blühdauer von Barbarazweigen lässt sich verlängern, wenn nach dem Aufblühen der Knospen pro Liter Wasser 20 g Zucker zugefügt werden.**
- **Narzissen scheiden nach dem Schnitt einen für andere Blumen giftigen Schleim aus, deshalb sollten sie für einige Stunden separat in Wasser gestellt werden. Sobald der Schleimfluss gestoppt ist, können sie mit anderen Blumen gemeinsam in einem Gefäß stehen.**
- **Blätter von Schnittblumen sollten nicht im Vasenwasser stehen, da sie faulen und so das Bakterienwachstum begünstigen.**

Gesteck aus Trockenblumen

Trockengestecke zaubern das ganze Jahr über einen Hauch von Sommer in Ihr Heim. Dazu kombinieren Sie Blumen in kräftigen Farben mit Gräsern, Ähren und duftenden Kräutern.

Viele Würzkräuter sind bekanntlich auch Heilpflanzen, und die meisten von ihnen zeichnen sich zudem durch dekorative Farben und Formen aus. Gelbgrüner Kronendill, silbrig weißer Wermut, graugrüne Eberraute, weißes Mutterkraut oder die weißrosa Blütendolden des Baldrians werden als schmückendes Beiwerk in Blumensträußen sehr geschätzt. Nutzen Sie die Vielfalt und Schönheit der Kräuter, und schneiden Sie gleich im nächsten Sommer zusammen mit den Blumen einen Vorrat zum Trocknen ab. Damit können Sie das ganze Jahr über immer neue Gestecke fertigen. Pflücken Sie außerdem Gräser und Ähren mit möglichst langen Stielen. Sie werden mit den Blüten und Kräutern zu Sträußen gebunden, die man mit dem Kopf nach unten an einem warmen Ort zum Trocknen aufhängt. Dann müssen sie eine Zeit lang an einem staubfreien, trockenen dunklen Platz lagern – am besten in einer Kiste. Die so präparierten Pflanzenteile besprüht man vor dem Stecken leicht mit Wasser, damit sie nicht zerbrechen. Weiche oder brüchige Stiele werden durch Draht ersetzt. Die passendsten Gefäße für Trockengestecke sind Körbe. Sie ernten überall Freude, wenn Sie Ihre attraktiven Gestecke verschenken.

Trockengesteck – so wird's gemacht

Frische Blumen, etwa Rosen oder Sonnenblumen, sowie Gräser und Kräuter werden zu Sträußen gebunden und zum Trocknen aufgehängt.

Legen Sie einen Korb mit Folie aus und schneiden den Steckschaum passend zu. Rundherum wird Moos mit Draht festgesteckt.

Schneiden Sie Blumen, Gräser, Blätter und Kräuter auf 15–20 cm Länge zu und stecken sie in dieser Reihenfolge in den Schaum. Falls die Stiele nicht in den Schaum dringen, mit einem Nagel ein Loch bohren.

KAKAOBUTTER

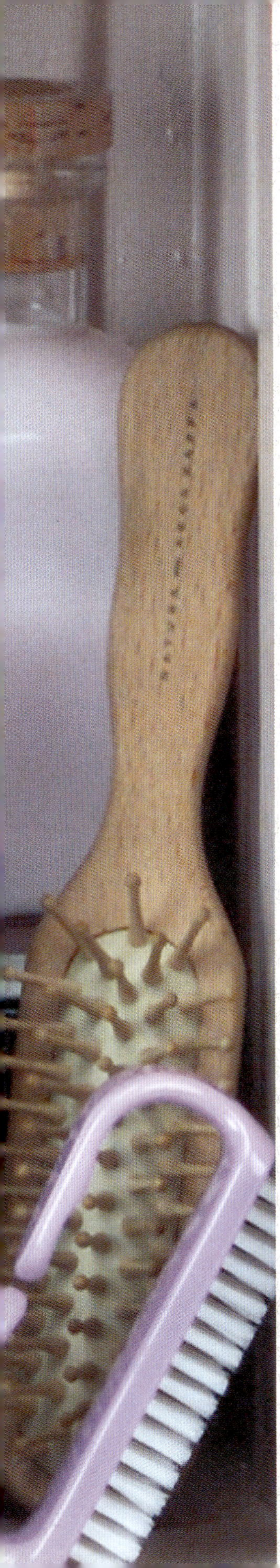

6

GRUNDSUBSTANZEN

Das Wichtigste auf einen Blick…

…enthält diese Übersicht von A bis Z. Auf den folgenden Seiten finden Sie die rund 100 wichtigsten Zutaten und Ausgangsstoffe für die im Buch vorgestellten Hausmittel. Wenn Sie z. B. ein Rezept ausprobieren und sich zuvor informieren wollen, wie die darin verwendeten Heilkräuter oder andere Zutaten wirken, erhalten Sie darüber klare Auskunft in den Rubriken „Inhaltsstoffe und Wirkungsweise" bzw. „Anwendung".

Einige der aufgeführten Ausgangsmittel haben Sie bestimmt schon in Ihrem Haushalt vorrätig, manches müssen Sie sich wahrscheinlich bei Bedarf erst besorgen – wo, das erfahren Sie unter „Bezugsquelle". Heilpflanzen kauft man meist in getrockneter Form, manche davon können Sie auch selbst ziehen, um sie frisch zu verwenden oder sich einen eigenen Trockenvorrat für den Winter anzulegen.

Bei gekauften Zutaten für Ihre selbst gemachten Hausmittel sollten Sie in jedem Fall die Hinweise zu Haltbarkeit, Lagerung und Anwendung auf den Verpackungen berücksichtigen, damit Sie stets einwandfreie Produkte erzeugen.

Name	Inhaltsstoffe und Wirkungsweise
Ackerschachtelhalm auch Zinnkraut genannt	Kieselsäure, Flavonoide und Saponine wirken adstring rend, harntreibend und fördern die Mineralsalzzufuhr. Die Kristalle der Kieselsäure eignen sich als Putzkörper.
Agar-Agar	Aus bestimmten Rotalgen gewonnenes Kohlenhydrat Pulver- oder Flockenform, das sich in heißem Wasser l und beim Erkalten aufquillt.
Alaun	Kaliumalaun ist ein weißes Pulver mit adstringierender und desinfizierender Wirkung.
Alkohol (50-, 70-, 90%ig)	Alkoholmischung mit 50, 30, 10 % (ml/ml) Anteil an Wasser; dient als Lösungs- und Konservierungsmittel.
Ammoniakwasser	5%ige Lösung von Ammoniak in Wasser.
Anis	Das ätherische Öl aus den Samen wirkt krampflösend, milchtreibend, schleimlösend und windtreibend.
Apfelessig siehe auch Essig	Enthält Vitamine, Mineralstoffe, Spurenelemente, organische Säuren, Flavonoide und Polyphenole. Stoffwechsel- und verdauungsanregend.
Arnika	Ätherisches Öl, Flavonoide, Gerbstoffe und Sesquiterp Lactone. Zusammenziehend (adstringierend), entzündungshemmend, fördert die Wundheilung.
Augentrost	Ätherisches Öl, Aucubin, Gerbstoffe, Flavonoide. Schmerzlindernd und entzündungshemmend.
Avocadoöl	Fettes Öl, das aus dem Fruchtfleisch gewonnen wird, enthält Vitamin A und D sowie B-Vitamine.
Baldrian	Alkaloide, ätherisches Öl, Valepotriate, Sesquiterpene. Krampflösend, schlaffördernd, beruhigend.
Bärentraubenblätter	Arbutin, Methylarbutin und Gerbstoffe wirken adstringierend, keimtötend, harntreibend.

wendung	Bezugsquelle	Haltbarkeit
erlich bei Husten, Rheuma, Blasenerkrankungen; ßerlich bei Wunden und Ekzemen. Für Haarpflege-ttel und als Badezusatz. Zur Reinigung von Zinn.	Apotheke; in der Schweiz auch in der Drogerie	bis zu 2 Jahre; siehe Packungsaufdruck
erlich bei Magenübersäuerung, als mildes Abführmit-. In der Küche als Geliermittel.	Reformhaus, Bioladen, Apotheke	bis zu 3 Jahre; siehe Packungsaufdruck
der Kosmetik als Zusatz zu Badesalzen und Deodoran-n. Im Haushalt, um Textilien wasserdicht zu machen.	Apotheke und Drogerie	siehe Packungsaufdruck
Bereitung von pflanzlichen Tinkturen, für Einreibe-ttel, Kosmetika, Liköre und Reinigungsmittel.	Apotheke und Drogerie	siehe Packungsaufdruck
Haushalt als Zusatz für Reinigungsmittel. **Ätzend!**	Apotheke, Drogerie	
Tee bei Blähungen, Husten, während der Stillzeit. Das bei Verdauungs-, Schlafstörungen, in Hustenmitteln.	Apotheke, Drogerie, Reformhaus, Supermarkt	18 Monate; siehe Packungsaufdruck
nerlich zum Entschlacken und Entwässern; äußerlich Waschungen und Kompressen sowie als Badezusatz. der Küche für Speisen und Salate.	Reformhaus, Bioladen, Supermarkt	2 Jahre; siehe Vermerk auf den Flaschen
nerlich als Fieber- und Herz-Kreislauf-Mittel (nur unter tlicher Aufsicht); äußerlich bei Zerrungen, Quetschun-n, Blutergüssen, Gelenk- und Muskelbeschwerden.	Blüten und Tinktur in der Apotheke; in der Schweiz auch in der Drogerie	3 Jahre; siehe Packungsaufdruck
nerlich bei Heuschnupfen, Magenbeschwerden; ßerlich als Aufguss bei verschiedenen Augenent-ndungen.	Apotheke; in der Schweiz auch in Drogerie und Reformhaus	2 Jahre; siehe Packungsaufdruck
sisöl für Gesichtscremes und Körperöle.	Apotheke, Bioladen, Reformhaus	1 Jahr; siehe Packungsaufdruck
nerlich als Schlafmittel, bei Magen-Darm-Krämpfen d nervöser Unruhe, bei Frauenleiden; äußerlich als dezusatz.	Wurzeln und Tinktur in Apotheke, Reformhaus, Drogerie	3 Jahre; siehe Packungsaufdruck
nerlich bei Blasenentzündungen. **Achtung:** Nicht über ngere Zeit und in großen Mengen anwenden!	getrocknete Blätter in Apotheke und Drogerie	2 Jahre; siehe Packungsaufdruck

Name	Inhaltsstoffe und Wirkungsweise
Basiscreme DAC Cremegrundlage (Schweiz)	Weiße weiche, mit Wasser abwaschbare Creme ohne Eigengeruch. Die Öl-in-Wasser-Emulsion dient als Emu gator für Cremes.
Beinwell	Allantoin, Schleim- und Gerbstoffe wirken heilend und fördern die Bindegewebsbildung.
Benzoetinktur	Alkoholische Lösung des Harzes verschiedener Styrax-Bäume. Konservierend. Das Öl wirkt antibakteriell.
Bergamottöl	Ätherisches Öl aus den Fruchtschalen der Bergamott-orange. Keimtötend, krampflösend.
Bienenwachs	Hauptbestandteil sind Fettsäureester. Ungebleichtes Wachs wird durch Ausschmelzen der Bienenwaben ge-wonnen; weißes Wachs *(Cera alba)* durch nachträglich Bleichen.
Birkenblätter	Bitterstoffe, Gerbstoffe, Saponine. Wirken harntreibend und regen den Stoffwechsel an.
Bleichsoda	Gemisch aus Soda, Wasserglas, Phosphorsalzen und aktiven Schaummitteln, wirkt wasserenthärtend.
Blütenpollen	Staubleichte Körnchen aus den Staubbeuteln von Blüt Reich an Vitaminen, Mineralstoffen und Eiweiß. Wird n einer so genannten Pollenfalle am Bienenstock geernte
Blutwurz auch Tormentill genannt	Gerbstoffe wirken adstringierend und blutstillend. Der Farbstoff Tormentillrot ist antibakteriell.
Brennnessel	Flavonoide, Chlorophyll, Karotinoide, Mineralsalze, Kieselsäure. Adstringierend, blutbildend, harntreibend und milchtreibend. Brennnesselauszüge wehren an Pflanzen Schadinsekten ab.

wendung	Bezugsquelle	Haltbarkeit
Basiscreme für Kosmetikrezepte.	Apotheke; in der Schweiz Apotheke und Drogerie	bis zu 3 Jahre; siehe Packungsaufdruck
r äußerlich bei Knochenverletzungen, Sehnenentzün- ngen, Zerrungen, Prellungen, Wunden. Nur 4 bis 6 chen im Jahr anwenden, nicht in der Schwanger- aft. Im Garten als Dünge- und Pflanzenschutzmittel.	Apotheke; auch Drogerie (Schweiz); für frische Blätter Anbau im Garten	getrocknete Wurzeln 2 Jahre; siehe Packungsaufdruck
Kosmetikprodukten als Konservierungsmittel und als ierungsmittel für Duftstoffe.	Apotheke und Drogerie	2 Jahre; siehe Packungsaufdruck
der Küche zum Aromatisieren; in der Kosmetik als ftstoff; für Potpourris.	Apotheke, Reformhaus, Bioladen, Drogerie	1 Jahr; siehe Packungsaufdruck
der Kosmetik für die Konsistenz von Hautcremes; im ushalt zur Möbelpflege und zur Herstellung von hoch- rtigen Kerzen.	Apotheke, Drogerie, Bioladen, Reformhaus	3 Jahre; siehe Packungsaufdruck
Arthritis, Gicht, Blaseninfektionen, blutreinigender teil in der Frühjahrskur, bei Haarausfall.	Apotheke, Reformhaus, Drogerie	2 Jahre; siehe Packungsaufdruck
Haushalt zum Einweichen von Wäsche, zum Reinigen n Backöfen.	Drogerie	4 Jahre; siehe Packungsaufdruck
Mangelerscheinungen, zur Verbesserung der Hor- ndrüsentätigkeit, bei geistiger und körperlicher Ermü- ng. **Achtung:** Pollen können Allergien auslösen und d daher ungeeignet für Pollenallergiker!	Apotheke, Reformhaus, Drogerie	1 Jahr; siehe Packungsaufdruck
erlich bei Durchfällen, Magen-Darm-Störungen, rz-Kreislauf-Beschwerden; äußerlich als Gurgelmittel Schleimhauterkrankungen des Mund- und Rachen- umes, für Umschläge und Bäder.	getrocknete Wurzel in der Apotheke	2 Jahre; siehe Packungsaufdruck
erlich bei Rheuma, Gicht, Galle- und Leberbeschwer- n. In der Küche als Gemüse. Im Garten für Pflanzen- utz und Düngung.	Apotheke, Reformhaus, Drogerie; Pulver als Pflanzenhilfsmittel im Gartenmarkt	getrocknete Blätter 2 Jahre; siehe Packungsaufdruck

Name	Inhaltsstoffe und Wirkungsweise
Eibisch	Schleimstoffe und Gerbstoffe wirken reizlindernd und feuchtigkeitsspendend.
Eichenrinde	Hoher Gehalt an Gerbstoffen. Wirken zusammenziehe (adstringierend) und entzündungshemmend.
Essig/Essigessenz siehe auch Apfelessig	Essig ist eine verdünnte Lösung von Essigsäure in Wass mit einem Mindestgehalt von 5 % Säure. Er entsteht durch Vergären von Alkohol durch Essigsäurebakterien Die Säure löst Kalk und Rost. Essigessenz ist 60–80%ige Essigsäurelösung in Wasser
Eukalyptus	Ätherische Öle und Gerbstoffe. Wirken belebend, adstringierend, keimtötend und antirheumatisc, senke Fieber, fördern die Durchblutung, entstauen Gefäße und sind insektizid.
Fenchel	Ätherische Öle, Karotinoide. Appetitanregend, verdau-ungsfördernd, auswurffördernd, harntreibend, kramp lösend, wundheilend, milchbildend.
Frauenmantel in der Schweiz auch Frauenmänteli genannt	Gerb- und Bitterstoffe, Flavonoide wirken adstringiere (zusammenziehend) und blutreinigend.
Gallseife	Mit Rindergalle versetzte Kernseife. Dient als Bleichmit und wirkt fettemulgierend.
Gesteinsmehl	Fein gemahlenes Gestein.
Glyzerin	Klarer, farbloser, sirupartiger Alkohol, der feuchtigkeits anziehend wirkt. Bestandteil aller natürlichen Fette. Dient zur Konsistenzanpassung bei der Zubereitung v Cremes oder Lotionen und als Trägerstoff.

wendung	Bezugsquelle	Haltbarkeit
erlich und äußerlich, besonders bei Entzündungen Haut und der Schleimhäute, auch als Hustenmittel. der Kosmetik als Feuchtigkeitsspender.	Apotheke, Reformhaus und Drogerie	18 Monate; siehe Packungsaufdruck
erlich bei Magen-Darm-Beschwerden, Blutungen; ßerlich bei Zahnfleisch- und Mundentzündungen, nässendem Ekzem, Hämorrhoiden, Verbrennungen; Garten zur Herstellung eines Kompostbeschleunigers.	Apotheke, gelegentlich auch in Reformhaus und Drogerie	18 Monate; siehe Packungsaufdruck
kosmetische Zwecke. In der Küche z. B. für Salate er eingelegtes Gemüse. Im Haushalt zum Lösen von k und Rost, als Zusatz in Reinigungsmitteln, zur ischepflege und Geruchsbekämpfung. **Vorsicht:** igessenz ist ätzend, Hautkontakt vermeiden!	Reformhaus, Drogerie, Supermarkt	2 Jahre; siehe Vermerk auf der Flasche
ßerlich als Einreibemittel bei Hautwunden, Gelenk-schwerden wie Arthritis und Rheuma, zum Inhalieren Atemwegserkrankungen, Bronchitis und Husten. **rsicht:** Nicht innerlich anwenden!	getrocknete Blätter und ätherisches Öl in Apotheke, Reformhaus, Bioladen, Drogerie	getrocknete Blätter 18 Monate; ätherisches Öl 1 Jahr; siehe Packungsaufdruck
e und Öl innerlich bei Blähungen, Darmkrämpfen, pfschmerzen, Erkältungskrankheiten, Asthma. Äußer-n bei Hautausschlägen und Augenentzündungen, das bei Dreimonatskoliken von Säuglingen.	getrocknete Früchte in Apotheke, Drogerie, Reformhaus, Supermarkt; frische Blätter im Garten	getrocknete Früchte 18 Monate; siehe Packungsaufdruck
erlich bei starken Monatsblutungen, Hautunreinhei-n junger Mädchen; äußerlich bei eiternden Wunden, tzündeten Augen und Schleimhäuten; als Badezusatz.	getrocknete Blätter in Apotheke, Reformhaus, Bioladen	18 Monate; siehe Packungsaufdruck
r Entfernung von Flecken auf Textilien. **Vorsicht:** färbte Textilien vorher auf Farbechtheit prüfen!	Drogerie und Supermarkt	3 Jahre; siehe Packungsaufdruck
Garten zur Bodenverbesserung und zum Binden angenehmer Gerüche von Pflanzenjauchen; im Haus-lt als Scheuerpulver z. B. für Fensterbänke aus Stein.	Gartenmarkt	unbegrenzt
der Kosmetik für Cremes und Lotionen. Schützt die ut vor Spröde- und Rissigwerden. Im Haushalt als satz zu Reinigungsmitteln.	Apotheke und Drogerie	3 Jahre; siehe Angabe auf der Flasche

Name	Inhaltsstoffe und Wirkungsweise
Hagebutte	Hagebutten sind die getrockneten Früchte der Heckenrose. Sie enthalten Vitamin C, Gerbstoffe, Flavonoide sowie Mineralstoffe und wirken abwehrsteigernd und wundheilend.
Hamamelis oder Zaubernuss	Gerbstoffe, ätherische Öle, Flavonoide wirken entzündungshemmend und gefäßverengend.
Hefe	Die einzelligen Hefepilze haben einen hohen Gehalt an Eiweiß und B-Vitaminen. Je nach Anwendungsgebiet setzt man verschiedene Heferassen ein.
Heilerde	Zu Heilzwecken verwendete, sehr feinkörnige Erde. Besteht aus einem Gemisch aus Lehm, weißem und rotem Ton sowie Aluminiumsilikaten. Das sterilisierte Pulver bindet Giftstoffe.
Heublumen	Gemisch aus Blütenteilen, Samen und Blatt- und Stängelstücken verschiedener Wiesenpflanzen. Wirkt e spannend, schmerzlindernd, stoffwechselanregend, durchblutungs- und abwehrsteigernd.
Hirtentäschelkraut	Flavonoide, Acetylcholin, Cholin. Gerbstoffe wirken adstringierend und blutstillend.
Holunder	Blüten enthalten schweißtreibende Glykoside und entzündungshemmende Flavonoide; reife Früchte enthalt viel Vitamin C und Mineralstoffe.
Hopfenblüten und Hopfenzapfen	Weibliche Blütenstände des Hopfens enthalten Bitterst fe, ätherisches Öl, Humulon und Lupulon sowie Harzsu stanzen. Sie wirken beruhigend und appetitanregend.
Huflattich	Schleimstoffe, Gerb- und Bitterstoffe, Flavonoide wirke auswurffördernd, reizlindernd.

nwendung	**Bezugsquelle**	**Haltbarkeit**
i Erkältungen, Fieber, zur Wundheilung und Frühjahrs-r. In der Küche zur Bereitung von Marmelade. **eine frischen Früchte verzehren!**	Apotheke, Drogerie, Reformhaus und Supermarkt; frische Früchte durch Wildsammlung	getrocknete Früchte 18 Monate; siehe Packungsaufdruck
nerlich bei Durchfällen; äußerlich zum Gurgeln oder pülen bei Zahnfleisch- und Mundschleimhautentzün-ungen, bei schlecht heilenden Wunden. In der Kosme-: Hamameliswasser in Gesichtswässern und Cremes.	getrocknete Blätter und Rinde in Apotheke und Drogerie; Hamameliswasser in Apotheke	2 Jahre; siehe Packungsaufdruck
nerlich bei Hautkrankheiten, Eiweißmangel und schöpfungszuständen, Bierhefeflocken bei Vitamin-B-angel; in der Küche als Backtriebmittel sowie zur Wein-nd Bierbereitung.	Apotheke, Drogerie und Supermarkt. Schweiz: Medizinalhefe in Drogerie und Apotheke, Backhefe in Supermarkt	siehe Packungsaufdruck; frische Backhefe kühl lagern
nerlich bei Sodbrennen, Magenbeschwerden, Durch-ll, Blähungen, Verstopfung, Mund- und Rachenentzün-ungen. Äußerlich bei Wunden, Entzündungen und zemen. Äußerlich nicht mehr als 2-mal pro Woche nwenden, da Heilerde der Haut Fett entzieht.	Apotheke, Reformhaus und Drogerie	3 Jahre; siehe Packungsaufdruck
ußerlich zu Bädern und Auflagen zur Schmerzlinderung nd Entspannung verkrampfter Muskulatur, zur Steige-ng der Abwehrkräfte bei Erkältung, Rheuma, Nieren-nd Blasenleiden. **Für Pollenallergiker nicht geeignet!**	Apotheke, seltener in Reformhaus und Drogerie	2 Jahre; siehe Packungsaufdruck
ei Menstruations- und Wechseljahrebeschwerden, /unden, Blutungen wie z. B. Nasenbluten.	getrocknetes Kraut in Apotheke, Drogerie	1 Jahr; siehe Packungsaufdruck
teigerung der Abwehrkräfte bei grippalen Infekten. In er Küche Blüten zu Sirup, Sekt, Hollerküchle; Früchte zu larmeladen und Saft. **Nur reife Früchte verwenden!**	getrocknet in Apotheke, Drogerie, Reformhaus; frisch aus Wildsammlung	getrocknete Blüten, Früchte und Blätter 1 Jahr; siehe Packung
ei Menstruationsbeschwerden, Schlafstörungen, nruhe, nervösen Magenbeschwerden.	getrocknete Blütenstände in Apotheke und Drogerie	6 Monate; siehe Packungsaufdruck
nnerlich bei Husten, Bronchitis, zur Blutreinigung; äu-erlich zur Behandlung von Wunden und Entzündungen.	getrocknete Blätter und Blüten in Apotheke	18 Monate; siehe Packungsaufdruck

Name	Inhaltsstoffe und Wirkungsweise
Ingwer	Ätherisches Öl und Oleoresine aus der Wurzel wirken appetitanregend,verdauungsfördernd, schweißtreibend und regen den Kreislauf an.
Isländisch Moos	Flechtensäuren wirken antibiotisch, Schleimstoffe reizlindernd.
Johanniskraut	Ätherisches Öl, Hypericin, Flavonoide und Gerbstoffe wirken wundheilend, antidepressiv und beruhigend.
Jojobaöl	Durch Pressen der Samen des Jojobastrauches wird ein hochwertiges flüssiges Wachs gewonnen, das sich sehr gut auf der Haut verteilen lässt.
Kakaobutter	Fett, das aus gerösteten Kakaobohnen bei der Herstellung von Kakao gepresst wird.
Kalk, gelöschter	Erhält man aus ungefähr 5 Teilen Kalziumhydroxid und 6 Teilen Wasser. Aus dem weichen geloschten Kalk entsteht an der Luft hartes Kalziumcarbonat.
Kalmuswurzel	Bitterstoffe, Gerbstoffe, ätherisches Öl regen die Verdauung an, wirken beruhigend.
Kamille	Flavonoide, ätherisches Öl mit Chamazulen wirken entzündungshemmend, desinfizierend, krampflösend, schmerzstillend.
Kampfer	Aus dem ätherischen Öl aus dem Holz des Kampferbaum wird kristalliner Kampfer gewonnen. Er wirkt kreislaufanregend, keimtötend und lindernd bei Rheuma.
Kernseife	Harte Natronseife aus Fettsäuren und Natronlauge unte Zusatz von Kochsalz gewonnen.

nwendung	Bezugsquelle	Haltbarkeit
nerlich bei nervösem Magen, gegen Übelkeit (auch der Schwangerschaft), bei Reisekrankheit, Verdau-ıgsstörungen sowie bei Kreislaufschwäche. In der iche als Gewürz.	getrocknet in Apotheke und Drogerie; frisch in Supermarkt und Reformhaus	getrocknete Wurzel und Pulver 1 Jahr; siehe Packungsaufdruck. Frisch ca. 1 Monat
nerlich bei Reizhusten, Magen-Darm-Beschwerden, ıßerlich zum Gurgeln und Spülen bei Entzündungen ı Mund und zur Wundbehandlung. **Achtung:** Nicht ei Geschwüren anwenden!	getrocknete Flechte in Apotheke. In der Schweiz auch in Drogerie und Reformhaus	2 Jahre; siehe Packungsaufdruck
nerlich bei Depressionen, vegetativer Dystonie, agen-Darm-Beschwerden; äußerlich bei Verbrennun-en, Schnittwunden, Neuralgien. **Achtung:** Bei Anwen-ung reagiert die Haut besonders lichtempfindlich!	getrocknetes Kraut mit Blüten sowie Öl in Apotheke und Drogerie	6 Monate; siehe Packungsaufdruck
der Kosmetik als nichtfettende Grundlage für Cremes ıd Körperöle.	Apotheke und Drogerie	2 Jahre; siehe Packungsaufdruck
der Kosmetik als fettende Grundlage für Salben und remes.	Apotheke	18 Monate; siehe Packungsaufdruck
ı Haushalt zur Reinigung z. B. von Marmor.	Kalziumhydroxid in Apotheke und Drogerie	trocken gelagert 3 Jahre; siehe Packungsaufdruck
nerlich bei Magen-Darm- und Gallebeschwerden be-ınders nervöser Art; äußerlich zu Umschlägen und als adezusatz. **Achtung:** Nicht über längere Zeit anwenden!	getrocknete Wurzeln in Apotheke	18 Monate; siehe Packungsaufdruck
nerlich bei Magen-Darm-Beschwerden, bei Magen-hleimhautentzündung; äußerlich bei Haut- und chleimhauterkrankungen, für Inhalationen und Bäder.	Apotheke, Drogerie, Reformhaus und Supermarkt	9 Monate; siehe Packungsaufdruck
nerlich bei Kreislaufschwäche, Erkrankungen der Luft-ege; äußerlich als Zusatz zu Mund- und Hautwässern, alben.	Apotheke	2 Jahre; siehe Packungsaufdruck
osmetisch und im Haushalt als Reinigungsmittel.	Bioladen, Reformhaus, Drogerie	3 Jahre

Name	Inhaltsstoffe und Wirkungsweise
Kleie	Die beim Mahlen abgesonderten Schalen, Keime und äußeren Schichten der Getreidekörner enthalten Eiweiß und die Vitamine B_1 und E.
Königskerze	Schleimstoffe, Flavonoide, Saponine und ätherisches Öl aus Blättern und Blüten wirken reizlindernd, auswurf-fördernd und blutreinigend.
Kümmel	Ätherisches Öl wirkt windtreibend und verdauungs-fördernd.
Lakritze	Der eingedickte Saft der Süßholzwurzel enthält Glycyr-rhizin, Sterole, Flavonoide, die auswurffördernd, entzün-dungshemmend und krampflösend wirken.
Lanolin, Lanolinanhydrid	Wasserhaltiges, aus Schafwolle ausgewaschenes Woll-wachs. Lanolinanhydrid ist wasserfreies Lanolin.
Lavendel, Lavendelöl	Ätherisches Öl wirkt galletreibend, beruhigend, krampflösend, windtreibend.
Leinöl, Leinölfirnis	Das aus Leinsamen gepresste, goldgelbe Öl ist reich an ungesättigten Fettsäuren. Der Zusatz von Metallverbin-dungen ergibt schnelltrocknenden Leinölfirnis.
Leinsamen	Getrocknete reife Samen enthalten Schleimstoffe und fettes Öl. Sie verfügen über quellende, entzündungs-hemmende und krampflösende Eigenschaften.
Lindenblüten	Ätherisches Öl, Flavonoide, Schleimstoffe, Gerbstoffe wirken schweißtreibend und abwehrsteigernd.
Löwenzahn	Bitterstoffe, Gerbstoffe und Flavonoide wirken entwäs-sernd, appetitanregend und gallenanregend.
Mädesüß	Flavonoide, Gerbstoffe, Schleimstoffe, Salicylsäureverbin-dungen. Harn- und schweißtreibend, fiebersenkend, reizlindernd auf Schleimhäute.

nwendung	Bezugsquelle	Haltbarkeit
nerlich als Ballaststoff, da Kleie nicht verdaut werden nn; in der Kosmetik aufgrund der körnigen Beschaf- nheit für Peelings.	Reformhaus, Drogerie und Supermarkt	1 Jahr; siehe Packungs- aufdruck
nerlich bei Heiserkeit und Husten; äußerlich „Königsöl" s frischen Blüten bei Mittelohrvereiterung, Ohren- nmerzen, Gelenkbeschwerden.	Blüten und Öl in Apo- theke; frisch aus Wild- sammlung	getrocknete Blüten dicht verschlossen ca. 9 Mo- nate; siehe Packung
men und Öl bei Blähungen, Völlegefühl, krampfarti- n Magen-Darm-Störungen. Früchte in der Küche als ewürz.	Früchte in Apotheke, Drogerie, Reformhaus, Supermarkt	18 Monate; siehe Packungsaufdruck
i Magen- und Zwölffingerdarmgeschwüren, Erkäl- ngskrankheiten, Bronchitis. **Achtung:** Nicht bei Blut- chdruck und chronischer Leberentzündung!	Apotheke, Drogerie	18 Monate; siehe Packungsaufdruck
undlage zur Herstellung von Cremes.	Apotheke	18 Monate; siehe Packungsaufdruck
nerlich bei Nervosität, Schlafstörungen,Verdauungs- schwerden, Blähungen. Äußerlich das Öl zu Einreibun- n und Bädern. Im Haushalt gegen Insekten.	Blüten und Öl in Apo- theke, Reformhaus, Dro- gerie und Bioladen	18 Monate; siehe Packungsaufdruck
inöl findet Verwendung in der Küche, Leinölfirnis im ushalt zum Konservieren von Holz.	Reformhaus, Apotheke und Supermarkt; Leinöl- firnis im Baumarkt	Öl und Firnis ca 1 Jahr; siehe Packungsaufdruck
nerlich bei Darmträgheit, zur Schleimzubereitung bei agen-Darm-Erkrankungen; äußerlich zu Umschlägen i Furunkeln und Geschwüren.	Apotheke, Reformhaus, Drogerie und Super- markt	3 Jahre; siehe Packungs- aufdruck
ır Vorbeugung gegen Bluthochdruck und bei Erkäl- ngskrankheiten zur Fiebersenkung.	Apotheke, Drogerie und Reformhaus	18 Monate; siehe Packungsaufdruck
nerlich zur Frühjahrskur, bei Gelbsucht, Leber- und lleerkrankungen. In der Küche als Salat im Frühjahr.	Apotheke, Drogerie; frisch aus Wildsammlung	18 Monate; siehe Packungsaufdruck
i Rheuma und Gicht (fördert die Ausscheidung n Harnsäure), bei Fieber, bei Sodbrennen und agengeschwüren.	Blätter und Blüten ge- trocknet in Apotheke	18 Monate; siehe Packungsaufdruck

Name	Inhaltsstoffe und Wirkungsweise
Majoran	Ätherisches Öl, Gerb- und Bitterstoffe wirken krampflösend, windtreibend, verdauungsfördernd.
Mandelkleie	Der Pressrückstand bei der Gewinnung von Mandelöl ergibt ein feines Mehl, das reinigend und hautpflegend wirkt.
Mandelöl	Durch Pressen von Mandeln gewonnenes Öl, enthält Proteine, Vitamine, Mineralstoffe, wirkt reizmildernd.
Melisse	Ätherische Öle, Gerb- und Bitterstoffe, Flavonoide, wirken krampflösend, beruhigend, antiviral, abwehrsteigernd und fördern den Appetit.
Natron	Natriumbikarbonat neutralisiert durch Kohlendioxidabgabe im Körper vorhandene Säuren.
Olivenöl	Wird durch Pressen von Oliven gewonnen. Am besten ist kaltgepresstes Olivenöl.
Orangenblüten	Ätherische Öle, Flavonoide, Bitterstoffe wirken beruhigend.
Pektin	Im Zellgerüst von Pflanzen, besonders in unreifen Früc ten vorkommendes Kohlenhydrat mit gelierenden Eige schaften. Als Flüssigkeit oder in Pulverform erhältlich.
Pfefferminze	Ätherisches Öl, Gerb- und Bitterstoffe wirken krampflösend, windtreibend, gallenanregend, keimtötend.
Pottasche	Kaliumkarbonat ist in pflanzlicher Asche enthalten. Diese wurde früher mit Wasser versetzt und diente als „Pottasche" zum Waschen.

ıwendung	Bezugsquelle	Haltbarkeit
e innerlich bei Magen-Darm- und Gallebeschwerden, ihungen, Verdauungsschwäche; äußerlich als Salbe bei ınupfen, Nervenschmerzen, Verrenkungen. In der che als Gewürz.	getrocknetes Kraut in Reformhaus, Drogerie und Supermarkt; frisch aus dem Garten	18 Monate; siehe Packungsaufdruck
der Kosmetik als Peeling und Hautreinigungsmittel.	Apotheke und Drogerie	3 Jahre; siehe Packungsaufdruck
der Küche für feine Salate. In der Kosmetik als Basisöl · Körperöle und als Salbengrundlage.	Apotheke, Reformhaus, Bioladen	1 Jahr; siehe Packungsaufdruck
ıerlich bei nervösen Herz-, Magen- und Darmbeıwerden, zur Stimmungsaufhellung; äußerlich zum ıreiben und als Badezusatz. Als Duftstoff in Kosmetika. der Küche als Gewürz für Salate und Saucen.	Apotheke, Reformhaus, Drogerie; frisches Kraut durch Anbau im Garten	18 Monate; siehe Packungsaufdruck
ıerlich bei Übersäuerung des Magens. Äußerlich zur hnpflege, als Badezusatz und bei Insektenstichen. Im ushalt zur Bindung von unangenehmen Gerüchen. der Küche zum schnelleren Weichwerden von Kohl d Hülsenfrüchten.	Apotheke, Drogerie, Supermarkt	2 Jahre; siehe Packungsaufdruck
der Kosmetik für Salben und Körperöle; in der Küche m Kochen, Braten und für Salatmarinaden.	Reformhaus, Bioladen, Supermarkt	1 Jahr; siehe Packungsaufdruck
der Küche zum Aromatisieren; in der Kosmetik als dezusatz.	getrocknete Blüten in Apotheke	6 Monate; siehe Packungsaufdruck
der Küche als Geliermittel.	Apotheke, Reformhaus, Drogerie, Bioladen	3 Jahre; siehe Packungsaufdruck
i Magen-Darm- und Gallenbeschwerden, Blähungen, ɔelkeit, Kopfschmerz, Erkältungen. **Achtung:** Nicht er längeren Zeitraum anwenden, nie bei Säuglingen.	Apotheke, Drogerie, Supermarkt; frisches Kraut im Selbstanbau	18 Monate; siehe Packungsaufdruck
der Küche als Backtriebmittel; im Haushalt als Zusatz Reinigungsmitteln.	Apotheke, Drogerie, Supermarkt	3 Jahre; siehe Packungsaufdruck

Name	Inhaltsstoffe und Wirkungsweise
Ringelblume	Ätherisches Öl, Karotinoide, Flavonoide, Bitterstoffe wirken vor allem entzündungshemmend und wundheilungsfördernd.
Rizinusöl	Das gepresste Öl aus Rizinussamen wirkt abführend, aber auch pflegend für Haut und Haar.
Rosenblätter, Rosenöl, Rosenwasser	Enthalten eine Vielzahl ätherischer Öle. Rosenblütenwasser wird als Nebenprodukt bei der Destillation von ätherischem Rosenöl gewonnen. Es wirkt adstringieren (zusammenziehend).
Rosmarin	Ätherisches Öl, Gerb- und Bitterstoffe, Flavonoide wirken kreislaufanregend, durchblutungs- und verdauungsfördernd.
Salbei	Ätherisches Öl, Gerb- und Bitterstoffe, Flavonoide mit desinfizierender, entzündungshemmender, krampf lösender Wirkung.
Salicylsäure	Kommt in gebundener Form u. a. in Weidenrinde vor; weiße geruchlose Kristalle; keimtötend und hornhautlösend.
Salmiakgeist siehe auch Ammoniakwasser	Stechend riechende Lösung von 9,7 bis 10,3 % Ammoniak in Wasser, wirkt reinigend.
Schafgarbe	Bitterstoffe, ätherisches Öl, Flavonoide. Desinfizierend, krampflösend, entzündungshemmend, appetitanregen schweißtreibend.
Schellack	Rötliche Ausscheidung von Lackschildläusen, die auf verschiedenen tropischen Bäumen vorkommen.
Schlämmkreide	Gemahlene Kreide, durch Schlämmen in Wasser gereini
Schmierseife	Entsteht durch Versetzen von Fettsäuren mit Kalilauge.

nwendung	Bezugsquelle	Haltbarkeit
rwiegend äußerlich in Salbe, Tinktur oder als Aufguss Umschlägen bei schlecht heilenden Wunden, Entzün-ıngen, Verstauchungen, Verrenkungen.	Apotheke, Drogerie, Reformhaus	3 Jahre; siehe Packungsaufdruck
nerlich als Abführmittel; äußerlich in der Kosmetik zur ıut- und Haarpflege.	Apotheke	2 Jahre; siehe Packungsaufdruck
herisches Öl und Rosenwasser für kosmetische Cremes, tionen, Gesichtswässer und Duftmischungen. In der iche zum Aromatisieren von Speisen und Potpourris.	Rosenöl und -wasser in Apotheke, Reformhaus, Drogerie; trockene Blüten im Delikatessladen	Blütenöl und Blütenwasser ca. 9 Monate; siehe Packungsaufdruck
nerlich bei Herz- und Kreislaufbeschwerden, Verdau-ıgsstörungen, nervöser Erschöpfung; äußerlich bei uskel- und Gelenkrheumatismus und zur Durchblu-ngsförderung; in der Küche als Gewürz; kosmetisch für ıampoos und Körperöle.	getrocknete Blätter in Apotheke, Reformhaus, Bioladen	getrocknete Blätter 18 Monate; siehe Packungsaufdruck
nerlich bei Halsentzündungen, Erkältungen, Verdau-ıgsstörungen; äußerlich zum Gurgeln und für Wund-ıschläge; in der Küche als Gewürz.	Apotheke, Drogerie, Reformhaus, Supermarkt, Gartenmarkt	getrocknete Blätter und Öl 2 Jahre; siehe Packungsaufdruck
der Kosmetik für Salben, Puder, Lotionen; gegen :hweißabsonderung an Füßen und Händen; zum Horn-ıutauflösen etwa bei Nagelpilz oder Hühneraugen.	Apotheke und Drogerie	2 Jahre; siehe Packungsaufdruck
ı Haushalt als Reinigungsmittel.	Apotheke und Drogerie	siehe Packungsaufdruck
nerlich zur Verdauungsförderung, bei grippalen Infek-:n und schmerzhaften Regelblutungen; äußerlich zur /undheilung; kosmetisch als Hautreinigungsmittel.	Apotheke, Reformhaus, Drogerie, Bioladen	18 Monate; siehe Packungsaufdruck
n Haushalt für Firnisse und Möbelpolituren.	Drogerie	siehe Packungsaufdruck
n Haushalt als Poliermittel; zur Zahnpflege.	Apotheke und Drogerie	3 Jahre; siehe Packung
n Haushalt zum Reinigen.	Drogerie, Supermarkt, Bioladen	3 Jahre; siehe Packungsaufdruck

Name	Inhaltsstoffe und Wirkungsweise
Schwefel	Feines gelbes geruch- und geschmackloses Pulver, wirk desinfizierend.
Seifenflocken	Gehobelte Kernseife, auch aus Olivenölseife erhältlich.
Seifenspiritus	Seifenspritus (Spiritus saponatus) ist eine wässrige alko holische Lösung einer Seife aus Olivenöl und Kalilauge.
Silberweide	Salicylsäureverbindungen, Flavonoide, Gerbstoffe wirke fiebersenkend, antirheumatisch und schmerzstillend.
Soda	Natriumkarbonat, aus Kochsalz hergestelltes weißes Pulver, wirkt wasserenthärtend und stark schäumend.
Sojaöl	Aus Sojabohnen gepresstes geschmacksneutrales Öl.
Sonnenhut auch als Echinacea geläufig	Echinacin, ätherisches Öl, Bitterstoffe wirken keimtöten abwehrsteigernd.
Spiritus auch Brennspiritus genannt	Brennspiritus ist ein hochprozentiger Alkohol, der mit einem Vergällungsmittel ungenießbar gemacht wurde.
Spitzwegerich	Schleimstoffe, Bitterstoffe, Flavonoide, Kieselsäure, Aucubin wirken schleimlösend, auswurffördernd, entzündungshemmend.
Sternanis	Ätherisches Öl wirkt reizmildernd, schleimlösend, verdauungsfördernd, windtreibend.
Süßholzwurzel	Glycyrrhizin, Sterole, Flavonoide wirken auswurffördernd, entzündungshemmend, krampflösend.
Tausendgüldenkraut	Bitterstoffe, Flavonoide, ätherisches Öl wirken appetitanregend, steigern den Speichelfluss, fördern den Galle fluss und den Milchfluss.

nwendung	Bezugsquelle	Haltbarkeit
ı Haushalt zur Desinfektion, z. B. von Holzfässern.	Apotheke und Drogerie	3 Jahre; siehe Packungsaufdruck
der Kosmetik zur Reinigung von Haut und Haaren; im aushalt als Putzmittel.	Drogerie	3 Jahre; siehe Packungsaufdruck
ı Haushalt als Reinigungsmittel.	Apotheke und Drogerie	18 Monate; siehe Packungsaufdruck
ei fieberhaften Erkältungen, Kopfschmerzen, rheumatihen Beschwerden.	Apotheke	3 Jahre; siehe Packungsaufdruck
ı Haushalt als Reinigungsmittel, zum Einweichen und orwaschen.	Apotheke und Drogerie	18 Monate; siehe Packungsaufdruck
der Küche und zu kosmetischen Zwecken zu verenden.	Reformhaus, Bioladen, Supermarkt. In der Schweiz nur Reformhaus	3 Jahre; siehe Packungsaufdruck
nerlich zur Stärkung der körpereigenen Abwehrkräfte, esonders bei Erkältungskrankheiten, Entzündungen im Mund- und Rachenraum.	Apotheke, Drogerie	1 Jahr; siehe Packungsaufdruck
rennspiritus nur im Haushalt als Zusatz zu Reinigungsitteln.	Drogerie und Supermarkt	siehe Packungsaufdruck
nerlich besonders bei Husten, zur Blutreinigung nd Frühjahrskur; äußerlich zu Umschlägen bei schlecht eilenden Wunden.	getrocknete Blätter in Apotheke, Drogerie, Reformhaus	siehe Packungsaufdruck
nerlich bei Husten, Verdauungsbeschwerden. In der üche als Gewürz für Gebäck, Pflaumenmus, Geflügel.	Apotheke, Reformhaus, Drogerie, Supermarkt	18 Monate; siehe Packungsaufdruck
nerlich zur Schleimlösung bei Bronchitis, gegen lagenschleimhautentzündungen und Magengeschwüre. **chtung:** Nicht länger als 4–6 Wochen anwenden!	getrocknete Wurzel in Apotheke, Reformhaus und Drogerie	18 Monate; siehe Packungsaufdruck
nerlich bei Appetitlosigkeit, Magenschwäche, Blähunen, nervöser Erschöpfung; äußerlich zur Förderung von Vundheilung.	Apotheke	18 Monate; siehe Packungsaufdruck

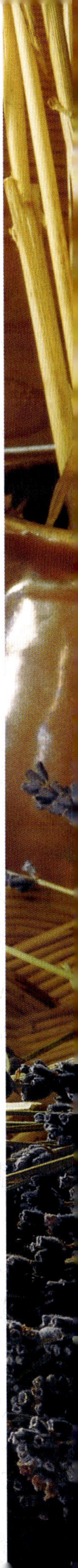

Name	Inhaltsstoffe und Wirkungsweise
Teebaumöl	Ätherisches Öl aus den Blättern des australischen Teebaums. Keimtötend, abwehrsteigernd, schmerzstillend.
Terpentinöl	Ätherisches Öl, das aus dem Balsam verschiedener Kiefernarten gewonnen wird, wirkt fettlösend.
Thymian	Ätherisches Öl, Gerbstoffe, Flavonoide wirken keimtötend, auswurffördernd, krampflösend, entzündungshemmend.
Tonerde, essigsaure Tonerde	Tonerde (Aluminiumoxyd) auch Bolus alba genannt, ist ein weißes Pulver, das adsorbierend wirkt. Essigsaure Tonerde ist eine farblose, klare Lösung von Aluminiumazetat-Tartrat in Wasser; wirkt zusammenziehend.
Vaseline, Vaselinöl	Kohlenwasserstoffgemisch, das man bei der Destillatior von Erdöl gewinnt; wird nicht ranzig.
Wasserglas	Wasserglas (Natriumsilikat) ist eine dicke, klebrige, helle geruchlose Flüssigkeit, die in Wasser löslich ist.
Weingeist	Hochprozentiger Ethylalkohol; früher 96%iger, heute 90%iger reiner Alkohol. Konservierend; Lösungsmittel für viele Stoffe.
Weißdorn	Flavonoide, Gerbstoffe, Crataeguslacton, ätherisches Öl Blutdruckregulierend, beruhigend, krampflösend.
Wermut	Bitterstoffe, Gerbstoffe, ätherisches Öl. Appetit- und verdauungsanregend.
Ylang-Ylang-Öl	Ätherisches Öl aus den Blüten des Ylang-Ylang-Baums *(Cananga odorata)*. Beruhigend, soll aphrodisisch wirke
Ysop	Ätherisches Öl, Gerbstoffe, Flavonoide. Auswurf- und verdauungsfördernd, windtreibend.
Zitronensäure	Weiße saure, wasserlösliche Kristalle. Kommt natürlich im Saft von Zitronen vor, wird auch durch Gärung mit Schimmelpilzen gewonnen. Kalklösend, bleichend.

nwendung	Bezugsquelle	Haltbarkeit
ur äußerlich bei Hauterkrankungen, Pilzinfektionen und uskelschmerzen.	Apotheke, Drogerie, Reformhaus, Bioladen	2 Jahre; siehe Packungsaufdruck
ı Haushalt für Bohnerwachs, Schuhcreme, als Lösungsittel für Farben und Lacke.	Apotheke und Drogerie	2 Jahre; siehe Packungsaufdruck
nerlich bei Bronchitis, Katarrhen der oberen Luftwege, euchhusten, Darmbeschwerden; äußerlich als Badezutz bei Rheuma, das Öl bei Erkältung, Halsschmerzen.	Apotheke, Reformhaus, Drogerie, Supermarkt	18 Monate; siehe Packungsaufdruck
onerde in der Kosmetik als Pudergrundlage, zu Masken, otionen. Essigsaure Tonerde zu adstringierenden und ntzündungshemmenden Umschlägen. Im Haushalt um Imprägnieren von Textilien.	Apotheke, Drogerie	Tonerde 3 Jahre; essigsaure Tonerde 9 Monate, siehe Packungsaufdruck
der Kosmetik als Grundlage für Salben und Cremes. ı Haushalt als Schmiermittel.	Apotheke und Drogerie	3 Jahre; siehe Packungsaufdruck
ı Haushalt als Zusatz zu Waschmitteln, zur Appretur on Textilien. In der Küche zur Eierkonservierung.	Apotheke und Drogerie	2 Jahre; siehe Packungsaufdruck
ur Bereitung pflanzlicher Tinkturen, für Einreibemittel nd verschiedene Kosmetika. Im Haushalt für Likör.	Apotheke	siehe Packungsaufdruck
nerlich bei Herz- und Kreislauferkrankungen.	Apotheke, Drogerie	18 Monate; siehe Packungsaufdruck
lagen-, Darm- und Gallebeschwerden. **Vorsicht:** Nicht ei Magen-, Darmgeschwüren, in der Schwangerschaft!	Apotheke	18 Monate; siehe Packungsaufdruck
usatz für Duft-Potpourris, Parfüm, Körperöle.	Apotheke, Reformhaus, Bioladen	2 Jahre; siehe Packungsaufdruck
nerlich bei Husten und Blähungen. In der Küche s Gewürz.	Apotheke	18 Monate; siehe Packungsaufdruck
ı der Küche zur Bereitung von Getränken, Marmeden, Gelees. Im Haushalt zur Entfernung von Kalk und ecken. **Vorsicht:** Nur verdünnt anwenden!	Apotheke, Drogerie	3 Jahre; siehe Packungsaufdruck

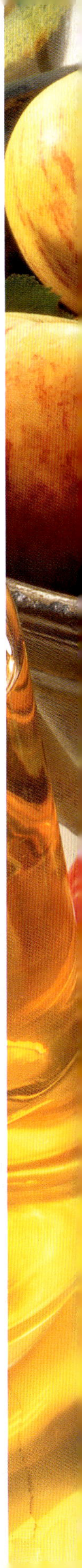

H

I

J

K

L

M

N

O

P

Q

R